CONSUMO DE DROGAS

REFLEXÕES SOBRE O QUADRO LEGAL

MANUEL MONTEIRO GUEDES VALENTE

Director do Centro de Investigação e
Assistente do Instituto Superior de Ciências Policiais e Segurança Interna
Coordenador Científico da Pós-Graduação em Ciências Criminais
da Universidade Moderna de Lisboa

CONSUMO DE DROGAS

REFLEXÕES SOBRE O QUADRO LEGAL

3.ª EDIÇÃO
Revista e Aumentada

CONSUMO DE DROGAS

AUTOR
MANUEL MONTEIRO GUEDES VALENTE

EDITOR
EDIÇÕES ALMEDINA, SA
Rua da Estrela, n.° 6
3000-161 Coimbra
Telef.: 239 851 905
Fax: 239 851 901
www.almedina.net
editora@almedina.net

PRÉ-IMPRESSÃO • IMPRESSÃO • ACABAMENTO
G.C. – GRÁFICA DE COIMBRA, LDA.
Palheira – Assafarge
3001-453 Coimbra
producao@graficadecoimbra.pt

Maio 2006

DEPÓSITO LEGAL
241816/06

Os dados e as opiniões inseridos na presente publicação
são da exclusiva responsabilidade do(s) seu(s) autor(es).

Toda a reprodução desta obra, por fotocópia ou outro qualquer processo,
sem prévia autorização escrita do Editor,
é ilícita e passível de procedimento judicial contra o infractor.

Ao Conselheiro NEVES RIBEIRO,
pelos ensinamenos que nos levaram
ao caminho do direito,
in memoriam

À D.ª Rosa pelo carinho
que sempre dedicou aos
Meus Filhos

NOTA À 3.ª EDIÇÃO

O espaço do direito da droga, em especial o punitivo, impõe que se promova uma 3.ª Edição deste nosso estudo que se vai actualizando face à jurisprudência e à doutrina que tem dedicado um labor especial quer ao direito material quer ao direito adjectivo sancionador – penal ou administrativo.

A opção por uma nova edição permite-nos actualizar as posições doutrinais e jurisprudenciais e, também, actualizar e aumentar algumas notas de rodapé e bibliográficas que facilitem aos estudiosos do tema – Consumo de Drogas e Condutas Colaterais [tais como consumidor- -traficante, tráfico de menor gravidade ou consumo agravado, consumo em lugares públicos e abandono de seringas], assim como o funcionamento das Comissões para a Dissuasão da Toxicodependência e os princípios que norteiam a política da droga – a consulta de um instrumento contribuinte na prossecução de uma defesa dos consumidores – toxicodependentes ou não – e de uma visão humanista de um fenómeno que afecta a Comunidade Mundial.

Pinhal Novo, 29 de Fevereiro de 2006

ABREVIATURAS

AA	–	Autor(es) Anónimo(s)
Ac. STJ	–	Acórdão do Supremo Tribunal de Justiça
Ac. TC	–	Acórdão do Tribunal Constitucional
AJ	–	Autoridade Judiciária
AP	–	Autoridade Policial
CC	–	Código Civil
CDC	–	Convenção sobre os Direitos das Crianças
CDT	–	Comissão para a Dissuasão da Toxicodependência
CEDH	–	Convenção Europeia dos Direitos do Homem
CEJ	–	Centro de Estudos Judiciários
CG	–	Comandante Geral
CP	–	Código Penal
CPA	–	Código de Procedimento Administrativo
CPP	–	Código de Processo Penal
CRP	–	Constituição da República Portuguesa
CSM	–	Conselho Superior de Magistratura
DN	–	Director Nacional
DL	–	Decreto-Lei
DR	–	Diário da República
DUDH	–	Declaração Universal dos Direitos do Homem
EMP	–	Estatuto do Ministério Público
ENLCD	–	Estratégia Nacional de Luta Contra a Droga
GNR	–	Guarda Nacional Republicana
IDT	–	Instituto da Droga e Toxicodependência
IGAI	–	Inspecção Geral da Administração Interna
INCM	–	Imprensa Nacional Casa da Moeda
JIC	–	Juiz de Instrução Criminal
LOGNR	–	Lei Orgânica da Guarda Nacional Republicana
LOIC	–	Lei Orgânica da Investigação Criminal
LOPJ	–	Lei Orgânica da Polícia Judiciária
LOPSP	–	Lei Orgânica da Polícia de Segurança Pública
MP	–	Ministério Público

OA	–	Ordem dos Advogados
OPC	–	Órgão de Polícia Criminal
PCM	–	Presidência do Conselho de Ministros
PIDCP	–	Pacto Internacional sobre Direitos Civis e Políticos
PJ	–	Polícia Judiciária
PSP	–	Polícia de Segurança Pública
PGR	–	Procurador-Geral da República
RCM	–	Resolução do Conselho de Ministros
RDFAACRL	–	Regulamento Disciplinar dos Funcionários e Agentes da Administração Central, Regional e Local
RGCO	–	Regime Geral das Contra-Ordenações
SEF	–	Serviços de Estrangeiros e Fronteiras
STA	–	Supremo Tribunal Administrativo
STJ	–	Supremo Tribunal de Justiça
TC	–	Tribunal Constitucional
TIC	–	Tribunal de Instrução Criminal

INTRODUÇÃO

I. O fenómeno da droga[1] e da toxicodependência é, nos nossos dias, uma constatação real e consciente de todos os cidadãos, que levantam questões quanto a "ensinamentos da *experiência* destes anos, à consciência das fragilidades e das capacidades existentes, ao *conhecimento científico* entretanto produzido sobre as mais diversas vertentes do fenómeno da droga, à notícia de *experiências inovadoras* que se vão fazendo noutros países, à noção dos *novos desafios* lançados pela própria evolução do fenómeno do consumo"[2].

Portugal, ao longo dos últimos *anos* procurou criar "estruturas institucionais vocacionadas para enfrentar o problema da droga e da toxicodependência"[3], sendo que a 26 de Maio de 1999, após proposta da Comissão Constituída pelo Despacho n.° 3229/98 (2.ª Série) do Ministro Adjunto do Primeiro Ministro, o Conselho de Ministros aprovou a Resolução n.° 46/99 sobre a Estratégia Nacional de Luta Contra a Droga (ENLCD), que "pretende ser um *instrumento orientador* das diversas políticas sectoriais relativas à droga e à toxicodependência, vocacionado para *nortear a actividade* dos diferentes organismos da Administração Pública com competência nesta área e *servir de referência* para a sociedade portuguesa"[4].

A estratégia assenta em uma abordagem nova quanto ao fenómeno da droga e apresentou-se como resultado da participação de um leque

---

[1] Problema à escala mundial, pois atravessa o globo desde a sua origem até ao ponto de venda e consumo. A Heroína provém principalmente da Tailândia, [cfr. "Droga – Sumários de Informação Estatística – 1997", *in* GPCCD, Lisboa, 1998, p. 15], o Haxixe de Marrocos, outras de África Negra, do Brasil, da Venezuela, da Colômbia, de vários países da América Central e Latina [cfr. Estratégia Nacional de Luta Contra a Droga, Presidência do Conselho de Ministros, INCM, 1999, p. 15].

[2] Cfr. ENLCD, p. 7. Itálico nosso.

[3] *Ibidem.*

[4] *Ibidem.* Itálico nosso.

diversificado de intervenientes, desde entidades públicas e privadas com intervenção na área da toxicodependência até a cidadãos de forma individual[5], os quais podiam através da internet pronunciar-se sobre as propostas em discussão. A Universidade do Porto promoveu um colóquio, o Supremo Tribunal de Justiça realizou um seminário, a Comissão Eventual da Assembleia da República para o Acompanhamento e Avaliação da Situação da Toxicodependência, do Consumo e do Tráfico da Droga elaborou um relatório[6], do qual constam propostas de alteração legislativa, relatórios ao consumo e ao tráfico de droga[7] provenientes dos vários quadrantes políticos, e realizou um seminário (1999) sobre a mesma temática, sendo ainda ouvido o então designado Conselho Nacional de Toxicodependência (Órgão de Consulta do Primeiro Ministro)[8].

---

[5] Quanto ao problema da droga, realizou-se uma das tarefas fundamentais do Estado: "assegurar e incentivar a participação democrática dos cidadãos na resolução dos problemas nacionais", al. *c)* do art. 9.º da CRP. Os cidadãos assumem o seu direito ao esclarecimento e à informação sobre assuntos públicos, ao participar na discussão pública promovida pelo poder político, consagrados no art. 48.º da CRP. Os Profs. GOMES CANOTILHO e VITAL MOREIRA, afirmam que estamos perante um direito que respeita ao cidadão não como particular, mas "como membro da Comunidade interessado na *res pública*" e que procura "combater o princípio da *arcana praxis* ou o princípio do segredo, que, sendo característico do «Estado de polícia», continua a ter manifestações encapuçadas nos domínios da burocracia e tecnocracia do Estado e entidades públicas", «democratizar» a vida pública "e tornar" mais «transparente» o funcionamento do poder", fornecendo-lhe "uma certa quota de legitimação e legitimidade". G. CANOTILHO e V. MOREIRA, *Constituição da República Portuguesa Anotada*, 3.ª Edição, Coimbra Editora, 1993, pp. 268 e 269, anotações ao art. 48.º CRP e anotações XIII ao art. 2.º da CRP p. 66.

[6] Publicado pela Assembleia da República em 1998, sob o título *Situação e Avaliação do Problema da Droga em Portugal*, INCM.

[7] *Idem*, pp. 136 e ss..

[8] Hoje, designa-se por Conselho Nacional da Droga e da Toxicodependência, cuja estrutura, organização e funcionamento está prescrito no capítulo IV – artigos 11.º a 14.º – DL n.º 1/2003, de 6 de Janeiro, que revogou o DL n.º 89/2000, de 18 de Maio. Lamentamos, como na 1.ª edição, que não tenham no novo diploma, sido integrados neste Conselho um representante da Polícia Judiciária, um representante da Polícia de Segurança Pública e um representante da Guarda Nacional Republicana, dos serviços públicos mais dotados em conhecimentos quanto ao fenómeno droga, como se depreende do art. 12.º.

A necessidade da existência de estruturas de coordenação que definam e executem a política de luta contra a droga, ou seja, que assegurem "a coordenação da

Introdução 13

II. A Estratégia Nacional de Luta Contra a Droga, que se apresentou como "um documento essencialmente voltado para o futuro, que pressupõe a apreciação do passado", orienta-se por cinco convicções profundas que norteam a estratégia a seguir e que correspondem aos princípios que fundamentam a alteração legislativa. Pela sua importância, destacamos as cinco convicções:

1. **Um reconhecimento da dimensão mundial do problema da droga** – "que reclama respostas à escala internacional e continental, impõe um reforço da cooperação internacional e determina a articulação da estratégia nacional com as estratégias e políticas supranacionais"[9] – o que corresponde ao princípio da cooperação internacional[10];

2. **Uma convicção humanista** – "que leva em conta a complexidade dos dramas humanos que tantas vezes se traduzem no consumo de drogas e na dependência, que considera o toxicodependente, no essencial, como um doente, exige a garantia de acesso a meios de tratamento a todos os toxicodependentes que se desejem tratar, incluindo os que por qualquer motivo se encontrem nos estabelecimentos prisionais, e implica a promoção de condições para uma efectiva reinserção social, bem como a adopção de um enquadramento legal adequado, justo e proporcionado, respeitador dos princípios humanistas em que assenta o nosso sistema jurídico"[11] – corresponde ao princípio humanista[12];

3. **Uma atitude pragmática** – "que permita uma abertura, sem dogmas, à inovação e aos resultados cientificamente comprovados das novas experiências, admitindo soluções que possam, ao menos, reduzir efectivamente os danos para os próprios toxicodependentes, para a saúde pública

---

política do governo em todas as matérias em que se divide a Estratégia: prevenção, combate ao tráfico e criminalidade conexa, tratamento e reinserção dos consumidores. (...) E ainda a coordenação da representação do Estado português em matéria de luta à droga e à toxicodependência", conduziu à criação do Conselho Coordenador da Estratégia Nacional de Luta Contra a Droga e da Toxicodependência, que se rege pelo DL n.º 88/2000 de 18 de Maio, que também foi revogado pelo DL n.º 1/2003, de 6 de Janeiro.

[9] Cfr. ENLCD, INCM, p. 9.

[10] Cfr. *infra* § 17.º O princípio da Cooperação internacional.

[11] *Idem*, p. 10.

[12] Cfr. *infra* § 19.º O princípio humanista.

e para a segurança da comunidade"[13] – corresponde ao princípio do pragmatismo[14];

4. **Uma maior prevenção** – se não houver melhor prevenção do que a promoção de um verdadeiro e solidário desenvolvimento, importa, sem dúvida, apostar em adequadas políticas específicas de prevenção da droga, que saibam mobilizar as diferentes instituições da sociedade civil, e sobretudo, os próprios jovens"[15] – corresponde ao princípio da prevenção[16];

5. **Uma maior segurança** – reforço do combate ao tráfico de drogas e ao branqueamento de capitais constitui um imperativo para o Estado de direito que somos, a bem da segurança, da saúde pública e da própria estabilidade das instituições"[17] – corresponde ao princípio da segurança[18].

III. Nesta perspectiva de mudança, a Resolução n.º 46/99 resulta da necessidade de rever o quadro legal do consumo de droga, sendo que a sua descriminalização e a sua proibição como ilícito de uma ordenação social aparece no n.º 2, do ponto 10, do Capítulo II – Estratégia Nacional: Princípios, Objectivos Gerais e Opções Estratégicas[19] e, ainda, a necessidade de estudar a aplicação técnica da "lei da droga", destinada a promover os mecanismos necessários para viabilizar a eficácia das soluções previstas na lei, nomeadamente no que se refere à realização de exames e perícias médicas a toxicodependentes, exames laboratoriais e tratamento em alternativa à pena de prisão.

A descriminalização da aquisição, da detenção e da posse de drogas para consumo e a descriminalização do consumo privado de drogas, regimes consagrados pela Lei n.º 30/2000, de 29 de Novembro, é o fruto da proposta constante do relatório final da Comissão para a

---

[13] *Ibidem*.

[14] Cfr. *infra* § 20.º O princípio do pragmatismo.

[15] *Ibidem*.

[16] Cfr. *infra* § 18.º O princípio da prevenção.

[17] *Ibidem*.

[18] Cfr. *infra* § 21.º O princípio da segurança.

[19] Cfr. *Estratégia Nacional de Luta Contra a Droga*, Presidência do Conselho de Ministros, INCM, 1999, p. 55.

Estratégia Nacional de Combate à Droga (CENCD), que excluiu a liberalização e a regulação do comércio de drogas[20].

A CENCD apoiou a sua proposta no parecer do Prof. JOSÉ DE FARIA COSTA que indica como "a única alternativa à criminalização da detenção para consumo que pode ser considerada compatível com as convenções internacionais é, justamente, a sua proibição por meio do ilícito de mera ordenação social – argumento que levaria a excluir, liminarmente, o modelo de mera legalização do consumo"[21].

O Prof. DANIEL SAMPAIO, membro da Comissão, esclareceu, posteriormente, que "a comissão propõe *descriminalizar* o consumo privado, assim como a posse ou aquisição para esse consumo. Isto significa simplesmente que ninguém deverá ser preso por consumir drogas (...). É preciso esclarecer que não se está a propor a *legalização* das drogas, nem a sua difusão liberal, nem se está a diminuir a luta contra o tráfico. Descriminalizar não significa despenalizar"[22].

De realçar que a CENCD, no seu relatório final, declarou que "não defende o isolamento de Portugal nas organizações internacionais ou qualquer atitude de ruptura com as convenções internacionais, embora o parecer solicitado a um professor de Direito sugira que tal confronto não é líquido", pelo que "o Governo, na hipótese de partilhar a opinião maioritária da Comissão, deveria sim procurar apoios conducentes a uma progressiva evolução das posições das instâncias internacionais na direcção desejada"[23], para que não se verifique esse isolamento ou essa ruptura e Portugal se transforme em um «santuário» do consumo de estupefacientes e substâncias psicotrópicas.

IV. O novo quadro legal do consumo de estupefacientes e substâncias psicotrópicas surge como uma alternativa à proibição do consumo, da aquisição e de posse para consumo, prevista e punida como crime pelo art. 40.º do DL. n.º 15/93, de 22 de Janeiro. Alternativa possível face às convenções internacionais, que, como afirma o

---

[20] *Idem*, p. 81.
[21] *Idem*, pp. 81/82.
[22] *Ibidem*.
[23] *Ibidem*.

Prof. FARIA COSTA, proíbe o consumo, excluindo-se a alternativa da legalização do consumo, mas não impõe a sua criminalização.

Um novo quadro legal relativo ao fenómeno, que toca no íntimo de cada um de nós, provocou-nos uma necessidade de levantar certas questões de procedimentabilidade, técnicas e teleológicas, que procuraremos escalpelizar ao longo do nosso estudo, cuja indagação se prende com a alternativa aprovada pela Lei n.° 30/2000, de 29 de Novembro.

Louvamos a iniciativa de alcançar uma nova alternativa, mas interrogamo-nos se seria a única viável face aos padrões culturais de Portugal, face aos princípios actuais da luta contra a droga, face à legitimidade da intervenção penal, face aos bens jurídicos que a criminalização procurou tutelar, apesar de sabermos que a mesma é uma consequência inevitável dos movimentos de descriminalização dos crimes que põem em causa a ordem, a tranquilidade e a segurança pública[24] e do notável fracasso das políticas de Criminalização[25].

V. A Resolução do Conselho de Ministros n.° 46/99, de 26 de Maio, defende que o desenvolvimento da Estratégia Nacional de Luta Contra a Droga se deve enraizar no conhecimento quer "dos efeitos das diferentes drogas, das técnicas e circuitos que vão da produção ao tráfico", "quer da expressão concreta e diversificada do fenómeno das drogas e das toxicodependências na sociedade portuguesa" de modo que se evite "uma atitude social e política meramente reactiva, que se arrisca a degenerar em reaccionária e a ser absolutamente ineficaz, porque alheia às causas profundas do fenómeno e à própria natureza e características dos comportamentos que se exprimem pelo uso e abuso das drogas"[26].

Sabemos que se têm realizado e protagonizado muitos estudos científicos, muitos sedimentados em análise de dados aceitáveis cienti-

---

[24] JORGE FIGUEIREDO DIAS, "Crimes Contra a Ordem Pública", *in Enciclopédia Polis,* Vol. I, 1983, Col. 1393.

[25] Um dos argumentos dos que defendem a tese não proibicionista. A criminalização do consumo de drogas demonstra como é um erro a opção pelo Direito Penal como primeira alternativa, como única solução e como forma de governo, o que gera a perversidade do sistema jurídico

[26] Cfr. ENLCD.

Introdução 17

ficamente[27], contudo interrogamo-nos se já foram alcançadas "as causas profundas do fenómeno". O legislador, em 1993, afirmava que "uma alteração radical da política legislativa no *campo do consumo de drogas* terá de se basear, não só no conhecimento profundo das últimas aquisições científicas sobre o efeito das drogas na personalidade humana, como também na perscrutação minuciosa da sensibilidade das camadas sociais mais envolvidas (os jovens, os pais, as famílias em geral, os educadores, dada a sua influência cultural), sem o que essa medida necessariamente se transformará numa intervenção sem reflexão posterior[28].

A ENLCD procurou, como se depreende da Resolução, conciliar o conhecimento científico, o conhecimento empírico e o pensamento dos intervenientes sociais através da consulta e discussão pública, sendo a internet um instrumento tecnológico sofisticado utilizado para que o "comum dos mortais" se pudesse pronunciar, o que permitiu uma participação dos cidadãos portugueses.

A ENLCD procurou ser "um processo amplamente participado, em que tiveram ocasião de intervir, também, as diferentes forças políticas, e, por outro, no facto de esta ser uma estratégia que faz apelo às iniciativas das instituições da sociedade civil e procura mobilizar a sociedade portuguesa, no seu conjunto e sobretudo os jovens, para enfrentar o grave problema da droga". Lamentamos, contudo, que não se tivesse promovido o referendo[29], que permitiria demonstrar duas realidades: se a sociedade portuguesa tinha a percepção do fenómeno do consumo; e se a opinião daquela coincidia ou não com o escopo do legislador.

Mas, será a Lei n.° 30/2000 o resultado daqueles indicadores pressupostos de uma nova via de intervenção legal relativa ao consumo, aquisição e posse de drogas para consumo?

VI. A Estratégia Nacional de Luta Contra a Droga foi submetida a uma avaliação quanto aos fundamentos e resultados por meio da pro-

---

[27] Cfr. Colecção do Laboratório Permanente da Droga da Universidade do Porto, dirigido pelo Prof. CÂNDIDO de AGRA.

[28] Cfr. Preâmbulo do DL. n.° 15/93, de 22 de Janeiro.

[29] No sentido da realização do referendo, considerando que a questão do consumo de 'drogas' "continua no topo das preocupações dos portugueses", sendo por isso "de relevante interesse nacional" [A. G. LOURENÇO MARTINS, "Droga – Nova Política Legislativa", in *RPCC*, Ano 11, Fase 3.°, Julho-Setembro, 2001, pp. 426-428].

moção de uma reflexão e um debate crítico interno, tendo-se em conta a construção de uma identidade e cultura institucional do Instituto da Droga e da Toxicodependência e com intuito de se promover uma análise, uma discussão e definição de linhas de acção prospectivas na luta contra as drogas e as toxicodependências[30].

Do Relatório Final da Avaliação, mais precisamente do exposto no texto final do I.º Congresso Nacional IDT[31], pode-se aferir que a ENLCD não depende da prossecução de competências e atribuiçõcs próprias e deferidas do IDT, pois impõe-se uma articulação envolvente de vários níveis:

- institucional – "articulação entre os serviços e as áreas de intervenção do IDT; com outros serviços do Ministério da Saúde; com entidades externas, outros ministérios, as autarquias, a sociedade civil";
- objectivos – a articulação deve abranger a *redução de riscos* e a *prevenção* com a *intervenção em meio escolar* para que se diminua os comportamentos de risco e se promova a saúde, o desenvolvimento integral dos jovens;
- financiamento/competência – que rentabilizem e maximizem a mobilização de toda a sociedade civil por meio de acções definidas pelo IDT, devendo este identificar e determinar as linhas orientadoras, indicadores e instrumentos de avaliação, materiais e instrumentos de prevenção, a formação dos intervenientes, que possa promover um serviço de qualidade e de especificidade de intervenção.

O IDT deve apresentar-se como elemento aglutinador dos serviços que, por inerência ou voluntarismo, têm promovido ou procuram prosseguir os objectivos da ENLCD, cuja acção concreta implica uma actualização legislativa[32] que legitime e legalize a actividade dos vários actores.

---

[30] A avaliação foi desenvolvida no I.º Congresso Nacional IDT, que decorreu a 24 e 25 de Novembro de 2005, em Santa Maria da Feira, cujo relatório final se pode consultar em *www.drogas.pt/media/Conclusoes__ENLCD/Conclusoes__IDT/*.

[31] Cfr. *Relatório do I.º Congresso Nacional IDT*, pp. 23-25.

[32] Neste sentido o *Relatório do I.º Congresso Nacional IDT*, p. 9.

CAPÍTULO I
A Nova Política Criminal

§ 1.º Flagelo e fenómeno

O flagelo da droga atinge as famílias dos nossos dias como se de uma epidemia se tratasse, provocando desavenças, amarguras, desilusões, sofrimento psíquico e físico e, até mesmo, a morte de cidadãos. A busca de momentos de felicidade efémera produz chagas no consumidor e nos seus entes mais próximos, cujas cicatrizes jamais encontram cura verdadeira.

Como fenómeno que nos rodeia, é também um fenómeno cuja análise específica e global não pode ser encarada como problema apenas de juristas, de médicos, de políticos, de psicólogos, de polícias sob pena do fruto emergente dessa diáspora ser minimalista e fortemente redutor.

O fenómeno da droga não se confina a um pequeno e isolado país, mas é de escala mundial e, na nossa opinião, progride com a velocidade da "progressiva eliminação de fronteiras ou barreiras alfandegárias"[33], como fenómeno consequente e inevitável da globalização do comércio, da indústria, das ideias, das experiências e dos desafios[34].

Uma posição isolada sobre este fenómeno que, a cada dia, se ramifica pelas famílias, pelas aldeias, pelas cidades, pelos países, poderá

---

[33] Cfr. *Estratégia Nacional de Luta Contra a Droga* (ENLCD) (aprovada pela Resolução do Conselho de Ministros (RCM) n.º 46/99, de 26 de Maio), INCM, 1999, p. 33.

[34] Quanto a este assunto o nosso estudo "A descriminalização do consumo da droga: a nova via", *in Polícia Portuguesa*, Ano LXIIV, n.º 127, Jan/Fev., 2001, pp. 9-11 e CRISTINA LÍBANO MONTEIRO, "O Consumo de droga na política e na técnica legislativa: Comentário à Lei n.º 30/2000", in *RPCC*, ano 11, Fase: 1.º, Janeiro-Março, 2001, p. 92.

inesperadamente trazer consequências, cujos instrumentos de barreira e do tratamento se reduzem ao imediato e ao instantâneo, ficando as projecções mediatas à mercê do tempo, que, indubitavelmente, será o melhor juiz das decisões dos Homens.

Ninguém está livre de sentir a dor física e espiritual do flagelo e do fenómeno droga, que, infelizmente, corrompe e branqueia não só as almas, mas os corpos daqueles que se alimentam deste vil veneno. Contudo, não se limita a tão pouco. Branqueia, também, quer ideias, quer princípios, quer ideais, quer valores morais e éticos e corrompe aqueles que faziam deles seus estandartes de vida.

§ 2.° Mudança de política criminal

O consumo de drogas, até 01 de Julho de 2001, era considerado pelo nosso ordenamento jurídico como *crime de consumo ilícito de estupefacientes*, p. e p. pelo art. 40.° do DL. n.° 15/93, de 22 de Janeiro. A criminalização do consumo ilícito de estupefacientes assentava na filosofia penal da protecção dos bens jurídicos – saúde e segurança públicas – bens jurídicos estes que, "quando imediatamente" amea-çados, o legislador não considerou que justificassem tutela penal "criminalizando os consumidores de drogas pelo simples facto de consumirem, deterem ou adquirirem drogas exclusivamente para o seu consumo"[35], propondo antes a sua substituição pela *proibição administrativa do consumo de estupefacientes e substâncias psicotrópicas* – sendo aquelas condutas consideradas face à lei em vigor ilícitos de mera ordenação social[36] – Lei n.° 30/2000, de 29 de Novembro.

O caminho da descriminalização do consumo de estupefacientes e de substâncias psicotrópicas assenta no princípio humanista[37], que preconiza a exigência do "respeito pelos princípios fundamentais do nosso sistema jurídico, nomeadamente os princípios da *subsidiariedade* da

---

[35] Cfr. *ENLCD*, INCM, p. 95.

[36] *Ibidem*.

[37] Princípio estruturante da *Estratégia Nacional da Luta Contra a Droga*, INCM, pp. 49, 50 e 94.

última ratio do direito penal e da *proporcionalidade*, com os seus corolários que são os subprincípios *da necessidade, da adequação e da proibição do excesso"*[38], concluindo-se que a criminalização do consumo de drogas não é justificável "por não ser o meio absolutamente necessário ou sequer adequado para enfrentar o problema do consumo de drogas e dos seus efeitos"[39].

Fundamentando também a opção pela descriminalização, a *ENLCD* defende que "a opção pelo ilícito de mera ordenação social potencia, (...), uma mais profunda utilização de certas *manifestações do princípio da oportunidade*, permitindo introduzir um *sistema sancionatório mais flexível* com vista a um melhor *tratamento* processual do caso concreto"[40].

§ 3.° A Terceira Via

O legislador, perante um quadro em que uns reclamam a criminalização do consumo de drogas, enquanto que outros defendem a descriminalização de facto, ou seja, a despenalização da conduta consumir, liberalizando desta feita o consumo de estupefacientes[41], **em Portugal,** seguiu uma terceira via: procedeu a uma descriminalização em *sentido técnico e estrito*[42], não despenalizou a conduta consumir, não descriminalizou de facto a conduta em si, mas, seguindo os ventos

---

[38] *Ibidem.*

[39] *Ibidem.*

[40] *Idem*, p. 96. No sentido de que o ilícito de mera ordenação social proporciona uma maior possibilidade de aplicação do princípio de oportunidade, EDUARDO CORREIA, *"Direito Penal e Direito de Mera Ordenação Social"*, in *Direito Penal Económico e Europeu: Textos Doutrinários*, Coimbra Editora, 1998, Vol. I, p. 14.

[41] No sentido da liberalização do consumo, ALMEIDA SANTOS, *Avisos à Navegação*, Notícias Editorial, Lisboa, 2000, pp. 21 e ss..

[42] Que segundo o Prof. FIGUEIREDO DIAS, consiste na "desqualificação de uma conduta enquanto crime, como redução formal da competência do sistema penal em relação a certas condutas". JORGE DE FIGUEIRO DIAS "O Movimento de Descriminalização e o Ilícito de Mera Ordenação Social", in *Direito Penal Económico e Europeu: Textos Doutrinários*, Coimbra Editora, 1998, Vol. I, p. 22.

do movimento da descriminalização, **procurou encontrar uma via que não protelasse indefinidamente a aparente criminalização**[43] e transmitir a ideia de que seria a única saída, sem que trouxesse para a mesa a discussão da real essencialidade da intervenção do direito penal quanto a condutas desviantes que provoquem "lesões insuportáveis das condições comunitárias essenciais de livre realização e desenvolvimento de cada homem"[44].

---

[43] Afirmamos *aparente* porque não vemos um juiz a condenar um arguido por consumo ilícito de drogas quando, caso o agente aceitasse o tratamento, o mesmo poderia optar pela suspensão provisória do processo (arts. 41.º e 56.º do DL. n.º 15/93, de 22 de Janeiro, conjugado com o art. 281.º do CPP), ou, caso fosse condenado, pela suspensão da pena com sujeição a tratamento obrigatório (art. 46.º do DL. n.º 15/93, de 22 de Janeiro).

[44] JORGE DE FIGUEIREDO DIAS, "O movimento de descriminalização...", *in Direito Penal Económico...*, pp. 22/23.

CAPÍTULO II
A Legitimidade do Direito Penal

§ 4.º Considerações gerais

A intervenção penal, que surge como efeito de uma conduta voluntária humana, típica, ilícita e culpável, violadora de bens jurídicos, consubstanciados nas normas jurídicas que tutelam bens que são essenciais, que permitem e que garantem uma ordenada convivência humana pacífica, é a necessária consequência de um mal infligido a outrem ou à sociedade[45].

O Direito Penal, no sentido de protecção de convivência humana de uma sociedade organizada juridicamente conforme a Lei Fundamental e procurando evitar o surgimento ou o ressurgimento de condutas socialmente danosas[46], deve apenas fundamentar a sua intervenção na garantia de que assegurará a protecção, não só eficaz, mas também necessária dos bens jurídicos que, além de fundamentais, são "indispensáveis ao livre desenvolvimento ético da pessoa e à subsistência e funcionamento da sociedade democraticamente organizada"[47]. Conti-

---

[45] Neste sentido GERMANO M. da JORGE DE SILVA, *Direito Penal Português,* Verbo, Lisboa/S. Paulo, 1997, Vol. I, pp. 44 e ss.; FIGUEIREDO DIAS, *Direito Penal Português – Parte Geral II – As Consequências Jurídicas do Crime*, Aequitas Editorial Notícias, Lisboa, 1993, pp. 39 e ss. O Prof. JOSÉ ROBIN DE ANDRADE considera que o mal do crime não é "um mal causado ao próprio, já que a liberdade de cada um é ela própria um valor fundamental da colectividade". [JOSÉ ROBIN DE ANDRADE, "Reflexões sumárias sobre o Fundamento da descriminalização do consumo da droga", *in Forum Institiae, Direito & Sociedade*, Ano II, n.º 17, Dezembro de 2000, p. 19].

[46] RUDOLPHI *apud* ANABELA MIRANDA RODRIGUES, *A Determinação da Medida da Pena Privativa da Liberdade*, Coimbra Editora, 1995, p. 253.

[47] MANUEL da COSTA ANDRADE, *"A 'dignidade penal' e a 'carência de tutela penal' como referência de uma doutrina teleológico – racional do crime"*, *in RPCC*, 2.º fascículo, 1992, p. 178; também citado por ANABELA MIRANDA RODRIGUES, *A Determinação da Medida....,.* 252, nota 250.

24 *Consumo de Drogas*

nuando com o Prof. MANUEL da COSTA ANDRADE, a legitimidade do direito penal está dependente de, na sua essência, residir o fim teleológico de "servir valores ou metas inerentes ao sistema social e não fins transcendentes de índole religiosa, metafísica, moralista ou ideológica"[48], ou seja, como afirma a Prof.ª ANABELA M. RODRIGUES, a legitimidade do direito penal por um lado não pode assentar "nos valores de racionalidade e eficácia, tão cara a modelos de direito penal de inspiração sociológica", por outro lado deve ser o reflexo das "coordenadas e dos limites jurídico – constitucionais do direito penal"[49].

§ 5.º A tutela de bens jurídicos

I. A intervenção do direito penal, que não só procura limitar a acção punitiva do Estado, mas também procura evitar a justiça privada[50] levada a cabo pela vítima ou pela sua família, assenta a sua legitimação na problemática que, segundo a Prof.ª ANABELA M. RODRIGUES, envolve a "determinação do que é bem jurídico que deve ser objecto de protecção penal"[51]. A conceptualização de bem jurídico, cujo conteúdo pode ser influenciável por factores económicos, técnicos, científicos, culturais ou por circunstâncias históricas como conflitos bélicos, como a proclamação de um sistema político[52], historicamente não tem tido uma vida facilitada, como também

---

[48] *Ibidem.*

[49] ANABELA M. RODRIGUES, *A Determinação da Medida...,* p. 254. A Professora, falando da teoria de CLAUS ROXIN, afirma que este prestigiado penalista Alemão teve uma enorme contribuição no sentido de demonstrar que "qualquer instituto seja reformulado em função das exigências e princípios político – criminais e o sistema seja construído sobre bases não puramente lógicas" e que a política criminal, "como complexo de estratégias para defrontar no plano legislativo o fenómeno criminal, não é mais dominada por meros critérios de fim e de eficiência, mas é um terreno delimitado por princípios que, expressão do puro Estado de direito ou do estado social, encontram um apoio mais ou menos explícito nas Constituições dos Estados". *Idem,* p. 251.

[50] Neste sentido GERMANO M. DA SILVA, *Direito Penal...,* Vol. I, pp. 42 e ss.

[51] ANABELA MIRANDA RODRIGUES, *A Determinação da Medida...,* p. 259.

[52] Neste sentido GERMANO M. DA SILVA, *Direito Penal...,* Vol. I, p. 23.

se reflecte indiscutivelmente na própria dificuldade da legitimação do *ius puniendi* do próprio Estado[53].

O Prof. GERMANO M. da SILVA[54] aponta a Constituição como critério fulcral na escolha do que pode ser considerado bem jurídico passível de ser protegido pelo direito penal, no sentido de que aquela poderá impor ao legislador ordinário um conceito de bem jurídico e fornecer critérios da determinação do mesmo. Em defesa desta tese, há o fundamento de que a sanção criminal sacrificará necessariamente bens jurídicos pessoais do infractor que estão protegidos constitucionalmente, o que implica que a aplicação da sanção criminal tenha por finalidade, como afirma SAX[55], a tutela de "casos de averiguada dignidade penal", uma vez que a "ordem penal de bens jurídicos (...) é uma ordem de protecção independente que, não obstante deve manter-se no âmbito da Constituição"[56]. Poder-se-á desta forma, e seguindo SAX, afirmar que a tutela penal de bens jurídicos fundamenta-se na "concretização de ordem de valores jurídico – constitucionais"[57].

II. Fazendo "a ligação entre o problema da natureza e função do direito penal", o Prof. CLAUS ROXIN procurou definir bem jurídico como sendo "apenas uma denominação daquilo que é lícito considerar digno de protecção na perspectiva dos *fins do direito* penal (...) uma vez definidos os fins das penas, há que derivar daí aquilo que se considera bem jurídico"[58].

A Prof.ª ANABELA M. RODRIGUES defende que a doutrina alemã recorre à constituição para redefinir o conceito de bem jurídico, baseando-se na premissa de que os princípios do pluralismo e da tolerância informam o moderno Estado de direito, o que implica que "a pena estadual não pode ser legitimamente aplicada para impor o mero respeito por determinadas concepções morais", tendo o direito penal a função de "preservar as condições essenciais a uma pacífica

---

[53] ANABELA M. RODRIGUES, *A Determinação da Medida...*, p. 260.
[54] GERMANO DA SILVA, *Direito Penal...*, Vol. I, p. 23.
[55] *Apud* ANABELA M. RODRIGUES, *A Determinação da Medida...*, p. 281.
[56] *Ibidem.*
[57] *Ibidem.*
[58] *Apud* ANABELA M. RODRIGUES, *A Determinação da Medida...*, pp. 281 e 282.

convivência dos indivíduos – cidadãos"[59], ou seja, a tese da protecção da moralidade não legitima a intervenção do direito penal.

No seguimento de FIGUEIREDO DIAS, a Prof.ª ANABELA M. RODRIGUES[60] afirma que é da Constituição que se têm extraído as "indicações mais estritas e precisas para a definição do bem jurídico – penal", sendo à luz do n.º 2 do art. 18.º, que consagra o critério da «necessidade social», que, segundo FIGUEIREDO DIAS, se "vincula ao «princípio da consequência ou de analogia substancial entre a ordem axiológica constitucional e a ordem legal dos bens jurídicos protegidos pelo direito penal»"[61], como critério que legitima a intervenção penal, permitindo a concretização dos bens jurídicos possíveis de tutela penal[62].

Estando apenas legitimada a intervenção do direito penal com fim de proteger bens jurídicos, essa legitimação tem-se por inexistente quando a intervenção se enquadra «fora da ordem axiológica constitucional» e «da sua natureza inevitavelmente fragmentária», não se exigindo qualquer incriminação, exclusivamente em função de um determinado bem jurídico, ou seja, defendemos a inexistência de «imposições jurídico – constitucionais *absolutas* de criminalização»[63]. Acrescente-se que a valoração político – criminal do critério da necessidade (art. 18.º, n.º 2 da CRP) não está subordinada a critérios que se extinguem na pureza da exigência da dignidade punitiva da conduta humana[64], porque aquela valoração implica o princípio de «carência de tutela penal»[65], que pragmatiza os princípios da subsidiariedade e da eficácia como critérios coordenadores na definição de bem jurídico – penal[66].

---

[59] *Idem*, pp. 282 a 284.

[60] *Idem*, pp. 285 a 287.

[61] *Idem*, p. 287.

[62] *Ibidem*.

[63] FIGUEIREDO DIAS *apud* ANABELA M. RODRIGUES, *A Determinação da Medida*..., pp. 288 a 290, nota 327.

[64] Para a Prof.ª ANABELA M. RODRIGUES, com a qual concordamos, a dignidade punitiva funciona como limite absoluto da criminalização. *Idem*, p. 294, nota 328.

[65] MANUEL da COSTA ANDRADE *apud* ANABELA M. RODRIGUES, *A Determinação da Medida*..., p. 295 e nota 330.

[66] *Idem*, p. 296. Segundo o Prof. M. da COSTA ANDRADE, "a carência de tutela penal dá «expressão» ao princípio de «subsidiariedade e de *ultima ratio*» do direito penal", *apud* ANABELA M. RODRIGUES, *A Determinação da Medida*..., p. 296,

§ 6.º Os princípios legitimadores da intervenção do direito penal

I. Nos nossos dias impõe-se que o direito penal se racionalize de modo que não contenha os apelos desvirtuados de uma criminalização desmedida, de forma que se apresente como intervenção *excepcional* de tutela de bens jurídicos[64], cuja essencialidade se baseia em critérios de subsidiariedade e de eficácia, tendo estes como escopo o preenchimento do conteúdo do princípio da carência de tutela penal.

A subsidiariedade da incriminação de uma conduta humana significa que só deve ser aplicada uma pena como instrumento de tutela de bens jurídicos quando os outros instrumentos de controlo social, como o direito civil, o administrativo ou outras medidas de intervenção social[65] se mostravam incapazes e insuficientes de tutelar esses bens jurídicos[66].

---

nota 331. CONCEIÇÃO CUNHA defende que "a carência de tutela penal «pode decompor-se» no *«princípio de subsidiariedade»* («não existem outros meios – jurídicos ou não – capazes de conferir, por si só (...) protecção adequada e suficiente ao bem digno de tutela»), no *«princípio da adequação e eficácia»* («ser a tutela penal meio adequado, idóneo, eficaz, para a protecção do bem em causa») e ainda «numa *comparação entre vantagens e desvantagens de intervenção penal*, de tal modo que se possa afirmar que a criminalização não cria mais custos do que benefícios»". *Apud* ANABELA M. RODRIGUES, *A Determinação da Medida...*, p. 296, nota 331. Itálico nosso.

[67] Neste sentido ANABELA M. RODRIGUES, *A Determinação da Medida...*, p. 298, nota 333.

[68] Como comissões de apoio de reintegração e de reeducação de indivíduos que viveram sempre em bairros criminógenos e se transferiram para locais de menor criminalidade.

[69] A ideia de subsidiariedade do direito penal, segundo MOCCIA, remonta à época do jus-racionalismo, quando "a defesa dos direitos do indivíduo e a procura de limites ao poder de intervenção do estado começaram a ser sentidas como exigências centrais do sistema jurídico". Como afirma o Prof. FARIA COSTA, "«a norma penal só deve intervir para protecção de um determinado bem jurídico como *ultima ratio*", *apud* ANABELA M. RODRIGUES, *A Determinação da Medida...*, pp. 298/299, notas 333 e 335. O Prof. PAULO FERREIRA da CUNHA fala numa tutela *in extremis*, pressuposto que se conjuga em interligação com o "carácter pedagógico da proibição", no sentido de a norma penal ter uma função de "defender o bem jurídico «ordem social» ou «sistema mínimo de valores sociais»" e com a "bateria de fórmulas de aplicação subtil do Direito – desde a equidade, em geral, às circunstâncias atenuantes, às causas de exclusão da ilicitude e da culpa". PAULO FEREIRA DA CUNHA, *A Constituição do Crime – Da substancial constitucionalidade do Direito Penal,* Coimbra Editora, Colecção Argumentum, 1998, p. 30.

O critério da subsidiariedade pode ser entendido segundo uma perspectiva ampla (*lato sensu*) ou segundo uma concepção estrita (*stricto sensu*). Numa perspectiva ampla e partilhando da concepção da Prof.ª ANABELA M. RODRIGUES, o critério da subsidiariedade implicaria que "a sanção penal seria de preferir ainda nos casos de não estrita necessidade, quando a sua função «estigmatizante» fosse indispensável para uma mais enérgica reafirmação do bem jurídico tutelado", ou seja, perspectivaria um código penal que fosse "uma espécie de «manual popular do mínimo ético»"[70].

A concepção de um princípio de subsidiariedade *stricto sensu* implica um carácter mais fragmentário do direito penal, que surge como limite do legislador ordinário e como garantia dos possíveis delinquentes face ao *ius puniendi* do Estado[71]. O princípio da subsidiariedade em sentido estrito prescreve a vinculação da "discricionaridade do legislador ordinário" não é só à *indispensabilidade* do recurso à pena"[72], funcionando esta como outro prato da balança do princípio da subsidiariedade. A *indispensabilidade* do recurso à pena consigna que esta "deve realmente constituir o *único* instrumento adequado para garantir a tutela do bem jurídico"[73]. O legislador fica, desta feita, vinculado "à *certeza* da necessidade do recurso à pena", estando a tutela do bem jurídico confinada às estreitas coordenadas da *proporcionalidade*[74].

A vinculação à certeza, por sua vez, como a Prof.ª ANABELA M. RODRIGUES[75] afirma, está ligada "ao princípio *in dubio pro libertate*"[76],

---

[70] ANABELA M. RODRIGUES, *A Determinação da Medida*..., p. 300.

[71] *Ibidem*.

[72] *Ibidem*.

[73] *Ibidem*.

[74] *Ibidem*.

[75] *Idem*, p. 301.

[76] O princípio *in dubio pro libertate*, como afirma a Prof.ª ANABELA M. RODRIGUES, tem sido contestado, porque apenas é uma "garantia de liberdade dos potenciais criminosos, mas já não é a garantia de liberdade das potenciais vítimas do crime e de inteira comunidade". A Prof.ª ANABELA recorre à "pergunta de GUNTHER: «Na dúvida, pela liberdade de quem?»". Continuando afirma que o princípio levanta a questão do grau de prova quanto à danosidade, será "uma comprovação empírica plena de danosidade social", sendo esta muitas vezes praticamente impossível. Perante tais imprecisões, há autores que defendem a "liberdade de apreciação do legislador, apenas limitada por um princípio de tolerância e por critérios de racionalidade", mas existem outros que defendem que "a prova da danosidade social por

que impõe ao legislador penal um duplo ónus probatório: terá de provar que a conduta a tipificar provoca uma danosidade social e que a tutela penal é indispensável. A proporcionalidade, como dimensão específica de carência penal, implica que o legislador não pode estipular meios que atinjam direitos que não sejam adequados, nem necessários ou exigíveis e que não se situem numa justa e proporcionada medida para se alcançar a protecção de bens jurídicos[77].

II. Ao legislador não basta, contudo, provar a danosidade social da conduta, a indispensabilidade da tutela penal, pois recai-lhe também o *ónus probandi* de que a tutela penal é eficaz, ou seja, recai-lhe o ónus da prova da eficácia, que é exigida pelo princípio da subsidiariedade (necessidade da intervenção penal) e pela dignidade penal da lesão

---

parte do legislador se deveria fazer, no caso concreto, ponderando os bens em conflito". Podem-se apontar como defensores desta corrente MÜLLER-DIETZ ("quanto menores forem os possíveis efeitos da danosidade social, tanto mais o legislador deverá prescindir das medidas penais e que, inversamente, quanto maior for a influência social do comportamento, mais se alarga a margem de liberdade do legislador", tendo-se como "ponto de partida para a decisão de criminalização não só a probabilidade de se verificarem consequências socialmente danosas, mas também o grau de danosidade social presumível", assim sendo, "a mera probabilidade teórica de danosidade não pode ser suficiente para justificar uma opção de criminalização"), MANUEL da COSTA ANDRADE, CONCEIÇÃO CUNHA, tendo esta apontado que quando haja "uma imposição de criminalização *ex novo*, deve ser o tribunal Constitucional a comprovar «a presença de valores primordiais e de condutas gravemente lesivas destes valores e a necessidade da sua criminalização". ANABELA M. RODRIGUES, *A Determinação da Medida...*, p. 302 e nota 348 (pp. 302/303). Quanto ao princípio *in dubio pro libertate*, JOSÉ CARLOS VIEIRA DE ANDRADE, *Os Direitos Fundamentais na Constituição Portuguesa de 1976*, 2.ª Edição, Almedina, 2001, p. 299 e nota 55.

[77] Neste sentido a Prof.ª ANABELA M. RODRIGUES, *A Determinação da Medida...*, p. 301. A necessidade contida no art. 18.°, n.° 2 da CRP terá de ser provada pelo legislador, devendo-se verificar os corolários do princípio de proporcionalidade: o princípio de adequação, o princípio de exigibilidade ou da necessidade e o princípio da proporcionalidade em sentido restrito, sendo que este impõe que a medida restritiva de direitos se enquadra numa «justa medida» quanto aos fins que se pretende alcançar com a prevenção. Neste sentido M. DA COSTA ANDRADE, "A 'dignidade penal' e a 'carência de tutela penal' como referência de uma doutrina teleológico – racional do crime", in RPCC, 2.° fascículo, 1992, p. 184; GOMES CANOTILHO e VITAL MOREIRA, *Constituição da República Portuguesa Anotada*, Coimbra Editora, 1993, p. 153, JOSÉ C. V. de ANDRADE, *Os Direitos Fundamentais...*, pp. 299 e 300.

30   *Consumo de Drogas*

(a ofensa ao bem é digna, da tutela penal[78]). A eficácia obriga a que se efectue uma análise dialéctica entre custos (restrições de direitos do agente do crime) e benefícios (a protecção eficaz do bem jurídico)[79].

A eficácia da tutela penal legitima-se quando se prova ou se prognostica exaustivamente que o meio pena é eficaz quanto "ao fim previamente escolhido" e não quando os outros instrumentos de controlo social se demonstraram ineficazes. Neste sentido a Prof.ª ANABELA defende que "só a eficácia «defensiva» (dos bens da colectividade) estará em condições de compensar a eficácia «ofensiva» (da liberdade pessoal do arguido)"[80].

Poder-se-á, assim, afirmar que o princípio da eficácia prescreve que a enumeração dos comportamentos a punir não pode ser orientada pelo princípio das *cifras negras*, mas que a justificação e a manutenção de uma norma penal dependem, também, da análise da sua menor ou maior eficácia quanto à tutela dos bens jurídicos em causa[81], não devendo aquela ser condição absoluta e única para a criminalização ou descriminalização de uma conduta desviante.

As questões que se levantam, neste momento, são que legitimidade encarna o direito penal para intervir quanto ao consumo de drogas; que bem(ns) jurídico(s) a criminalização do consumo de drogas tutela(m), sendo o corpo um direito pessoal, cuja liberdade de dispor do mesmo cabe ao próprio detentor do direito de personalidade[82]; se a conduta "consumir droga" é digna de tutela penal; se a intervenção criminal é subsidiária (indispensável e proporcional) e eficaz, ou seja, se preenche os campos da carência penal.

---

[78] Neste sentido a Prof.ª ANABELA M. RODRIGUES, *A Determinação de Medida...*, p. 304.

[79] A Prof.ª ANABELA acrescenta que, apesar de se atribuir um papel residual, melhor, de acessoriedade, o que implica que a eficácia, sendo condição necessária, não é *suficiente*, para legitimar a opção de criminalização" do comportamento lesivo do bem jurídico, e que a sua "complementaridade – enquanto *posterius* lógico – analítico – faz *de si* uma *variável independente* do gráfico político-criminal". Prof.ª ANABELA M. RODRIGUES, *A Determinação de Medida...*, p. 305.

[80] Prof.ª ANABELA M. RODRIGUES, *A Determinação de Medida...*, p. 305 e nota 359.

[81] Neste sentido a Prof.ª ANABELA M. RODRIGUES, *A Determinação de Medida...*, p. 306 e nota 364.

[82] Neste sentido o Prof. JOSÉ ROBIN DE ANDRADE, "Reflexões Sumárias", *in Forum Iustitiae...*, p. 19.

III. Na nossa opinião, pensamos que o meio pena[83] não tem sido totalmente eficaz quanto ao fim preventivo, que se pretendia alcançar[84], ou seja, os fins de prevenção geral, quer negativa, quer positiva, e de prevenção especial. Face a uma análise superficial e displicente, não têm sido alcançados satisfatoriamente. Contudo, relembramos o facto de que o princípio da *eficácia* é uma condição necessária, mas não suficiente para se optar ou não pela intervenção penal. Acres-

---

[83] Pensamos que é importante relembrar que a quase totalidade de consumidores presos são-no não por razões de consumo de drogas, mas por terem cometido outro tipo de crime (principalmente contra o património) para obterem fundos para a aquisição do produto necessário a satisfação do 'vício'. Logo não podemos afirmar que há um fracasso da intervenção penal, que, segundo os princípios norteadores do DL n.º 15/93, seria o trampolim para a aceitação de um tratamento. Cfr. preâmbulo do diploma. Sobre os crimes contra o património cometidos por toxico-dependentes, JOÃO PAULO VENTURA, "Toxicodependência, Motivação, Comportamento Delituoso e Responsabilidade Criminal: Alguns Nexos de Comprovada Causalidade", *in RPCC*, Ano 7, 1997, pp. 461 e ss..

[84] O DL n.º 420/70, que criminalizou o consumo de drogas, assentava numa campanha, cujo slogan, "**Droga – Loucura – Morte**", tinha como escopo a transmissão de uma visão sanitária e psicológica, sendo que a droga provocava a loucura (doença) que geraria a morte. Uma campanha forte no embate, mas desprotegida de explicações teóricas e práticas *(in loco)* do resultado nefasto final do consumo de drogas, o que pela sua natureza substantiva iria dar uma visão realística e não imaginária dos problemas que o consumo produz. Não bastam campanhas com palavras fortes para se alcançar a prevenção. Quem assim vê, perdoem-nos, mas vê cegamente e tem uma visão minimalista do problema. E as visões minimalistas dos problemas que nos envolvem conduzem à análise distorcida da essência e do conteúdo da questão, para a qual encontramos não uma solução de fundo, **mas uma cirurgia de clinica geral, permitindo que o cancro cresça e mate, mas mate continuamente, porque a cura ficou à superfície e não alcançou o fundo do oceano demolidor**. Por isso receamos profundamente um regime que descriminalize o consumo de estupefacientes. Recordamos as palavras de OSCAR WILDE quando dizia que *a distância está para o amor, como o vento para o fogo, apaga o pequeno e atiça o grande;* para reafirmarmos a nossa preocupação, pois nós afirmamos que **a liberdade está para o homem, como o vento para o fogo, destrói a irreal e imaginária e enraíza a verdadeira**. Mas, os contornos da liberdade estipulados pelo homem é que poderão ter alicerces doentes e carenciados de essência e conteúdo, o que nos conduz a um "tom minimalista, feito de despenalização, medidas alternativas, desregulação, descodificação e sobretudo de algum laxismo ético e jurisprudencial" [PAULO F. da CUNHA, *A Constituição do Crime...*, p. 31], que será progenitor de uma morte lenta e sentida.

centamos que o único fim que, muitos apontam como alcançado com a criminalização do consumo de drogas, é o da retribuição[85] do dano provocado ao património ou à integridade física de outrem. Contudo, não podemos justificar a descriminalização de uma conduta desviante com o fundamento de que a sua criminalização demonstrou ineficácia quanto aos objectivos iniciais. A optimização dos resultados em direito penal é um perigo epidémico num Estado de direito democrático.

Defendemos que, na análise da eficácia, se devem introduzir os factores do plano pragmático e do plano espiritual do direito penal, que fundamentam o conteúdo dos seus fins preventivos a si conferido. Será que na problemática da droga, na criminalização do consumo de drogas, se analisou a *pragmaticidade* e o sentido útil e os efeitos da criminalização em conjugação com a *espiritualidade* do direito penal[86] de outros momentos da história? Humildemente afirmamos que não se tem efectuado qualquer comparação ou conjugação de análise no campo do consumo de droga, caso contrário o Estado já tinha assumido o papel interventivo que lhe seria necessariamente exigido.

IV. A "arquitectura penal" procura pelo direito assegurar que o crime seja um fenómeno irrepetível na vida do infractor, o que o conduziu à elevação a actor principal do processo criminal[87]. No seguimento da opinião da Prof.ª ANABELA M. RODRIGUES, a ideologia do tratamento e da ressocialização do infractor apresenta-se como "imperativo ético", procurando-se assim alterar as suas condutas, fazendo-o

---

[85] Não concordarmos com o Prof. JOSÉ ROBIN DE ANDRADE quando afirma que "qualquer pena criminal tem como função primária a de retribuir com um mal", (*Op. Cit.*, p. 19), pois, na nossa opinião a função primária do direito penal é prevenir, por isso é que só pode ser punido criminalmente quem cometer uma conduta que, à altura da sua execução, esteja prevista como crime (n.º 1 do art. 29.º da CRP e n.º 1 do art. 1.º do CP), princípio da legalidade e garantístico de todos os cidadãos.

[86] No sentido de que a ideia preventiva do direito penal assenta na sua pragmaticidade e na comparação com a sua espiritualidade de outros tempos, a Prof.ª ANABELA M. RODRIGUES, *A Determinação da Medida...*, p. 307.

[87] Neste sentido CARLOS ALBERTO POIARES, *Análise Psicocriminal das Drogas – O Discurso do Legislador*, Almeida & Leitão, Ld.ª , Porto, 1998, p. 64.

A Legitimidade do Direito Penal 33

sentir mais responsável no seio da sua sociedade, ou seja, promovendo-se a não reincidência criminal[88].

A tentativa da irrepetibilidade do fenómeno criminal, no caso do consumo de droga, tem sido manifestamente frustrada[89], cujos factores influenciadores não iremos aqui analisar. O consumo de drogas, como acção ilícita e penalmente tipificada[90], não foi uma conduta irrepetível por aqueles que já foram condenados a penas de prisão ou de multa. A irrepetibilidade da actividade ilícita "consumir" verifica-se caso ao agente infractor da norma proibicionista[91] fosse aplicado o tratamento clínico, que tem alcançado bons resultados nos consumidores que espontaneamente solicitam a assistência dos serviços de saúde.

Competindo ao próprio indivíduo dispor livremente do seu corpo, como direito pessoal[92], considerar-se-ia que a intervenção do Estado seria, assim, ilegítima no caso do consumo de drogas, ou seja, o tratamento clínico seria apenas um processo de cura caso fosse solicitado pelo consumidor e, jamais, poderia ser imposto pelo poder estadual. Se a problemática do consumo for analisada na perspectiva da violação do direito de dispor livremente do corpo, qualquer intervenção estadual ou institucional ou comunitária poderá ser posta em causa por falta de legitimidade, cuja essência se poderá encontrar na criminalização do consumo de estupefacientes por aquele pôr em risco a saúde pública que é, sem dúvida, um bem jurídico fundamental e que é indispensável "ao livre desenvolvimento ético da pessoa e à

---

[88] ANABELA M. RODRIGUES, *"A posição jurídica do recluso na execução da pena privativa da liberdade – seu fundamento e âmbito", in Boletim da Faculdade de Direito de Coimbra*, 1982, pp. 85 e ss., também citada pelo Prof. CARLOS A. POIARES, *Análise Psicocriminal...*, p. 64.

[89] Uma vez que são poucos os casos que conseguem abandonar o consumo de droga.

[90] Cfr. o art. 40.º do DL n.º 15/93, de 22 de Janeiro, alterado pelo DL n.º 43/94, de 17 de Fevereiro, pelo DL n.º 81/95, de 22 de Abril, e pela Lei 21/2000, de 10 de Agosto.

[91] Cfr. art. 40.º do DL n.º 15/93.

[92] Veja-se que o suicídio, que já fora punido por anteriores legislações penais, hoje, apesar de ser uma conduta socialmente censurável, não é punido criminalmente.

34 *Consumo de Drogas*

subsistência e funcionamento da sociedade democraticamente organizada"[93].

Esta argumentação não é argumento para que permaneçamos sentados e fechados nos nossos gabinetes, defendendo e aplicando a legislação proibicionista como solução programática do problema em análise. A busca de alternativas credíveis e cientes deve ser o apanágio de qualquer cidadão que se quer sentir livre e que quer fazer da liberdade um valor fundamental da sua comunidade. As alternativas devem fundamentalmente ter capacidade mínima de aplicabilidade e exequibilidade material e funcional. A inexistência destes corolários não pode basear-se unicamente no que o Prof. CARLOS POIARES tem defendido, ou seja, que "a vontade manifesta pelo direito legislador nem sempre encontra correspondência nos instrumentos através dos quais se exercita o *jus puniendi*: é o caso da desagregação das instâncias de controlo (polícias, prisões) que, não raramente, actuam em dissonância com o modelo legislatório – criminal, desvirtuando ou inviabilizando, na prática, os objectivos e declarações de princípios enumerados nas constituições criminais (formais e materiais) e nos códigos"[94]. Esta desadequação "nem sempre é inocente, podendo surgir como reacção ao implemento de novos figurinos ou como tentativa de conservar esquemas que o legislador pretende ultrapassar"[95]. Hoje, "criar e aplicar leis é cada vez mais resultante de uma correlação de poderes (legislativo – judicial) e saberes. Elaborar e aplicar o direito são tarefas que se intercruzam (...), perdendo-se a perspectiva preconizada por SAVIGNY (1802) que recusa ao julgador a função de «acabamento» da lei"[96].

V. A procura de uma alternativa é, muitas das vezes, o fruto do que os vários intervenientes numa comunidade produzem quer em ideias, quer em factos, que poderão funcionar como mitos generalizados sem que encontremos a fonte da sua pertinência e da sua ade-

---

[93] Conceito de bem jurídico apontado pelo Prof. M. da COSTA ANDRADE, "A 'dignidade penal'...", *in RPCC*, 2.° ano, Fasc. 2, 1994, p. 178. Hoje assistimos ao fenómeno da criminalização de condutas que põem em risco o ambiente. Será que a saúde pública não é suficiente para que condutas como o consumo de drogas não sejam criminalizadas?

[94] CARLOS POIARES, *Análise Psicocriminal...*, p. 64.

[95] *Ibidem*.

[96] *Apud* CARLOS POIARES, *Análise Psicocriminal...*, p. 69.

quação. Desde os anos 80 que os *mass média*, que se apresentam como um 4.º poder efectivo, e lideres político – partidários têm transmitido à população uma ideologia fundamentalista no campo da repressão penal, defendendo continuamente não só a ampliação dos tipos criminais, como também o aprovamento das sanções, tendo a seu favor a contínua crítica dirigidas por aqueles (*mass média*) ao aparelho de administração de justiça (tribunais, magistrados, polícias), cujo teor se agrava quando o delito em causa está ligado afectivamente com a população e esta com o agente do crime[97].

KARL ROPPER chamou à atenção para os "plurimos mitos de opinião pública", que poderá ter um fim bom, apesar de imprudente, mas também um objectivo perigosamente pernicioso[98], porque, como sabemos, o desconhecimento "do grande público em relação à Lei não obsta à existência de uma *sabedoria implícita* fundada nas experiências de vida e no imaginário popular"[99].

A opinião pública pode ser instrumento de reflexo manipulado pelo *poder legislativo*. Da mesma forma que NERO mandou incendiar Roma, para que atribuíssem aos cristãos a culpa e pudesse persegui-los, e que HITLER mandou incendiar o Reichstag para que os comunistas alemães fossem odiados pelos demais cidadãos, o legislador pode socorre--se da opinião pública como instrumento justificativo e apropriado para criar na população a convicção da necessidade de surgimento de certas medidas mais ou menos restritivas de direitos, liberdades e garantias e, consequentemente, a sua posterior criação e aplicação[100]. A opinião pública pode ser a arma legitimadora da intervenção ou não intervenção do direito penal[101]. Contudo, poderá ser uma arma perigosa.

---

[97] Neste sentido CARLOS POIARES, *Análise Psicocriminal...*, pp. 70/71.

[98] *Apud* CARLOS POIARES, *Análise Psicocriminal...*, p. 71.

[99] *Idem*, p.72. O sublinhado é nosso.

[100] Neste sentido CARLOS POIARES, *Análise Psicocriminal...*, p. 74.

[101] A Lei n.º 30/2000 é o resultado da exigência de mudança, mas de uma mudança baseada nos pressupostos de que a intervenção penal no consumo de droga, segundo as estatísticas, não foi eficaz, nem eficiente. A intervenção do direito não pode ser medida segundo critérios únicos e imperativos de eficiência e eficácia, muito menos quando essa intervenção se enquadra num plano punitivo, porque, seguindo esta lógica, a maioria dos crimes já teriam sido descriminalizados com o fundamento de que uma enorme percentagem é reincidente na conduta desviante.

CAPÍTULO III
O Movimento da Descriminalização

§ 7.º Os ventos de mudança

I. Os ventos de mutação permanente e de instituição de novas alternativas de acção estadual, institucional ou, mesmo, comunitária, influenciam a ordem jurídica que mais não é do que o resultado e o reflexo da estrutura cognitiva da sociedade face aos valores, morais e éticos, aos costumes e à visão abrangente ou minimalista dos problemas que a abarcam e a circundam[102]. Acompanhamos, assim, KARL LARENZ quando afirma que "a lei vale para todos os tempos históricos, mas em cada momento da forma como este a entende e desimplica, de acordo com a consciência jurídica"[103]. Aquela acompanha a natural evolução social, económica, cultural e intelectual da sociedade, que por sua vez reflecte também a ordem jurídica por si defendida e imposta.

---

[102] No nosso estudo sobre *A Publicação da Matéria de Facto nas Condenações nos Processos Disciplinares*, (ISCPSI, 2000, p. 9), afirmamos que o direito, ao ordenar o carácter jurídico da vida em grupo e como corpo unitário e de coerência lógica, tem como base a protecção e tutela individual e colectiva contra o incumprimento dessas mesmas normas, em que é posto em causa quer parte, quer todo o ordenamento jurídico. O direito não regula apenas comportamentos sociais, mas surge como conjunto de normas que os regula com justiça e assistidas de coercibilidade. As normas jurídicas, quando não voluntariamente, são susceptíveis de aplicação pela força organizada do próprio Estado, nomeadamente pelos tribunais. *Hoc sensu*, LUÍS A. CARVALHO FERNANDES, *Teoria Geral do Direito Civil*, Lex, 2.ª Edição, Lisboa, 1995, vol. I, p. 16.

[103] *Apud* CARLOS A. POIARES, *Análise Psicocriminal das Drogas – O Discurso do Legislador*, Almeida & Leitão, Ld.ª, Porto, 1998, p. 76. Sobre as funções das leis aconselha-se a leitura de KARL LARENZ, *Metodologia da Ciência do Direito,* (tradução de JOSÉ LAMEGO), Fundação Calouste Gulbenkian, 1989, Lisboa, pp. 182 e ss.

38 *Consumo de Drogas*

Aquela sofre a natural modificação quando a própria estrutura social a provoca ou aceita a ruptura que os seus factores de influência principais e acessórios fazem emergir do seio da comunidade em convusão no campo dos valores, no campo das ideias políticas e sociais e no campo da percepção empírica e científica da teia humana.

A defesa da liberdade individual tem comandado o fenómeno da descriminalização de condutas capazes de ofenderem a moral social[104], evitando-se que esta seja o fundamento da intervenção penal do Estado, no sentido de que **a intervenção penal apenas se justifica quando o indivíduo pratique uma conduta que ponha em causa os direitos de terceiros, que lhes provoque um dano na sua esfera jurídica**. Os fundamentos destes movimentos não são aceites por DEVLIN que defendeu que "a função do Direito Penal consiste também na salvaguarda dos valores morais aceites pela sociedade, pelo que o Direito não deve deixar de perseguir e punir os comportamentos que se apresentem desviantes em relação ao núcleo dos princípios morais"[105]. Nesta linha de raciocínio, defendemos que esses valores morais preenchem inequivocamente a essência de bens jurídicos fundamentais quer de terceiros quer da própria sociedade.

II. O recurso ao direito de mera ordenação social[106] procurou promover funções político – criminais capazes de responder sancionatoriamente a situações em que não se verificou uma tutela penal (ambiente, economia nacional), funcionando como uma "alternativa idónea à criminalização de condutas"[107] de forma que se racionalizasse a intervenção do Direito Penal em conteúdos, cujas ofensas seriam

---

[104] Dos grandes impulsionadores deste movimento destacam-se CESARE BECCARIA, FEUERBACH e STUART MILL.

[105] *Apud* CARLOS A. POIARES, *Análise Psicocriminal*, p. 76.

[106] Que teve a sua origem na teorização de FEUERBACH sobre o Direito Penal Policial dos Finais do Séc. XVIII e princípios do Séc. XIX. FREDERICO DE LACERDA DA COSTA PINTO, *"O Ilícito de Mera Ordenação Social e a Erosão do Princípio da Subsidiariedade de Intervenção Penal"*, in *Direito Penal Económico e Europeu*, Coimbra Editora, 1995, Vol. I, pp. 209 e ss., cuja materialização legislativa se verifica com a intenção de criar este regime como o início da reforma do Código Penal, nos anos 60.

[107] *Idem*, p. 213.

intoleráveis quer quanto aos valores, quer quanto aos interesses fundamentais da convivência comunitária[108].

Uma das grandes virtudes da descriminalização *em sentido técnico*, através do recurso ao ilícito de mera ordenação social, segundo o saudoso Prof. EDUARDO CORREIA[109], é, sem dúvida, **a possibilidade de uma enorme amplitude de aplicabilidade do princípio da oportunidade e de simplificação processual**, cujo recurso das decisões sancionatórias administrativas deverá ser para os Tribunais Administrativos.

§ 8.° Outra alternativa

Um Estado de direito material, de cariz social e democrático, impõe necessariamente que a intervenção penal apenas se verifique quando haja "lesões insuportáveis das condições comunitárias essenciais de livre realização e desenvolvimento da personalidade de cada homem"[110]. **A função do direito penal é a protecção de bens jurídicos e nunca "a decisão de controvérsias morais ou a tutela de qualquer moral"**[111], pelo que defendemos que **a criminalização ou a descriminalização do consumo de drogas não se enquadra em um campo de reprovação moral, mas sim no campo de ofensas a bens jurídicos extrapessoais, tais como a saúde pública, a segurança de todos os cidadãos, o desenvolvimento integral do Homem, em especial das crianças**[112]. Pensamos que estes bens jurídicos são fundamentais e essenciais para *a livre realização e desenvolvimento da personalidade de cada homem,* o que nos leva a levantar certas reservas quanto à forma e ao tempo da descriminalização do consumo de drogas[113].

---

[108] Preâmbulo do DL n.° 433/82, de 27 de Outubro.

[109] *Apud* FREDERICO DE LACERDA DA COSTA PINTO, "O Ilícito de Mera Ordenação Social..." *in Direito Penal Económico e Europeu,* Vol. I, pp. 214.

[110] FIGUEIREDO DIAS, "O Ilícito de Mera Ordenação Social..." *in Direito Penal Económico e Europeu,* pp. 22/23.

[111] *Ibidem.*

[112] Entende-se por criança *todo aquele que ainda não completou 18 anos,* conforme o art. 1.° da Convenção dos Direitos das Crianças.

[113] Contudo, defendemos que era urgente tomar uma atitude para que todos pensassem neste fenómeno que nos rodeia, o que a nova lei conseguiu.

40 *Consumo de Drogas*

Defendemos a procura de outras alternativas, que é o nosso lema quando um regime estrutural entrou em colapso e/ou em descrédito: *como manter a criminalização*, mas competindo *aos serviços de saúde do Estado prestarem um auxílio directo e pragmático aos consumidores que procurassem efectuar um tratamento adequado ao abandono da «escravidão»*, ou seja, aqueles serviços deveriam estar preparados para fornecer as drogas de que o consumidor dependia com um acompanhamento médico capaz de realizar um diagnóstico que permitisse conduzir o consumidor a um melhor tratamento. Pois, se o toxicodependente é doente para aplicação de uma pena, também o é para a aplicação de uma coima.

§ 9.° Fundamentos da descriminalização do consumo de 'drogas'

I. O aperfeiçoamento de qualquer política criminal passa, primeiramente, pelo aperfeiçoar dos fundamentos de que nos arrogamos para defender as nossas posições doutrinárias e de política legislativa, sem que o novo diploma fique enfermo quer pelas dúvidas de exequibilidade, quer por susceptíveis violações materiais da constituição. A mudança de política criminal impõe que nos arroguemos de fundamentos de ordem filosófica-política e de ordem material capazes de incrementarmos uma política criminal lógica e coerente com os valores defendidos e cultivados pela comunidade

Os argumentos utilizados para fundamentar a descriminalização do consumo de 'drogas' não se podem bascar, exclusivamente, na *disponibilidade pessoal do próprio corpo*[114] – direito que retira a ideia de que o consumo não ofendia qualquer bem jurídico comunitário merecedor de tutela juridico-penal – ou na defesa de que o consumidor, principalmente toxicodependente, é um *doente* – pois se é doente para a aplicação de uma pena, também o é para a aplicação de uma contra-ordenação[115] –, porque estão carentes da substancia psicotrópica.

---

[114] Posição do Prof. J. ROBIN DE ANDRADE, "Reflexões sumárias sobre o fundamento da descriminalização do consumo de droga", *in Forum Iustitiae – Sociedade & Direito*, Ano II, n.° 17, Dezembro de 2000, p. 20.

[115] Cfr. *supra* § 8.°.

O Movimento da Descriminização 41

O argumento da *eficácia* da intervenção do direito penal ter falhado é outro falso argumento, porque, como afirma PAULO FERREIRA DA CUNHA, preocupa-nos o «tom minimalista , feito de despenalização, medidas alternativas, desregulação, descodificação e sobretudo algum laxismo ético e jurisprudencial»[113].

O ditame do *tratamento* já estava prescrito no DL n.º 15/93, de 22 de Janeiro, cuja eficácia dependia muito da sensibilidade de que era dotado o julgador – intérprete e aplicador da lei ao caso concreto – e das informações[114] de que aquele dispunha para tomar a decisão final. Os artigos 41.º – tratamento espontâneo – 42.º – atendimento e tratamento de consumidores – 43.º – suspensão da pena e obrigação de tratamento – 45.º – suspensão com regime de prova – 46.º – toxicodependente em prisão preventiva ou em cumprimento de pena de prisão – 47.º – tratamento no âmbito de processo pendente – estão impregnados da ideia de que o consumidor necessita de ser tratado.

Como referiu o Prof. CÂNDIDO AGRA[115], o julgador ajudou e abriu o caminho para a descriminalização do consumo de drogas ao decidir, em muitos processos, que o toxicodependente não devia ser encarcerado, mas antes tratado.

Os preceitos anteriores, caso fossem aplicados como se determina, afastariam a ideia de que o novo regime é um regime por excelência na concretização do princípio da *oportunidade*. Não duvidamos de que o regime contra-ordenacional permite dois blocos de sugestões: por um lado, afasta o infractor do estigma da sala de tribunal, do julgamento; por outro lado, pode produzir um processo mais célere e mais próximo do sujeito da decisão, quando esta depende de

---

[116] PAULO FERREIRA DA CUNHA, *A Constituição do Crime – Da substancial constitucionalidade do Direito Penal*, Coimbra Editora, Colecção Argumentum, 1998, p. 31.

[117] O art. 243.º do CPP impõe que o OPC deve narrar no auto todas os actos e factos importantes quanto à infracção criminal, contudo temos vindo a defender que deverá também narrar todas as informações necessárias e essenciais que respondam à pergunta: «porquê?». Só assim o juiz pode decidir com consciência de que a prevenção geral – protecção de bens jurídicos – e a prevenção especial – reinscrção do delinquente na sociedade – está a ser alcançada, conforme determina o art. 40.º do CP.

[118] Intervenção do dia 21 de Julho de 2003 nos Encontros da Arrábida, subordinado ao tema "A descriminação do consumo de drogas: um balanço".

42 *Consumo de Drogas*

um órgão administrativo, desde que as sanções aplicadas sejam de índole administrativa e nunca restritivas da liberdade.

II. Não pretendemos fazer a apologia da criminalização do consumo de drogas, apenas gostaríamos de levantar várias questões de extrema importância que o legislador deve ter sempre em mente quando criminaliza ou descriminaliza ou despenaliza certa conduta censurável pela comunidade por afectar bens jurídicos «indispensáveis ao livre desenvolvimento ético da pessoa e à subsistência e funcionamento da sociedade democraticamente organizada»[116].

Complementando, a legitimidade do direito penal, como afirma a Prof.ª ANABELA MIRANDA RODRIGUES, não pode assentar "nos valores de racionalidade e eficácia, tão cara a modelos de direito penal de inspiração sociológica", nem deve ser o reflexo das "coordenadas e dos limites jurídico – constitucionais do direito penal"[117].

Apesar de não sermos defensores de um direito penal simbólico, defendemos que qualquer decisão pela intervenção ou não intervenção do direito penal impõe a análise dos seus princípios inspiradores[118]: *subsidiariedade* – ampla ou indispensabilidade e restrita ou fragmentariedade –, *proporcionalidade em sentido amplo* – adequação, necessidade ou exigibilidade e proporcionalidade *stricto sensu* –, vinculação à certeza ou *in dubio pro libertate* – prova da danosidade social e da tutela penal indispensável – *eficácia*, e, conjuntamente, a verificação do princípio da *carência de tutela penal*.

---

[119] MANUEL DA COSTA ANDRADE, "A 'dignidade penal' e a 'carência de tutela penal' como referência de uma doutrina teológico – racional do crime", *in RPCC*, 2.º fasc., 1992, p. 178.

[120] ANABELA MIRANDA RODRIGUES, *A Determinação da Medida da Pena Privativa da Liberdade*, Coimbra Editora, 1995, p. 258.

[121] Quanto aos princípios da intervenção do direito penal, supra, pp. 23 e ss.; ANABELA MIRANDA RODRIGUES, *A Determinação...*, pp. 253 e ss.; MANUEL DA COSTA ANDRADE, "A 'dignidade penal' e a 'carência de tutela penal' como referência de uma doutrina teológico – racional do crime", *in RPCC*, 2.º fasc., 1992; JORGE DE FIGUEIREDO DIAS, *Direito Penal Português – Parte geral II – As Consequências Jurídicas do Crime*, Aequitas Editorial Notícias, Lisboa, 1993, p. 39 e ss.; GERMANO MARQUES DA SILVA, *Direito Penal Português*, Verbo, Lisboa/S. Paulo, 19917, Vol. I, pp. 44 e ss.

O *Movimento da Descriminização* 43

Na criminalização não era a integridade física do consumidor que estava em causa, nem a disposição do corpo, mas sim outros bens jurídicos – como a saúde pública, a ordem e tranquilidade públicas, o desenvolvimento e crescimento livre e ético da pessoa – que podem ser afectados pela descriminalização em sentido técnico que o povo entendeu como sendo despenalização[122].

Não defendemos que ao consumidor deva ser aplicada uma sanção privativa da liberdade, mas também não somos defensores de um regime jurídico que, na busca de soluções de oportunidade, de celeridade, de humanização e de prevenção, detenha vários preceitos, cuja exequibilidade esteja enferma por ser limitativa de direito, por um lado, e, por outro, por ser limitativa na acção dos que se propõem a iniciar o processo de recuperação do consumidor, *maxime* AP e CDT.

---

[122] O Prof. JOSÉ DE FARIA COSTA considera que não existiu qualquer descriminalização, mas antes uma despenalização. Posição novamente defendida na sua Intervenção do dia 23 de Julho de 2003 nos Encontros da Arrábida, subordinado ao tema "A Descriminação do Consumo de Drogas: um Balanço".

CAPÍTULO IV
A Intervenção Legislativa no Séc. XX

§ 10.º Sumula evolutiva da legislação

Os Estados, face à problemática da droga, tiveram primeiramente uma reacção de salvaguarda da saúde pública e, posteriormente, uma reacção de defesa da tranquilidade dos cidadãos, ou seja, de segurança.

A **intervenção legislativa** quanto à problemática da **droga** em Portugal evoluiu sob a **égide de diferentes vertentes**:

* **antes de 1970**, esta problemática era analisada numa perspectiva fiscal e comercial, ou seja, a droga era vista como uma mercadoria;
* **entre 1970 e 1975**, apareceu a perspectiva criminalizadora, na qual a droga simbolizava delito (o DL. n.º 420/70 detinha uma racionalidade que assentava numa "perspectiva criminal do consumo de droga", sem que colhesse qualquer "dimensão clínica e psicossocial que as leis de Macau de 1962 e 1965" tinham tido numa perspectiva de reinserção do consumidor)[123];
* **entre 1975 e 1983**, o legislador procurou "reagir com mecanismos terapêuticos e psicossociais ao recrudescimento do consumo de tóxicos", caracterizando-se esta reacção "por uma vontade de Saber sobre o indivíduo (vertente-clínica) e interacções com contextos micro e macro-social (vertente psicossocial)"[124];

---

[123] CARLOS POIARES, *Análise Psicocriminal...*, pp. 249/258.
[124] *Idem,* p. 587.

46 *Consumo de Drogas*

* **entre 1983 e 1995**, surge um novo quadro cujas preocupações incidem na "compreensão científica dos actores envolvidos (Legislador, Aplicador e Transgressor), donde resulta um intuito de intervenção com carácter preventivo e ressociaizador"[125];
* **de 1995 até aos nossos dias**, há uma racionalidade que assenta em uma visão de que o consumidor é um doente sem vontade e sem culpa, logo o que precisa é de tratamento e não de prisão, o que resultou na Lei n.º 30/2000, de 29 de Novembro.

§ 11.º O Decreto Lei n.º 15/93, de 21 de Janeiro, e a Lei n.º 30/2000, de 29 de Novembro

I. Poder-se-á afirmar que os **programas** de combate ao fenómeno "droga", que está longe do imaginário cinematográfico, cujo teor abarcava o consumo e o tráfico e cuja táctica policial assentava na função de vigilância e na de perseguição da circulação económica ilícita, **fracassaram**[126].

Reclama-se, nos nossos dias, uma nova política de intervenção que se traduza em uma nova perspectiva de abordagem. Todavia, pensamos que essa nova abordagem não pode ser brusca nem radical, devendo a mesma basear-se "no conhecimento profundo das últimas aquisições científicas sobre o efeito destas drogas na personalidade humana, como também na perscrutação minuciosa da sensibilidade das camadas sociais mais envolvidas (os jovens, os pais, as famílias em geral, os educadores, dada a sua influência cultural), sem o que esta medida necessariamente se transformará numa intervenção sem reflexão posterior"[127].

Em 1993, o parlamento português defendia que uma nova abordagem teria necessariamente de ser ponderada por dois grandes factores: o *conhecimento científico* das consequências nefastas do consumo de drogas; e a *audição* e a *discussão* com aqueles que mais de

---

[125] CARLOS POIARES, *Análise Psicocriminal...*, p. 587.

[126] Na perspectiva de que se verificou um aumento do tráfico e do próprio consumo. Mas, hoje é mais fácil demarcar a evolução dos limites quantitativos, devido ao registo sistemático dos casos.

[127] Preâmbulo do DL n.º 15/93, de 22 de Janeiro, *in DR,* I Série – A, p. 236.

A *Intervenção Legislativa no Séc. XX* 47

perto sentem o problema da droga e as suas consequências desagregadoras da sociedade e da sua célula principal – a família[128].

Na nossa opinião, a Lei n.º 30/2000, de 29 de Novembro, apesar de ser fruto de um dos objectivos previsto no n.º 2 do ponto 10 da RCM n.º 46/99, de 26 de Março, que aprovou a *Estratégia Nacional da Luta contra a Droga* e de se ter realizado uma discussão pública sobre a problemática da droga[129], não é, verdadeiramente, o fruto da conjugação destes dois factores. Reflecte, apenas, a preocupação de estabelecer um regime alternativo ao anterior (no qual se criminaliza o consumo, apesar de funcionar de forma simbólica, permitindo que o "contacto com o sistema da justiça *servisse* para incentivar o *consumidor* ao tratamento"[130]), em uma tentativa injustificada de "aliviar" as nossas prisões[131] ou de evitar que o sistema judicial emperre com os processos de consumo. Poder-se-á afirmar que **se procurou realizar uma cirurgia em que os resultados clínicos estão à mercê do tempo e da vontade humana.**

II. O legislador ordinário não efectivou a despenalização do consumo de drogas. A Lei n.º 30/2000 é um exemplo **da discriminalização** *em sentido técnico ou estrito*, **ou seja, desqualificou a conduta enquanto crime, reduzindo formalmente a competência de intervenção penal quanto à conduta consumo de droga.**

A conduta «consumo» de droga deixou de consignar a prática de um crime[132] para passar a ser considerada uma contra-ordenação

---

[128] *Ibidem*.

[129] Promovida pela Comissão Eventual da Assembleia da República para o Acompanhamento e Avaliação da Situação da Toxicodependência, do Consumo e do Tráfico de Droga, constituída a 16 de Fevereiro de 1998 por Despacho do Ministro Adjunto do Primeiro-Ministro (Despacho n.º 3229/98 – 2.ª Série).

[130] *Ibidem*. Itálico nosso.

[131] Pensamos que nenhum juiz, hoje, condena a pena de prisão um indivíduo indiciado por consumo de droga. Muitos dos nossos presos toxicodependentes foram condenados por terem praticado crimes contra o património como forma de adquirirem dinheiro para a compra da sua dose diária.

[132] O art. 40.º **(Consumo)**, do DL. n.º 15/93, estipulava que:

"1 – Quem consumir ou, para o seu consumo, cultivar, adquirir ou deter plantas, substâncias ou preparações compreendidas nas tabelas I a IV é (art. 2.º, n.º 1 da Lei n.º 30/2000), considerando-se como quantidade necessária para consumo médio individual a correspondente para o período de 10 dias (n.º 2 do mesmo artigo)[133].

---

punido com pena de prisão até 3 meses ou com pena de multa até 30 dias.

2 – Se a quantidade de plantas, substâncias ou preparações cultivada, detida ou adquirida pelo agente exceder a necessária para o consumo médio individual durante o período de 3 dias, **a pena é de prisão até 1 ano ou de multa até 120 dias.**

3 – No caso do n.º 1, se o agente for consumidor ocasional, pode **ser dispensado de pena.**"

[133] O legislador português, influenciado pelos ventos de mudança e de novas formas de intervenção, noticiados muitas vezes pelos *mass media*, propagandeados por opiniões de responsáveis quer governamentais, quer parlamentares, por opiniões individualizadas, que são escalpelizadas por fundamentos de uma nova ordem de política criminal, cuja concepção de liberdade se apresenta como o primeiro e último fim da existência humana, procurou uma alternativa, apesar de não ser totalmente radical, uma vez que não procedeu a uma descriminalização de facto, mas cujos vértices tocam o seu limiar. Em termos pragmáticos e reais teremos uma despenalização do consumo de drogas e de substancias psicotrópicas, uma vez que o pagamento das coimas irá ser materialmente inexequível. Sendo que, na nossa opinião e no seguimento do Prof. J. ROBIN DE ANDRADE, a aplicação das sanções alternativas previstas nos n.ᵒˢ 2 e 3 do art. 17.º carecem de fundamento constitucional para serem aplicadas por uma comissão, devendo ser as mesmas aplicadas por um juiz porque colidem com direitos, liberdades, conforme *in fine* do n.º 4 *ex vi* do n.º 10 do art. 32.º da CRP. Cfr. *infra* Capítulo XII – Das Sanções.

As cirurgias não se podem basear em «visões minimalistas» do fenómeno da droga, porque poderão trazer consequências dramáticas quer na prevenção quer na repressão e controlo do próprio fenómeno. As reformas dos regimes de abordagens relativamente a problemáticas que envolvam afrontamentos com os valores morais defendidos por uma sociedade, que são a sua identidade e que, apesar de não deverem fundamentar a intervenção penal, se identificam com os bens jurídicos fundamentais da mesma sociedade, não podem ser efectuadas sem que aquela participe na discussão do problema que lhe diz directamente respeito. Não podemos, na nossa opinião, socorrermo-nos de uma alternativa sem que primeiro se analisem as possíveis consequências da mesma, ou seja, no caso em análise, interrogamo-nos seriamente da exequibilidade do regime consagrado na Lei n.º 30/2000.

A nossa preocupação baseava-se não só em questões de profunda ordem pragmática quanto às formalidades e à eficácia do novo regime, mas também em questões de ordem teleológica do novo regime, que, na nossa opinião, levantam dúvidas quanto à sua essência material. Passados estes anos todos de prática e de interli-

Sabemos e defendemos que o consumidor, para que deixe de consumir e possa ser reintegrado e ressocializado, não deverá ser colocado em uma prisão tradicional, onde se fazem «doutoramentos» em práticas criminais, mas antes num centro de tratamento[134]. Contudo, não concordamos que o consumidor seja um doente na verdadeira acepção da palavra, porque mesmo sendo doente, perguntamo-nos de que patologia padece uma vez que há autores que defendem que, como doentes, não têm culpa, porque não têm vontade[135].

Não podemos fundamentar a descriminalização com o argumento de que o autor não tinha *consciência, vontade*, de praticar este ou aquele acto. Não podemos recorrer às causas de exculpação para justificarmos a não criminalização de um facto, assim como não podemos olhar para o autor do facto em si sem que se analisem todos os pressupostos de punibilidade e, anteriormente, da necessidade de intervenção penal[136].

---

gação entre as várias instituições que laboram no quadro do consumo de drogas – membros das comissões, técnicos, polícia, advogados e sociedade civil – cresceram e promoveram um papel preponderante na prevenção e luta contra o consumo de drogas, evitando um aumento desmesurado.

[134] Os partidários da legalização do consumo de drogas apoiam-se nestes fundamentos e na degradação relacional com a família e na destruição da auto-estima. Cfr. J. A. da SILVA SOARES, *"Droga"*, in *Enciclopédia Polis*, Verbo, Lisboa/S. Paulo, Vol. 2, 1984, p. 746.

[135] ALMEIDA SANTOS *apud* C. POIARES, *Análise Psicocriminal...*, p. 274.

[136] Caso contrário corríamos o risco de estarmos a descriminalizar condutas apenas porque os agentes das mesmas são doentes, logo não têm vontade. Se assim fosse, jamais teria sentido a instituição de tribunais de guerra, uma vez que os soldados executam as ordens que recebem, sendo a desobediência a essas ordem um crime de traição à pátria. Quantos oficiais alemães, no decurso da 2.ª Grande Guerra, executaram ordens com as quais não concordavam? Não sabemos, pois a história é feita pelos vencedores!

CAPÍTULO V
Das Inconstitucionalidades

§ 12.º Da inconstitucionalidade da *vacatio legis* da Lei n.º 30/2000, de 29 de Novembro

I. O art. 29.º da Lei n.º 30/2000, de 29 de Novembro, estipula um prazo alargado para que «todas as providências regulamentares, organizativas, técnicas e financeiras necessárias à aplicação do regime de tratamento e de fiscalização» pudessem ser adoptadas, prescrevendo como data para entrada em vigor em todo o território nacional do novo regime jurídico o dia 1 de Julho de 2001. O legislador consagrou uma *vacatio legis* alongada devido às alterações administrativas que deviam ser efectuadas.

Contudo, levantou-se a questão de se saber se, no período da *vacatio legis*, se alguém pode ser incriminado pelo crime de consumo ilícito, p. e p. pelo art. 40.º do DL n.º 15/93, de 22 de Janeiro.

O Juiz do 2.º Juízo Criminal do Tribunal de Oeiras, JOÃO PAULO DA SILVA BRITO, interroga-se se:

> "tendo o legislador aprovado e publicado um diploma legislativo no qual descriminaliza uma certa conduta (no caso, o consumo de estupefacientes), é lícito retardar a entrada em vigor de tal diploma por razões, ao que parece, de natureza meramente administrativa (...), continuando a punir-se criminalmente até ao dia 1 de Julho de 2001, as condutas abrangidas por tal descriminalização? Quer dizer, é aceitável a existência da figura da descriminalização 'a prazo'?"[137].

---

[137] Cfr. Ac. TC n.º 464/2001, Proc. n.º 166/2001, *in DR – II Série*, n.º 276, de 28 de Novembro de 2001, p. 19 779, col. 2.

52 *Consumo de Drogas*

Em sede de *fiscalização concreta da constitucionalidade*, o TC analisou a questão levantada na decisão de arquivamento do processo pelo Dr. João P. S. Brito quer face ao **princípio da legalidade** – art. 29, n.º 1 da CRP em conjugação com o art. 2.º, n.º 2 do CP – quer face à **necessidade da intervenção do direito penal** – art. 18.º, n.º 2 da CRP.

II. Quanto ao **princípio da legalidade** do direito penal, TC pronunciou-se considerando que o prolongamento artificial da 'vida' da norma incriminadora vulnerava «*o princípio da legalidade, na medida em que impõe a punição por condutas que não devem mais considerar-se tipificadas como criminalmente puníveis*»[138]. No que concerne **à necessidade de intervenção do direito penal**, tendo em conta a restrição natural do art. 18.º, n.º 2 da CRP, por força dos princípios da subsidiariedade – que impõe a fragmentariedade e a indispensabilidade –, da ultima *ratio*, da carência do direito penal:

* «**obriga**, por um lado, a **toda a descriminalização possível**;
* **proíbe**, por outro lado, **qualquer criminalização dispensável** (…)
* **sugere**, ainda, por outro lado, que **só por razões de prevenção**, nomeadamente de prevenção **geral de integração**, podem justificar a aplicação de reacções criminais»[139].

Tendo em conta que «o legislador ordinário, no caso em apreço, proclamou inequivocamente a falta de dignidade penal e de carência de tutela penal da conduta *sub judicio*»[140], sendo por tanto «incompreensíveis para os destinatários das normas»[141] que se mantivesse a incriminação após a publicação, como também se entende «não ter liquidez constitucional»[142].

Todavia, após estas doutas considerações, infelizmente, o TC «por inutilidade, não *tomou* conhecimento do objecto do recurso»[143], pois a

---

[138] *Idem*, p. 19 780, col. 1.
[139] *Idem*, col. 2. Negrito nosso.
[140] *Idem*, p. 19 781, col. 2.
[141] *Ibidem*.
[142] *Ibidem*.
[143] *Idem*, col. 2.

Das Inconstitucionalidades 53

sua declaração de inconstitucionalidade levaria a «manter-se a decisão jurisdicional de extinção do procedimento criminal recorrido»[144].

III. A Prof. FERNANDA PALMA votou vencido, cuja posição foi também defendida por RUI PEREIRA[145]. Não acompanhamos a douta tese da ilustre Professora de Direito Penal no que respeita à defesa de não violação do princípio constitucional da legalidade – art. 29.º da CRP – e do princípio da necessidade de intervenção do direito penal – art. 18.º n.º 2 do CP[146].

Contudo, acompanhamos a posição profunda da Prof.ª PALMA quanto à questão da não inutilidade de conhecimento do objecto do recurso. Pois, como afirma:

* a declaração de não inconstitucionalidade do art. 29.º da Lei n.º 30/2001, «implicaria a revogação da decisão de arquivamento do procedimento criminal»[147];
* ao descriminalizar em sentido técnico uma certa conduta, implica a «possibilidade de instauração do procedimento contra-ordenacional»[148]. Mas, caso a lei suspensiva fosse declarada inconstitucional, não se podia proceder contra-ordenacionalmente, porque a lei nova não estava em vigor, mas em *vacatio legis*;
* a declaração de não inconstitucionalidade afasta a possibilidade de provocar a autoridade administrativa, porque «se consolida não só a extinção do procedimento criminal como do vazio jurídico»[149].

IV. Acompanhamos a tese dos Conselheiros do TC no respeita ao princípio da legalidade e da necessidade de intervenção do direito penal

---

[144] *Ibidem.*

[145] Na conferência do dia 9 de Maio de 2003, pelas 18H00', na Faculdade de Direito da Universidade de Lisboa. Cfr. RUI PEREIRA, "A Descriminação do Consumo de Droga", *in Liber Discipulorum para FIGUEIREDO DIAS,* Coimbra Editora, 2003, pp. 1171 e ss..

[146] Cfr. Ac. TC n.º 464/2001, Proc. n.º 166/2001, *in DR – II Série*, n.º 276, de 28 de Novembro de 2001, p. 19 782, cols. 1 e 2.

[147] *Idem*, p. 19 781, col. 2.

[148] *Ibidem.*

[149] *Idem*, pp. 19 781 e 19 782, cols. 2 e 1, respectivamente.

54   *Consumo de Drogas*

e a tese da grande utilidade do conhecimento do objecto do recurso pelas mesmas razões da Prof.ª FERNANDA PALMA.

Desculpem-nos a ousadia de afirmar que a inconstitucionalidade por violação do princípio da legalidade – art. 29.º da CRP – agrava-se pela injustiça e amoralidade da intervenção jurisdicional face ao princípio da igualdade – cuja diferença se situa no patamar do tempo e do momento da infracção – e face ao princípio e valor supremo da liberdade[150], ideário cristalino da democracia e de um Estado de Direito.

§ 13.º Da insconstucionalidade do art. 17.º da Lei n.º 30/2000, de 29 de Novembro

I. A autoridade administrativa competente para o processamento e aplicação das sanções é a Comissão para a Dissuasão da Toxicodependência, *ex vi* n.º 1 do art. 5.º da Lei n.º 30/2000, que está sediada no Governo Civil do distrito. A novidade não se prende com a entidade competente para julgar contra-ordenações e aplicar coimas, que fora criada «*ad hoc*»[151], mas sim a sua criação «do nada»[152].

A execução das coimas, como se estipula no n.º 2 do art. 5.º, é da competência do Governo Civil, que deve *oficiar os serviços e as autoridades aos quais deva ser pedida colaboração para a execução* das sanções ou medidas decretadas, conforme art. 25.º da Lei n.º 30/2000.

II. As sanções alternativas ou principais, estipuladas pelo n.º 2 do art. 17.º da Lei n.º 30/2000, restringem o exercício de direitos e de

---

[150] Quanto à LIBERDADE como princípio, os nossos *Processo Penal* – Tomo I, Almedina, Coimbra, 2004, pp. 238-255, *Teoria Geral do Direito Policial* – Tomo I, Almedina, Coimbra, 2005, pp. 124-136, *Lei e Crime – O Agente Infiltrado versus o Agente Provocador – os Princípios do Processo Penal,* (em Co-autoria com FERNANDO GONÇALVES E MANUEL JOÃO ALVES), Almedina, Coimbra, 2001, pp. 196 e ss., MIGUEL FARIA, *Direitos Fundamentais,* 3.ª Edição, ISCPSI, Lisboa, 2001, p. 127, nota 122, JOHW RAWLS, *Uma Teoria da Justiça,* (Tradução de CARLOS PINTO CORREIA), Editorial Presença, Colecção Fundamentos, Lisboa, 1993, pp. 191-203.

[151] Cfr. CRISTINA LÍBANO MONTEIRO, "O Consumo de Droga...", *in RPCC,* Ano II, fas. 1.º, p. 80.

[152] *Idem.*

Das Inconstitucionalidades 55

liberdades individuais, cuja decisão de aplicação está cometida a uma autoridade administrativa criada *"ad hoc"* para o efeito. Não queremos desprestigiar os membros da Comissão, apenas queremos comparar a legitimidade de acção desta face ao procedimento no âmbito processual penal.

A CDT, autoridade administrativa, pode aplicar sanções a título principal ou alternativo[153] que restringem e limitam o normal exercício dos direitos e liberdades individuais, como o direito de exercício de uma profissão [al. *a)* do n.º 2 do art. 17.º, o exercício da liberdade de circulação [als. *b), c), d)* e *e)* do n.º 2 do art. 17.º], o exercício de disposição da sua propriedade [als. *c), g)* e *h)* do n.º 2 e n.º 3 do art. 17.º].

No âmbito do processo penal e na promoção do princípio da oportunidade, aquando da suspensão provisória do processo (art. 281.º do CPP), iguais medidas, designadas por *injunções e regras de conduta* (n.º 2), só podem ser aplicadas por autoridade judiciária – Ministério Publico – com a concordância do juiz de instrução (JIC), uma vez que a aplicação dessas injunções ou regras de conduta restringem fortemente direitos e liberdades do arguido. Será uma incongruência do ordenamento jurídico?

Sufragamos, necessariamente, a opinião do Prof. ROBIN DE ANDRADE, quando afirma que lhe parece "indesejável que a Administração possa vir a aplicar semelhante tipo de providências limitativas dos direitos de terceiros"[154]. Não compreendemos como é que o legislador permite que sanções, que têm natureza de medidas de segurança, possam ser aplicadas não por uma autoridade judiciária, *maxime* juiz, mas pela Administração, mesmo sabendo-se que da decisão da Comissão existe o direito de recurso.

---

[153] Para o Prof. JOSÉ DE FARIA COSTA, as sanções previstas no art. 17.º da Lei n.º 30/2000 como «sanções alternativas» não passam de sanções principais, tendo em conta o quadro operativo que pretendem preencher na prevenção e diminuição do consumo e no tratamento do toxicodependente. Posição demonstrada nos Encontros da Arrábida, subordinado ao tema "A Descriminação do Consumo de Drogas: um Balanço», no dia 23 de Julho de 2003.

[154] Cfr. http://www.oa.pt/ordem/nota12.ltml, e "Reflexões sumárias sobre o fundamento da descriminalização do consumo de droga", *in Forum Iustitiae – Sociedade & Direito*, Ano II, n.º 17, Dezembro de 2000, p. 20.

§ 14.° Da inconstitucionalidade do art. 71.°, n.° 1, al. *c*) do DL n.° 15/93, de 22 de Janeiro, conjugado com art. 9.° da Portaria n.° 94/96, de 26 de Março

I – A al. *c*) do n.° 1 do art. 71.° do DL n.° 15/93, de 22 de Janeiro, determina que «os limites quantitativos de princípio activo para cada dose média individual diária das substâncias ou preparações constantes das tabelas I a IV, de consumo mais frequente» serão determinados por Portaria conjunta dos Ministros da Saúde e da Justiça, após a audição do Conselho Nacional de Medicina Legal. O art. 9.° da Portaria n.° 94/96, de 26 Março, estipula os respectivos quantitativos, constantes de quadro anexo ao diploma.

Quanto à inconstitucionalidade destes preceitos, o TC já se pronunciou três vezes:

a) o STJ[155], por acórdão de 26 de Março de 1998, «recusou a aplicação do art. 9.° da referida portaria e do mapa que a integra (...), por sofrer de inconstitucionalidade orgânica (...).», tendo ainda considerado que «o envio para portaria dos "Ministros da Justiça e da Saúde" da determinação dos "limites quantitativos (...)" das mesmas substâncias e preparações não estava coberto pela lei de autorização legislativa que permitiu a sua aprovação, a Lei n.° 27/92, de 31 de Agosto", sendo aqueles elementos importantes para aplicabilidade da incriminação por traficante – consumidor art. 26.° do DL n.° 15/93 ou só por consumo art. 40.° do DL n.° 15/93.

b) o Tribunal de Instrução de Aveiro[156], a 29 de Maio de 2001, proferiu decisão judicial, que não aderiu à acusação do MP de crime de tráfico de menor gravidade, p. e p. pelo art. 25.° do DL n.° 15/ /93, considerando que a conduta de J integrava o crime p. e p. pelo art. 40.° do DL n.° 15/93, e que o art. 71.°, n.° 1, al. *c*) do DL n.° 15/93 e o art. 9.° da Portaria 94/96 são inconstitucionais.

---

[155] Cfr. Ac. TC n.° 554/98, Proc. n.° 545/98, de 7 de Agosto de 1998, consultado em *http://www.tribunalconstitucional.pt/*, no dia 26-06-2002.

[156] Cfr. Ac. TC n.° 559/01, Proc. n.° 445/98, de 7 de Dezembro de 2001, consultado em *http://www.tribunalconstitucional.pt/*, no dia 26-06-2002.

c) o Tribunal Colectivo do Cartaxo[157], a 31 de Maio de 2000, proferiu sentença de condenação pelo crime de consumo agravado, p. e p. pelo art. 40.°, n.° 2 do DL n.° 15/93, por não ter dado como provada a acusação do MP do crime de tráfico, p. e p. pelo art. 21.°, n.° 1 do DL n.° 15/93, por recusar aplicar o art. 71.°, n.° 1, al. *c)* do DL n.° 15/93 por violação ao art. 165.°, n.° 1, al. *c)* da CRP, aderindo à tese do STJ.

Das decisões acima referidas, ao abrigo da al. *a)* do n.° 1 do art. 70.° da Lei n.° 28/82, de 15 de Novembro, coube recurso para o TC do MP, cujas decisões são unânimes:

a) quanto ao Ac. do STJ, o TC[158] decidiu que a remissão da al. *c)* do n.° 1 do art. 71.° do DL n.° 15/93 para Portaria «não viola o princípio da legalidade da lei penal incriminadora, consagrado no n.° 1 do artigo 29.°, em conjugação com a alínea *c)* do n.° 1 do art. 165.°, ambos da Constituição da República Portuguesa», porque «os limites fixados na portaria, (...), não constituem verdadeiramente, (...), uma delimitação negativa da norma penal que prevê o tipo de crime privilegiado» – art. 26.°, n.° 3 do DL n.° 15/93. Pois, não existe uma definição do comportamento a punir, mas verifica-se apenas uma «remissão para valores indicativos» que não são elementos relevantes para a qualificação criminal e respectiva tipificação. Acrescenta afirmando que «está em causa uma determinação de natureza eminentemente técnica» funcionando como «valor de prova pericial».

b) quanto ao caso do Tribunal de Aveiro, o TC decidiu que as normas constantes do art. 71.°, n.° 1, al. *c)* do DL n.° 15/93 e do art. 9.° da Portaria n.° 94/96 devem ser interpretadas de acordo com o princípio da legalidade, consagrado no art. 29.° n.° 1 da CRP, porque a remissão deve ter somente valor de

---

[157] Cfr. Ac. TC n.° 43/02, Proc. n.° 443/01, de 31 de Janeiro de 2002, consultado em *http://www.tribunalconstitucional.pt/*, no dia 26-06-2002.

[158] Cfr. Ac. TC n.° 554/98, Proc. n.° 545/98, de 7 de Agosto de 1998, consultado em *http://www.tribunalconstitucional.pt/*, no dia 26-06-2002.

58   *Consumo de Drogas*

prova pericial, não implicando qualquer «definição de elementos tipicamente relevantes por normas de índole regulamentar»[159].

c) no que respeita ao processo do Cartaxo, o TC, nas mesma linha de pensamento, reafirma as decisões proferidas nos acórdãos anteriores[160].

II. Não duvidamos de que as normas constantes dos preceitos analisados se devem enquadrar no âmbito da prova pericial. Mas, não estamos a julgar casos cíveis, nem administrativos ou laborais. Os casos apresentados relevam quanto à natureza da acção judicial: ou liberdade ou prisão.

Os limites quantitativos, mesmo em relação ao ordenamento antecedente a 1 de Julho de 2001, são elementos relevantes na qualificação do crime. Se a droga detida pelo arguido fosse a correspondente ao consumo médio individual até 5 dias, já não podia ser julgado por crime de traficante consumidor, mas sim por consumo agravado, p. e p. pelo n.° 2 do art. 40.°, *ex vi* do n.° 3 do art. 26.°, ambos do DL n.° 15/93.

Actualmente, mais grave se afigura a problemática em estudo. Os limites quantitativos determinam se a conduta consigna uma contra-ordenação ou um dos crimes p. e p. pelos artigos 21.° e ss. do DL n.° 15/93. Na nossa opinião, apesar da norma prescrita no art. 9.° da Portaria 94/96 ser entendida como «valor de valor pericial», os limites quantitativos são um elemento objectivo importantíssimo para a qualificação criminal – para a determinação do tipo – ou não criminal da conduta do indivíduo.

---

[159] Cfr. Ac. TC n.° 559/01, Proc. n.° 445/98, de 7 de Dezembro de 2001, consultado em *http://www.tribunalconstitucional.pt/*, no dia 26-06-2002. Acompanhando a posição adoptada pelo TC, RUI PEREIRA, "A descriminação do consumo de droga", *in Leiber Discipulorum para JORGE DE FIGUEIREDO DIAS*, Coimbra Editora, 2003, pp. 1176-1178.

[160] Cfr. Ac. TC n.° 43/02, Proc. n.° 443/01, de 31 de Janeiro de 2002, consultado em *http://www.tribunalconstitucional.pt/*, no dia 26-06-2002.

CAPÍTULO VI
O Novo Regime Legal

§ 15.º Considerações gerais

A descriminalização do consumo de estupefacientes e substâncias psicotrópicas provocou, necessariamente, uma mudança de intervenção uma vez que as condutas consumir, adquirir e deter para consumo deixam de estar sujeitas a uma intervenção judicial directa através do processo crime e passou à submissão a um processo administrativo (processo de contra-ordenação), cujo curso está a cargo da Comissão para a Dissuasão de Toxicodependência (CDT) territorialmente competente, que se encontra sediada no Governo Civil.

O controlo judicial deixou de ser *post facto,* passando apenas a existir em sede recurso, o que implica que às autoridades policiais e às CDT sejam exigidos procedimentos legais e que respeitem e promovam a concretização material dos princípios da igualdade, da imparcialidade, da boa-fé, da justiça, da proporcionalidade, da prossecução do interesse público e do respeito pelos direitos e interesses legalmente protegidos dos cidadãos[161], sejam ou não *indiciados.*

A actuação dos actores sociais em geral e das autoridades policiais e das CDT em especial pode marcar um passo de gigantes no combate ao consumo e, consequentemente, ao tráfico de droga. Uma atitude ou um gesto vale mais do que palavras, do que procedimentos, do que discursos e ideias brilhantes: *res non verba*[162].

A actuação e os procedimentos das autoridades alteram-se com o novo regime legal do consumo de drogas, cujos principais aspectos analisamos de seguida.

---

[161] Cfr. art. 266.º da CRP.

[162] Brocádo latino que significa *"acção, não palavras"*, lema da Polícia de Segurança Pública de Lisboa.

60 Consumo de Drogas

§ 16.° Dos princípios que nortearam a descriminalização – breve consideração

O fenómeno da droga, ao longo dos tempos, passou de pequenos momentos de lazer e prazer, como privilégio de algumas classes sociais, a momentos de sofrimento e de preocupação constante de famílias, de entidades públicas e privadas, dos Estados quer individual quer em conjunto[163].

---

[163] Cfr. a Convenção de Haia ou Convenção Internacional sobre o ópio, em 1912, elaborada na sequência da Conferência Internacional sobre drogas de Xangai, em 1909; a Convenção única sobre estupefacientes de 1961, que foi revista pelo Protocolo de 1972; a Convenção sobre Substâncias Psicotrópicas de 1971; a Convenção Contra o Tráfico Ilícito de Estupefacientes e de Substâncias Psicotrópicas de 1988; o Esquema Multidisciplinar Completo para as Actividades Futuras de Luta Contra o Abuso de Drogas de 1987 e o Programa Global de Secção; a 20.ª Secção Especial da Assembleia Geral das Nações Unidas sobre Droga de Junho de 1998, tendo Portugal presidido ao Comité preparatório, que adoptou a declaração luta contra a Droga – Estratégias das Nações Unidas, que *consubstancia um compromisso formal dos Estados* no que concerne a objectivos e metas que se manifestam em seis documentos:
* a *Declaração de Princípios Orientadores Sobre a Redução da Procura* ("que fornece orientações para a elaboração, desenvolvimento e avaliação de estratégias e programas nacionais ");
* o *Plano de Acção Contra a Produção Ilícita, Tráfico e Consumo de Estimulantes Tipo Anfetaminas e Seus Precursores* ("que visa chamar a atenção para o problema do consumo de drogas sintéticas (...) para a promoção da redução de procura destas drogas e da informação sobre as mesmas, bem como para a limitação do fornecimento e o reforço do sistema de controlo dos estimulantes tipo anfetaminas e seus precursores");
* um *documento referente ao «Controlo de precursores»* (que "procura evitar o desvio de certos produtos químicos para a produção de drogas. (...) *Recomendando* o aperfeiçoamento do controlo do comércio de precursores químicos e da legislação nacional relevante, bem como a troca de informação, e recolha de dados e a intensificação da cooperação internacional". O Conselho Económico e Social aprovou a Resolução n.° 1996/29, secção I, de 24 de Julho de 1996, que "fixa em 2008 a meta para a eliminação ou redução significativa da produção ilícita, comercialização e tráfico de substâncias psicotrópicas, incluindo as drogas sintéticas e o desvio de precursores");
* um documento sobre *«Medidas de Promoção e Cooperação Judiciária* (referentes "à extradição, auxílio judiciário mútuo, transmissão de processos penais, outras formas de cooperação e formação, entregas controladas e trá-

A luta contra o flagelo da droga, quer na perspectiva do tráfico, quer na perspectiva do consumo exige aos intervenientes uma cultura árdua e longa fundada em regras aceites pela sociedade, legitimadas pelo poder legislativo, exequíveis pelos actores sociais responsáveis pela luta, cujos ditames se devem orientar e reger por princípios jurídico-políticos estruturantes da acção conjunta e comunitária, que, quando enraizados por vectores de eficidade, de razão, perdurem no tempo e no espaço dos homens, mesmo que estes alterem as leis[164].

A descriminalização da aquisição, detenção e posse de estupefacientes e substâncias psicotrópicas para consumo funda-se em princípios que não podem ser olvidados por qualquer Estado na decisão a tomar quanto à continuação ou não pela opção de criminalizar uma conduta humana como o consumo de drogas – *v.g.*, princípio da cooperação internacional, da prevenção, humanista, do pragmatismo, da segurança, da coordenação e da racionalização de meios, da subsidiariedade e da participação da comunidade.

---

fico ilícito por mar". Visando "reforçar a cooperação multilateral, regional, sub-regional e bilateral entre as autoridades judiciais, policiais e administrativas, (...) sistemas de saúde e de segurança social");

* um *documento àcerca do Branqueamento de Capitais* (além da cooperação internacional, "consagra entre outros o princípio «Conheça o seu cliente» e a regra da notificação obrigatória de operações suspeitas");

* o *Plano de Acção Sobre Cooperação Internacional em Matéria de Erradicação e Desenvolvimento Alternativo* (que visa a "erradicação de culturas ilícitas da papoila do ópio, do arbusto de coca e da planta cannabis. (...) *Promovendo-se* o "desenvolvimento alternativo das populações rurais atingidas pela eliminação dessas culturas e o reforço da vigilância, avaliação e intercâmbio da informação, bem como a adopção de medidas repressivas no controlo de culturas ilícitas ". Cfr. *Estratégia Nacional de Luta Contra a Droga*, INCM Lisboa, 1999, pp. 35 e ss..

[164] O Prof. GERMANO terminou a aula proferida na Faculdade de Direito na Universidade Clássica de Lisboa, de 20 de Dezembro de 1994, para os alunos do 5.º ano, afirmando "As leis são mutáveis, só os princípios permanecem". TERESA PISANO BELEZA, GERMANO MARQUES da SILVA et Alia, *Apontamentos de Direito Processual Penal*, AAFDL, Lisboa, 1995, III Vol., p. 68.

§ 17.° Princípio da Cooperação Internacional

I. O fenómeno da droga não pode ser definido e analisado senão à luz da sua dimensão mundial, pelo que qualquer plano ou estratégia de intervenção terá de ser pensado e desenvolvido não num alcance de mero isolamento, mas numa vertente local e democrática de cooperação internacional.

As relações internacionais de Portugal regem-se pelos "princípios gerais de direito internacional comum"[165], pois:

"Portugal rege-se nas relações internacionais pelos princípios da independência nacional, do respeito dos direitos do homem, dos direitos dos povos, da igualdade entre os Estados, da solução pacífica dos conflitos internacionais, da não ingerência nos assuntos internos dos outros Estados e da cooperação com todos os outros povos para a emancipação e o progresso da humanidade", n.° 1 do art. 7.° da CRP.

O princípio de cooperação internacional, que, também, é uma consequência emergente do n.° 1 do art. 8.° da CRP, que consagra como *parte integrante do direito português as normas e princípios de direito internacional geral ou comum*, está subjugado aos princípios consagrados no n.° 1 do art. 7.° da CRP, e às normas das convenções internacionais que Portugal regularmente ratificou e aprovou (n.° 2 do art. 8.° da CRP.). A valorização da intervenção de Portugal depende da articulação que faz entre as suas políticas (definidas e concretizadas por estratégias e iniciativas) e os compromissos assumidos no plano internacional[166].

II. A cooperação internacional abarca a cooperação internacional – *lato sensu*, a regional, a sub-regional e a bilateral entre as autoridades judiciais, policiais, administrativas, sanitária e de segurança social, tendo como patamares de orientação e coordenação:

---

[165] GOMES CANOTILHO e VITAL MOREIRA, *Constituição da República...*, p. 78.

[166] Neste sentido o parecer Jurídico do Prof. Doutor FARIA COSTA ao apontar para a via de proibição do consumo, da aquisição e posse para consumo pelo ilícito de mera ordenação social, evitando que as normas portuguesas fossem contrárias às Convenções Internacionais ratificadas e aprovadas por Portugal.

1 – A cooperação internacional *lato sensu:*

a) "Valorização da *participação activa de Portugal* na avaliação e definição da estratégia da *comunidade internacional* face à questão da droga, bem como no desenvolvimento da iniciativas internacionais da cooperação sob a égide do princípio da responsabilidade partilhada"[167];

b) "*A harmonização das políticas nacionais com a estratégia internacional* adoptada no quadro da organização das nações Unidas e com os compromissos internacionais, que, o Estado Português ratificou e aprovou de forma voluntária"[168];

2 – A cooperação regional:

a) "A valorização da *participação activa de Portugal* na avaliação e definição da *política comum da União Europeia* face ao problema da droga, bem como no desenvolvimento das iniciativas comunitárias de cooperação"[169];

b) "*A harmonização das políticas nacionais* não só com os instrumentos políticos e jurídicos em vigor *no quadro da União Europeia*, mas também com os comprimissos assumidos ao abrigo do Acordo de Schengen"[170];

3 – A cooperação bilateral ou multilateral:

a) "*A valorização e promoção de iniciativas de cooperação bilateral e multilateral* face ao problema da droga e da toxicodependência, em especial com a Espanha e os países de língua oficial portuguesa, bem como no quadro da cooperação ibero--americana"[171].

O princípio de cooperação internacional (judiciária, policial[172], administrativa, legislativa, ...) tem como escopo a criação de um

---

[167] *Cfr. Estratégia Nacional de Luta...*, LCD, in INCM, p. 47. Itálico nosso.

[168] *Ibidem.* Itálico nosso.

[169] *Idem,* p. 48. Itálico nosso.

[170] *Ibidem.* Itálico nosso.

[171] Ibidem. Itálico nosso.

[172] Quanto ao princípio da cooperação policial, o nosso T*eoria Geral do Direito Policial* – Tomo I, p. 373-406.

64 Consumo de Drogas

mundo em que o flagelo da droga não atormente milhões de famílias e em que a dignidade de pessoa humana seja um pilar edificado nas mentes e nos corações de qualquer cidadão.

§ 18.º O princípio da prevenção

I. A prevenção[173] é amiga do cauteloso e consequência inerente e inevitável da prudência, sendo de assinalar os adágios populares de que *mais vale prevenir do que remediar* ou de que *prevenir custa menos do que remediar* ou de que *se podes fazer bem, porque fazes mal*?

O princípio da prevenção, consagrado na RCM n.º 46/99[174], de 26 de Maio, preconiza que se dê primazia às "intervenções preventivas destinadas a combater a procura de drogas, por via das adequadas acções formativas e informativas da comunidade ou de determinados grupos-alvo", baseadas na "promoção de iniciativas de prevenção primária, dentro e fora da escola, especialmente nos espaços e instituições frequentados por adolescentes e jovens, incluindo o meio laboral e as Forças Armadas", no "recurso aos meios de comunicação social para a divulgação de informação e a mobilização da comunidade para o problema da droga, inclusive mediante a sensibilização dos respectivos profissionais", na "selecção de grupos-alvo e a identificação das suas diferentes características, bem como dos seus potenciais factores de risco ou de protecção" e no "conhecimento e divulgação da perigosidade inerente ao uso ou abuso dos diferentes tipos de drogas e às diversas metodologias do respectivo consumo".

II. Da análise que a *Resolução* faz do princípio da prevenção, podemos retirar que aquela assenta numa dinâmica de *prevenção primária* que consiste em realizar "sessões de esclarecimento, de infor-

---

[173] Relativamente à questão *como prevenir o consumo de droga*, LUÍS DUARTE PATRÍCIO, *Droga de Vida, Vidas de Droga – Não Seja Cúmplice!*, Bertrand Editora, Venda Nova, 1995, pp. 107 e ss..

[174] Cfr. *Estratégia Nacional de Luta Contra a Droga*, INCM (PCM), Lisboa, 1999, pp. 48 e 49.

mação e de formação dirigidas a grupos diversos"[175], tendo maior incidência em escolas e em prisões, englobando estudantes, presos, professores, responsáveis prisionais, juizes, polícias. Acções estas que "podem ser realizadas directamente ou por meio de professores-mediadores devidamente formados e apoiados"[176], sendo que são as "acções mais bem estruturadas de combate à droga no nosso país e que têm maior probabilidade de êxito"[177]. A prevenção primária preconiza a ideia de que se deve evitar que o perigo se transforme em dano, *i. e.*, que o perigo de os jovens (e adultos) enveredarem pelo consumo se concretize.

Contudo, a prevenção detém um patamar secundário e um patamar terciário. A *prevenção secundária* preconiza as consultas "destinadas aos indivíduos dependentes ou em risco de o ser e às pessoas a eles ligadas («envolventes»: pais, outros familiares, etc.)", e, ainda, o tratamento quer em regime de internamento, quer no de ambulatório[178].

A *prevenção terciária* traduz-se na ajuda a prestar ao ex-toxicodependente na sua reintegração social (família, meio laboral, comunidade) e na ajuda aos que o irão receber, apoiar e ajudar a permanecer abstinente ao consumo de drogas[179]. Este estádio depende muito da forma como as prevenções anteriores foram conduzidas, sendo o êxito deste patamar a glória dos dois primeiros.

III. A prevenção existirá e resistirá, apenas, se os vários actores sociais de intervenção da saúde, da segurança social, da solidariedade, da justiça, da polícia, da administração pública em geral, desenvolverem as iniciativas previstas neste princípio.

A prevenção pode ser encarada sob várias perspectivas: *prevenção geral* e a *prevenção especial*; a *prevenção activa* e a *prevenção passiva*; a *prevenção social* e a *prevenção situacional*[180]. Nestas pers-

---

[175] J. A. da Silva Soares, *"Droga", in Enciclopédia Polis*, Editorial Verbo, Lisboa/S. Paulo, 1984, Vol. 2, Col. 761.

[176] *Ibidem.*

[177] *Ibidem.*

[178] *Idem*, Col. 762.

[179] *Ibidem.*

[180] Recorremos a terminologias utilizadas por Cunha Rodrigues quanto à prevenção criminal, no Seminário Internacional subordinado ao tema *Direitos*

66　　　*Consumo de Drogas*

pectivas enquadram-se a prevenção primária, secundária e terciária, como procuraremos demonstrar.

A *prevenção geral*, como o próprio termo indicia, dirige-se a toda a comunidade e abarca todos os factores gerais da problemática da droga, desde os vários tipos e efeitos das diversas drogas, e procura evitar que qualquer membro da comunidade experimente e, caso o faça, não progrida no consumo em termos de quantidade e de diversidade, ou seja, da passagem de uma droga leve para uma droga dura. Neste perspectiva de intervenção, poder-se-á afirmar que a *prevenção geral* preenche a teleologia da prevenção primária, pois a mesma ter-se-á de desenvolver por meio de *sessões de esclarecimento, de informação e de formação* dirigidas para a comunidade, tendo principal incidência sobre os grupos de risco como estudantes, presos, cidadãos de certos bairros degradados onde se trafica e consome droga[181]. Esta prevenção deverá ser suportada por estudos científicos que provem e demonstrem os malefícios do consumo de estupefacientes para que as palavras não caiam no vazio, mas antes ocupem o vácuo imbuído em histórias de fascínio inexistentes.

A *prevenção especial* recai sobre o consumidor e as razões específicas que conduziram aquele/a pessoa a enveredar pelo caminho da droga. A intervenção incide num indivíduo por meio de consultas e do posterior tratamento de forma que a sua reintegração nas estruturas sociais seja adequada e acompanhada para que se promova a abstinência do consumo de drogas. As prevenções secundária e terciária são a medula da *prevenção especial,* sendo que esta depende na essência, na estrutura e nos fins daquelas, que bem definidas e projectadas podem

---

Humanos Direitos e Eficácia Policial – Sistemas de Controlo da Actividade Policial. J. N. CUNHA RODRIGUES "Para um Novo Conceito de Polícia", *in Direitos Humanos Direitos e Eficácia Policial*, INCM (IGAI), 1998, pp. 54 e 55.

[181] Costuma-se dizer que q*uem está junto do lume, aquece-se*. Pois, em uma orientação para o fenómeno da droga, nós dizemos que também se poderá queimar, porque *o fruto proibido é o mais apetecido*, principalmente quando vive a portas meias connosco. Contudo, as sessões de prevenção têm de ser devidamente estruturadas para que não se corra o risco de se falar sobre um fenómeno e dos seus efeitos nefastos a crianças e jovens que conhecem o mundo da droga pela deslumbrante aquisição de dinheiro, cuja propaganda se esconde na brecha do enriquecimento fácil e rápido.

antecipar um êxito inigualável. A Lei n.° 30/2000 está direccionada para a prevenção especial através da suspensão provisória do processo quando o consumidor toxicodependente decida submeter-se a tratamento, nos termos do n.ᵒˢ 2 e 3 do art. 11.° e do art. 12.°, através da suspensão da determinação da sanção em caso de tratamento voluntário, nos termos do art. 14.°, e através da suspensão da execução da sanção, nos termos do art. 19.°. Pensamos que a razão teleológica da via da descriminalização do consumo de drogas se poderá enraizar no conteúdo programático da *prevenção especial*, cuja intervenção estadual deverá escolher o melhor caminho para a ressocialização e reintegração do consumidor, deixando-se o caminho da criminalização e evitando-se a via da despenalização[182].

IV. A *prevenção activa* consiste em organizar e promover medidas que evitem a iniciação e/ou continuação no consumo de drogas, como evitar a existência de tempos vazios de qualquer ocupação, incentivar a realização de jornadas de juventude dedicadas à temática do consumo e efeitos nefastos da droga no seio da célula familiar e da comunidade. Mais uma vez nos encontramos, principalmente, em sede da prevenção primária, o que não quer dizer que, nesta perspectiva de prevenção não se enquadrem os patamares da prevenção secundária e terciária, através da projecção e promoção de consultas e propostas de tratamento facultativo ou através de programas de reintegração social e de aceitação no meio familiar e laboral. O princípio da prevenção preconiza na sua essência a *prevenção activa* sem menosprezar a *passiva* que visa responder ao caso concreto com soluções adequadas e exigíveis.

A *prevenção passiva* tem maior incidência nas de patamar secundário e terciário pelas razões expostas. A Lei n.° 30/2000 preconiza, na nossa opinião, a prevenção passiva ao promover a suspensão provisória do processo, nos termos do n.ᵒˢ 2 e 3 do art. 11.° e do art. 12.°, a suspensão da determinação da sanção em caso de tratamento voluntário,

---

[182] Devemos relembrar que a proibição do consumo como ilícito de mera ordenação social resulta do parecer jurídico do Prof. FARIA COSTA que, face à impossibilidade de liberalização do consumo devido às normas de direito internacional, conclui pela sua descriminalização, mas proibindo o consumo. Cfr. *supra* Introdução.

68 *Consumo de Drogas*

nos termos do art. 14.º, e a suspensão da execução da sanção, nos termos do art. 19.º. Estes preceitos assentam na ideia da aplicação da melhor solução ao caso concreto, se queremos a reintegração do delinquente e o tratamento do toxicómano não podemos afugentá-lo com medidas coercivas inadequadas e inexequíveis[183].

V. A *prevenção social* visa "medidas que têm por finalidade eliminar ou limitar factores"[184] de propensão e de alastramento do fenómeno da droga por meio de acções nas áreas da saúde, da educação, da habitação[185], do emprego, que evitem a existência de tempos livres. Procuram-se fomentar e apoiar políticas de família[186], de educação[187], de juventude[188] e de emprego[189]. A *prevenção social* enqua-

---

[183] Não queremos, com esta análise, apoiar o presente diploma. Apenas fazemos uma análise do mesmo face ao princípio da prevenção.

[184] J. N. CUNHA RODRIGUES, "Para um Novo Conceito de Polícia", *in Direitos Humanos*, INCM (IGAI), 1998, pp. 54.

[185] Como exemplo dos programas de habitação temos o Projecto de Reconversão do Casal Ventoso.

[186] As **políticas de família** visam "reforçar a capacidade de protecção, de vigilância, de disciplina e guarda dos menores", além de se efectivarem sessões de esclarecimento sobre a gravidez na adolescência, da necessidade e importância da ensino escolar e de promoverem equipas de acompanhamento e de aconselhamento para retirar as crianças da rua, evitar que caiam numa situação de crianças sem abrigo. J. N. CUNHA RODRIGUES, "Para um Novo Conceito..." *in Direitos Humanos...*, p. 54. Com LUÍS D. PATRÍCIO, as famílias podem ter um papel preponderante na redução do consumo de droga e do seu protelamento ao longo do tempo, desde que não facilite, "voluntária ou involuntariamente, meios materiais que permitam a aquisição de drogas". LUÍS D. PATRÍCIO, *Droga de Vida...,* p. 114.

[187] **Políticas** de maximização de novas performances **educativas** de modo que fomentem a responsabilidade dos alunos pela assiduidade às aulas, pela existência de uma justa disciplina escolar que deve incidir sobre o indivíduo, pela promoção de programas relativos à organização e ao «espírito de escola». J. N. CUNHA RODRIGUES, "Para um Novo Conceito..." *in Direitos Humanos...*, pp. 54 e 55.

[188] A **política de Juventude** exige que se façam estudos sobre os comportamentos que "induzem ao desvio e à delinquência", sobre as "necessidades individuais e colectivas", que se promovam programas capazes de encorajar a auto-estima, de facilidade de acesso aos serviços públicos responsáveis pela execução daqueles. *Ibidem.*

[189] Como afirma CUNHA RODRIGUES, as **políticas de emprego** prendem-se com a "necessidade de desenvolver sistemas e programas formais e informais de emprego,

O *Novo Regime Legal*

dra-se em qualquer prevenção na luta contra a droga, sendo de realçar, mais uma vez, a preponderância da prevenção primária que tem como cerne fulcral evitar que o indivíduo inicie o consumo de droga e que, para o 'alimentar', o próprio enverede pela via da criminalidade[190].

Mas, na *prevenção social,* que não se poderá apartar da investigação da área das ciências sociais[191], também se enquadram as prevenções secundárias e terciárias no sentido de que os programas de acção quanto a consultas e a tratamentos devem ser o fruto de uma intervenção correcta e ajustada ao caso das políticas de família, de educação, de juventude e de emprego, sendo estas uma necessidade quanto ao patamar terciário da prevenção para que a reintegração nas estruturas sociais tenha êxito.

A *prevenção situacional*, que incide sobre o meio ambiente e sabendo que o fenómeno da droga varia consoante o tempo e o espaço, procura implementar medidas e acções que provoquem uma diminuição das ocasiões propícias ao consumo, fazendo sentir aos consumidores que a recompensa que terão pelo facto de consumirem drogas será a sua própria destruição que passará por um estado de escravidão[192] e de sofrimento.

O poder judicial e as forças de segurança em conjunto com as equipas de intervenção social e sanitária, nesta perspectiva de prevenção, desempenharão um papel fundamental na diminuição da iniciação do consumo de drogas, desde que adoptem, simultaneamente, acções de segurança por meio de controlo dos acessos aos bairros onde se vende droga, afastando desses locais os potenciais consumidores através de medidas de restrição de circulação[193].

---

de estudar , no seio do trabalho, os graus de satisfação e de resposta positiva, as oportunidades de promoção e acesso, as relações intra-laborais, a reconversão profissional e aprofundamento do estatuto do trabalhador" e com a necessidade de fomentar e apoiar o primeiro emprego de modo que se evite o início do comportamento desviante. *Ibidem*.

[190] Não necessitamos de estudos científicos para se saber que a maior parte dos crimes contra o património são praticados por consumidores de drogas com a finalidade de arranjar proventos para a compra da sua 'dose diária'.

[191] J. N. CUNHA RODRIGUES, "Para um Novo Conceito..." *in Direitos Humanos...*, p. 55.

[192] ALMEIDA SANTOS, *Avisos à Navegação*, p. 21.

[193] CUNHA RODRIGUES, "Para um Novo Conceito..." *in Direitos Humanos...*, p. 55.

70 *Consumo de Drogas*

Quer a prevenção primária, quer a secundária, quer a terciária têm manifestação real na *prevenção situacional*, porque, ao desenvolverem- -se aquelas acções, poder-se-á evitar a iniciação do consumo ao não se permitir que, exceptuando-se os residentes, se circule no interior do bairro onde o fruto apetecido e tanto falado se vende, existindo equipas de apoio social e de saúde a explicar as consequências demolidoras das drogas, podendo-se conduzir aqueles que consomem a consultas e tratamentos e evitar que os que se encontram numa fase de reintegração social, reentrem no círculo do consumo de drogas.

VI. Relativamente à prevenção numa perspectiva criminal, podemo-nos socorrer da formulação dos ilustres Profs. GOMES CANO- TILHO e VITAL MOREIRA quanto à dupla função da prevenção criminal que comporta a *função de vigilância* e a *função de prevenção criminal em sentido estrito*.

A *função de vigilância*, numa vertente criminal, tenta evitar que se infrinjam "as limitações impostas pelas normas e actos das autori- dades para a defesa da segurança interna, da legalidade democrática e dos direitos dos cidadãos"[194], sem que alguma vez se deixe de respeitar esses mesmos direitos. Numa vertente de luta contra a droga, no que res- peita ao tráfico, os parâmetros de actuação são os mesmos, mas quanto à luta contra o consumo de droga e à luz *Estratégia Nacional de Luta Con- tra a Droga*, o princípio da prevenção numa perspectiva de vigilância, na nossa opinião, consistirá na recolha de dados que permitam adequar as intervenções preventivas estipuladas para a luta contra o flagelo da droga e na fiscalização da aplicação dessas intervenções preventivas e do *modus operandi* dos actores principais na execução das mesmas.

A *função de prevenção criminal em sentido estrito*, numa vertente criminal, traduz-se "na adopção de medidas adequadas para certas infracções de natureza criminal", medidas essas que visam a protecção de pessoas e bens, a vigilância de indivíduos e locais suspeitos, sem que se restrinja ou limite o exercício dos direitos, liberdades e garantias do cidadão[195]. Na vertente do princípio da prevenção consagrado pela

---

[194] GOMES CANOTILHO e VITAL MOREIRA, *Constituição da República Por- tuguesa Anotada, Coimbra Editora, 1993*, p. 956, anutações ao art. 272.º da CRP.
[195] *Idem*, pp. 956/957.

RCM n.° 46/99, de 26 de Maio[196], a *prevenção em sentido restrito* visa adoptar as medidas de intervenção preventiva aos casos concretos de forma a conduzirem consumidores a consultas e tratamentos e a uma possível reintegração social.

Os Órgãos de Polícia Criminal – OPC –, ao exercerem as suas funções de vigilância e de prevenção criminal em sentido estrito, podem simultaneamente desenvolver a prossecução do princípio da prevenção segundo os ditames da RCM n.° 46/99, promovendo e garantindo uma melhor e real ordem, segurança e tranquilidade públicas, assim como uma materialização mais justa dos direitos e liberdades dos cidadãos.

VII. O princípio da prevenção apenas terá sucesso caso assente no conhecimento adquirido através da análise estatística e de estudos baseados numa investigação que se empreenda na busca das causas, dos factores e das consequências já verificadas e das presumíveis. Os dados, que possam determinar a investigação ou que a possam coadjuvar, podem ser obtidos através dos operadores da investigação criminal[197], profundos conhecedores dos meios humanos e habitacionais desta problemática.

A Lei n.° 30/2000, ao fazer depender a qualidade da sanção da análise que a Comissão faz quanto à situação do consumidor, quanto à natureza e quanto às circunstâncias do consumo, cuja ponderação fundar-se-á nos requisitos, designadamente, de *gravidade do acto*, da *culpa do agente*, do *tipo de plantas, substâncias ou preparados consumidos*, da *natureza pública ou privada do consumo, do local do consumo, em caso de consumidor não toxicodependente,* do *carácter ocasional ou habitual do consumo* e *da situação pessoal, nomeadamente económica e financeira, do consumidor*[198], impõe que a recolha destes dados, quando efectuada pelos OPC, siga os mesmos pressupostos e ditames da investigação levada a cabo aquando de um processo crime, obedecendo principalmente aos princípios estruturantes do processo,

---

[196] Que aprova a *Estratégia Nacional de Luta Contra a Droga.*

[197] Neste campo ter-se-á de atender e excluir os depoimentos apaixonados do mundo da droga, cujo conteúdo poderá estar viciado na sua essência e matéria.

[198] Cfr. n.° 4 do art. 15.° da Lei n.° 30/2000.

72   *Consumo de Drogas*

destacando-se o da legalidade, o da lealdade, o democrático, o da celeridade, o da objectividade e da isenção, o de segredo de justiça (estamos na fase de aquisição e de recolha da notícia do ilícito de mera ordenação social). Ao respeitar-se estes princípios promovemos o princípio da prevenção terciária se o trabalho desenvolvido quer pelos OPC, quer pelas Comissões não estigmatizarem e não proscreverem o consumidor.

§ 19.° O princípio humanista

I. A Constituição da República Portuguesa consagra que Portugal é *uma República soberana, baseada na dignidade da pessoa humana e na vontade popular e empenhada na construção de uma sociedade livre, justa e solidária* (art. 1.°). Mas, o primado da dignidade da pessoa humana só tem significado quando construído segundo os princípios da liberdade, da justiça e da solidariedade[199].

Com os Profs. G. CANOTILHO e V. MOREIRA, a "fórmula «construção de uma **sociedade livre, justa e fraterna**» introduzida pela LC n.° 1/89 (...) aspira a ser não apenas uma ordem garantidora da dignidade humana do homem, com a sua identidade e integridade espiritual (momento liberdade/espiritualidade), mas também uma ordem referenciada através de momentos de solidariedade e de corresponsabilidade de todos os membros da comunidade uns com os outros (libertando as pessoas do medo de existência, garantindo-lhe uma dimensão social--existencial minimamente digna, ...)"[200].

Como expressão da trilogia *liberdade, igualdade e fraternidade*, princípios orientadores e mentores da Revolução Francesa, a construção

---

[199] Perguntamo-nos quantas vezes nos esquecemos destes princípios fundados em valores morais e éticos que devem ser nossos reitores na análise e interpretação dos comportamentos humanos, que muitas das vezes não passam de uma manifestação natural e consequente da moldura estrutural edificada pelos homens. Condutas que somente espelham a doutrina de THOMAS HOBBES: "*o Homem é o próprio lobo do Homem*"; apesar de racional, a própria razão distorce-se e coloca em perigo a sua existência e os valores fundamentais do seu próprio ser.

[200] GOMES CANOTILHO e VITAL MOREIRA, *Constituição da República...*, 3.ª Edição, p. 59.

O Novo Regime Legal 73

da sociedade jamais se edificaria caso a luta contra a droga se apartasse do princípio que "fundamenta e confere unidade não apenas aos direitos fundamentais – desde os direitos pessoais (direito à vida, à integridade física e moral, etc.), até aos direitos sociais (direito ao trabalho, à saúde, à habitação), passando pelos direitos dos trabalhadores (direito à segurança no emprego, liberdade sindical, etc.) – mas também à organização económica (princípio da igualdade de riqueza e dos rendimentos, etc.)"[201] – dignidade da pessoa humana.

O cerne da luta contra a droga é, sem dúvida, a fomentação e a preservação da dignidade da pessoa humana, a qual deve ser o pilar de consciencialização da intervenção do Estado na defesa dos direitos pessoais tradicionais, dos direitos sociais, económicos, que garantam "as bases da existência humana"[202]. A simples pessoalidade do homem obriga a que se valorize a *dignidade da pessoa humana* como um *valor autónomo e específico* no sentido do *homem como sujeito e não como objecto dos poderes ou de domínio*[203].

A *Estratégia Nacional de Luta contra a Droga*, como manifestação política e social de dignificação do homem como membro activo da comunidade, não seria coerente com os seus pergaminhos e com as suas teleologias se o princípio humanista[204] ou da dignidade da pessoa humana não fizesse parte do elenco dos princípios estruturantes da luta em causa, que, além de se dirigir a um fenómeno 'mortífero', é uma luta nacional.

II. A *Estratégia Nacional de Luta contra a Droga* consagra o princípio humanista que consiste no "reconhecimento da plena dignidade humana das pessoas envolvidas no fenómeno das drogas" arreigado aos corolários da "compreensão da complexidade e da relevância da história individual, familiar e social dessas pessoas, bem como da consideração da toxicodependência como uma doença e da consequente responsabilização do Estado na realização do direito constitu-

---

[201] *Idem*, p. 58.

[202] *Idem*, p. 59.

[203] *Ibidem*.

[204] AAVV, *Estratégia Nacional de Luta Contra a Droga*, INCM (PCM), Lisboa, 1999, pp. 49 e 50.

cional à saúde por parte dos cidadãos toxicodependentes e no combate à sua exclusão social, sem prejuízo da responsabilidade individual".

A prossecução deste princípio depende de uma *Estratégia Nacional* que **garanta** "condições de acesso a tratamento para todos os toxicodependentes que se desejem tratar, através de uma rede pública nacional de atendimento e prestação de cuidados de saúde, bem como, por via da comparticipação financeira, para o tratamento e reinserção social", que **garanta** "padrões mínimos de qualidade das instituições prestadoras de serviços na área do tratamento e reinserção social de toxicodependentes, através de um sistema exigente de licenciamento e fiscalização", que **promova** "incentivos à efectiva reinserção social e profissional dos toxicodependentes, com a adopção de medidas excepcionais de discriminação positiva", que **adopte** "políticas de redução de danos que possam preservar nos toxicodependentes a consciência da sua própria dignidade e constituir um meio de acesso a programas de tratamento ou de minimização da respectiva exclusão social", que **defina** criteriosamente o "enquadramento legal dos diferentes comportamentos relacionados com o fenómeno das drogas, em obediência aos princípios humanistas que enformam o nosso sistema jurídico, enquanto sistema de um Estado de Direito democrático, designadamente os princípios da subsidiariedade ou da *ultima ratio* do direito penal e da proporcionalidade, com os seus corolários que são os subprincípios da necessidade, da adequação e da proibição do excesso", e, ainda, que **garanta** o "acesso ao tratamento para os reclusos toxicodependentes e promoção da medida de tratamento em alternativa à execução de pena"[205].

III. Do texto da *Resolução* retira-se a ideia de que as políticas de intervenção na área do tratamento, que se prende com a prevenção secundária, não poderá excluir qualquer toxicodependente que deseje tratar-se e a todos deve ser garantida assistência médica pública, cujo atendimento deve ser prestado em padrões de exigível qualidade e, consequentemente, humanidade.

Quanto ao primeiro ponto, proíbe-se qualquer tipo de exclusão dos toxicómanos, independentemente, da *ascendência, sexo, raça, lín-*

---

[205] AAVV, *Estratégia Nacional de Luta Contra a Droga, in* INCM (PCM), Lisboa, 1999, pp. 49 e 50.

gua, território de origem, religião, convicções políticas ou ideológicas, instrução, situação económica ou condição social (n.º 2 do art. 13.º da CRP), configurando-se a todos os cidadãos *a mesma dignidade social e a igualdade perante a lei* (n.º 1). Relativamente à qualidade dos serviços e das instituições que o prestam, a *Estratégia Nacional* exige que aquelas funcionem dependentes de licenciamento e sob uma fiscalização quanto à qualidade dos seus serviços prestados e das próprias instalações de forma que se dignifiquem todos os cidadãos, quer os que desejem ser tratados quer os que se dedicam ao seu tratamento.

O respeito pela dignidade da pessoa humana impõe que, após o tratamento, se proceda ao acompanhamento adequado, efectivando-se a prevenção terciária, ou seja, que se empreendam esforços ajustados à reinserção quer social, quer profissional, mesmo que para atingir esse fim se implementem *medidas excepcionais de discriminação positiva*, consagrando-se, assim, a "obrigação da diferenciação para compensar a desigualdade de oportunidades"[206] que impõe que se trate de modo diferente o que por natureza ou devido às circunstâncias da vida é diferente.

Os princípios que legitimam a intervenção penal quanto aos comportamentos desviantes que ofendem bens jurídicos são postulados da *Estratégia Nacional*, sendo de destacar o da subsidiariedade do direito penal e da proporcionalidade, que, interligados com o princípio humanista e com o espírito do Estado de direito democrático, devem conduzir a uma intervenção que não viole o princípio respeito da dignidade da pessoa humana ou que ponha em causa os seus postulados[207].

---

[206] GOMES CANOTILHO e VITAL MOREIRA, *Constituição da República...*, 3.ª Edição p. 128. Estes ilustres professores defendem que a "obrigação de discriminações positivas constitui inequivocamente uma *imposição constitucional* de igualdade de oportunidades, cujo não cumprimento justifica a insconstitucionalidade por omissão". Também JORGE MIRANDA, *Manual de Direito Constitucional*, 3.ª Edição, Coimbra Editora, 2000, Tomo IV, pp. 277 e ss..

[207] Cfr. *supra* Capítulo II – Da legitimidade do direito penal. Acresce referir que o direito penal deve representar a renúncia de "um pedaço da liberdade – só aquele bocado indispensável ou absolutamente necessário,... – para que, desse modo se assegure o bem de todos", afigurando-se como "uma representação teorética de proporção, de harmonia, de justa medida", *i. e.,* o direito penal "como instrumento de limitação da liberdade dos indivíduos» é, sem dúvida, "um instrumento legítimo,

76   *Consumo de Drogas*

A ideia força de que o direito penal deve ser a *ultima ratio*[208] ou o último recurso na condução da política criminal, que deve ter sempre por base a reinserção do infractor, traduziu-se na Lei n.° 30/2000 como manifestação da promoção da medida de tratamento em prol da execução da sanção, conforme os artigos 11.°, 12.°, 14.° e 19.°.

IV. A descriminalização do consumo de estupefacientes e de substâncias psicotrópicas, alterando o quadro legal que previa e punia o consumo como crime, nos termos do art. 40.° do DL n.° 15/93, de 22 de Janeiro, proibindo aquele como ilícito de mera ordenação social, conforme n.° 1 do art. 2.° da Lei n.° 30 /2000, de 29 de Novembro, sedimenta a sua razão de ser no primado da dignidade da pessoa humana, evitando que o consumidor seja detido, constituído arguido e conduzido pelos OPC ao juiz ou que aguarde nas instalações daqueles até que seja presente ao juiz[209].

O quadro legal em vigor procura evitar que a reinserção se inicie sob a égide da punição, sendo aquela apenas a alternativa a esta. Todavia, sabendo-se que se levantam dúvidas quanto à legitimação filosófica e política do direito penal no que respeita ao consumo, levanta-se a questão de se saber se o consumidor é um doente, cuja vontade está condicionada pelos "efeitos perturbadores da droga durante a sua acção e do enfraquecimento que o seu uso prolongado determina no

---

desde que em tais limitações se contemple o *quantum* necessário de modo a assegurar o bem comum". Cfr. JOSÉ DE FARIA COSTA, "Ler Beccaria, Hoje", *apud* CESARE BECCARIA, *Dos Delitos e das Penas,* (Tradução de JOSÉ DE FARIA COSTA) Fundação Calouste Gulbenkiam, Lisboa, 1998, pp. 17 e 19.

[208] Aquando da discussão do DL n.° 15/93, o Prof. MANUEL da COSTA ANDRADE afirmava que, "no domínio da droga, «movemo-nos, na verdade, num terreno minado por contradições de valores, por antinomia dos objectivos e das metas a atingir e por um conflito insolúvel de paradigmas», salientando que, na óptica sociológica, a criminalização do consumo «se revela uma solução prenha de efeitos heterogéneos e disfuncionais» funcionando a punição como «... o guarda-nocturno dos bons negócios dos traficantes e produtores»". *Apud* CARLOS ALBERTO POIARES, *Análise Psicocriminal das Drogas – O Discurso do Legislador,* Almeida & Leitão, Porto, 1198, p. 479.

[209] Abandona-se a ideia de que quando se desconhece não se deve procurar outra realidade não experimentada como se de uma aventura se tratasse.

O Novo Regime Legal 77

poder e na resistência psíquica e (...) das perturbações ocasionadas pela abstinência não graduada"[210], como é que as condutas consumo, aquisição e detenção para consumo constituem contra-ordenação (n.° 1 do art. 1.°)[211], à qual corresponde uma coima (art. 16.°) ou sanção alternativa (art. 17.°). Se o toxicodependente é um doente, ao qual falta vontade de decisão[212] e, consequentemente, vontade de infrigir, como se fundamenta a criminalização da condução perigosa de veículo rodoviário na via pública sob a influência de estupefacientes, substâncias psicotrópicas, pelo art. 291.° do CP ou a condução sob influência de estupefacientes ou substâncias psicotrópicas, p. e p. pelo n.° 2 do art. 292.° do CP[213].

Na nossa opinião, o princípio humanista enforma a lei de descriminalização do consumo de estupefacientes, sendo apenas admissível a detenção do *consumidor para garantir a sua comparência perante a comissão, nas condições do regime legal da detenção para identifi-*

---

[210] ENRICO ALTAVILLA, *O Delinquente e a Lei Penal,* Coimbra Editora, 1964, Vol. II, p. 73.

[211] Os diplomas relativos à droga de 1976 previam o abandono da filosofia de encarcerar "doentes por causa da doença" e "a transferência do consumo de drogas para o domínio dos ilícitos de mera ordenação social (contra-ordenações) o que, no entanto, nunca se operou". CARLOS ALBERTO POIARES, *Análise Psicocriminal das Drogas...,* p. 275.

[212] No sentido de que o consumidor é um doente que precisa de tratamento e não de castigo, porque é um doente, "cativo incauto de uma necessidade incontrolável, *que* em breve deixa de ser culpado para ser doente *e* como tal precisa de ajuda, não de castigo. *Pois*, onde acaba a vontade acaba a culpa", ALMEIDA SANTOS *apud* CARLOS ALBERTO POIARES, *Análise Psicocriminal das Drogas...,* p. 274. O Prof. C. A. POIARES, ao analisar o discurso de ALMEIDA SANTOS, acrescenta que "o enfermo faz eclipsar o delinquente, já que, neste domínio como em toda a conduta delituosa, não há culpa onde é inexistente a vontade", ou seja, "o consumidor é desviado da área criminal para a da enfermidade, deixando de se esboçar o seu retrato no domínio delinquencial para se repercutir na esfera sanitária – o delinquente transformado em doente". *Ibidem.* Há, assim, o que os Profs. F. DIAS e M. da COSTA ANDRADE designam "de direito à infelicidade, em suma, a sobreposição do estatuto de vítima ao delinquente". *Apud* CARLOS ALBERTO POIARES, *Análise Psicocriminal das Drogas...,* p. 275.

[213] Quanto a este assunto, o nosso estudo "Condução de veículos em estado de embriaguez ou sob a influência de estupefacientes ou substâncias psicotrópicas", *in Revista Polícia Portuguesa*, Ano LXIV, II Série, n.° 131, SET/OUT, 2001, pp. 6 e ss..

78 *Consumo de Drogas*

cação [n.º 2 do art. 4.º da Lei n.º 30/2000], prevista na al. *g)* do n.º 3 do art. 27.º da CRP[214].

§ 20.º O princípio do pragmatismo

I. As maiores críticas que, hoje, se fazem ao nosso ordenamento jurídico é a ausência de pragmaticidade apesar de ser, em muitas áreas, o mais evoluído do mundo. Muitos dos críticos desconhecem que o pragmático poderá funcionar como limite do exercício de direitos e de liberdades[215]. O homem, na nossa opinião, não deverá apenas sustentar as suas ideologias na tese do pragmatismo, que, muitas das vezes, é contrária às reformas de fundo: aquelas que revolucionam o sistema inanimado existente e lhe dão vida, cuja concretização terá de passar por uma sensibilização e posterior responsabilização dos actores principais e secundários de modo que alcancem a independência necessária ao funcionamento e organização da estrutura que se revolucionou.

Todavia, qualquer política de intervenção em campos sensíveis, como o fenómeno da droga, obriga os entes responsáveis a incutir à reforma ou à mudança um sentido pragmático de maneira a evitar que de inanimado passe a inerte. Essas reformas teriam uma vida demasiado efémera por serem ornamentadas por uma decoração *à priori* condenada a desaparecer. Nem seria respeitado o princípio da presunção de inocência quanto à sua viabilidade. Mas, conceber estratégias e normas isentas de qualquer sentido pragmático é cair no vazio inóspito da realeza dogmática como se de absolutização vivessem os homens,

---

[214] Quanto à detenção para identificação operada pelas autoridades policiais no quadro das contra-ordenações, o nosso estudo *Teoria Geral do Direito Policial* – Tomo I, pp. 149-151.

[215] Como exemplo temos o que muitos responsáveis políticos defendem quanto à videovigilância que seria um instrumento pragmático na prevenção e na repressão da criminalidade, mas a sua utilização restringe directa e indirectamente certos direitos pessoais, cuja disposição pertence ao próprio. Contra a utilização indiscriminada deste meio tecnológico de prevenção e de repressão, o nosso estudo "Videovigilância: Um meio técnico – jurídico eficiente na prevenção e na repressão da criminalidade nos locais de domínio público de utilização comum?", *in Revista Polícia Portuguesa*, Ano LXIII, II Série, n.º 123, Maio/Junho, 2000, pp. 2 e ss..

O *Novo Regime Legal* 79

ou seja, que nos interessaria proclamarmos a democracia e a liberdade de expressão se sofrêssemos uma ditadura e censura psicológica.

II. A doutrina do pragmatismo procura adoptar "como critério de verdade a utilidade prática, identificando o verdadeiro com o útil"[216], ou seja, «O *pragmatismo* pode definir-se em poucas palavras: a filosofia dos resultados, da experiência e da acção»[217]. Como sistema de filosofia, o pragmatismo "reduz o conhecimento a uma acção eficaz e a verdade à utilidade para a vida ou para a acção", melhor, "a tese fundamental do *pragmatismo* é a subordinação do valor teórico ao critério da eficácia na acção prática", uma vez que "não existem verdades abstractas: verdadeiro é aquilo que serve para acrescentar e melhorar a actividade e aquilo cujo conhecimento aumenta o nosso poder"[218].

A doutrina do *pragmatismo* nasceu no Metaphysical Club, de cujos fundadores se destacam PIERCE, WILLIAM JAMES e outros pensadores, em Cambrigde, nos finais do séc. XIX (década de 1870)[219]. A tese originária do *pragmatismo* concebia-o como "uma filosofia do senso comum, com um método próprio, apregoando uma teoria da verdade ou do significado", sendo que "o senso comum constitui uma plataforma de equilíbrio na evolução da mente humana"[220].

O *pragmatismo* integra a tese de orientação entre o empirismo, que, sendo "sensista, materialista, pessimista e céptico"[221], prefere os factos, e o racionalismo, que, sendo "intelectualista, idealista, optimista, religioso, defensor do livre-arbítrio, monista e dogmático"[222], prefere os princípios eternos e o abstracto[223].

---

[216] AA, *Grande Enciclopédia Portuguesa e Brasileira*, Edições Enciclopédia, L.da., Lisboa/Rio de Janeiro, Vol. XXIII, p. 31.

[217] MENDES dos REMÉDIOS, *Filosofia, p. 487, apud* AA, *Grande Enciclopédia Portuguesa e Brasileira*, Edições Enciclopédia, L.da., Lisboa/Rio de Janeiro, Vol. XXIII, p. 31.

[218] AA, *Grande Enciclopédia Portuguesa e Brasileira*, Edições Enciclopédia, L.da., Lisboa/Rio de Janeiro, Vol. XXIII, p. 31.

[219] F. SOARES GOMES, "Pragmatismo", *in Logos – Enciclopédia Luso- -Brasileira de Filosofia*, Verbo, Lisboa/R. Janeiro, Vol. 4, Col. 395.

[220] *Ibidem.*

[221] *Ibidem.*

[222] *Ibidem.*

[223] WILLIAM JAMES *apud* F. SOARES GOMES, "Pragmatismo", *in Logos...*, Col. 395.

80 *Consumo de Drogas*

Como referimos e no seguimento de WILLIAM JAMES, o *pragmatismo* aparta-se das abstracções, "das soluções verbais, das más razões *a priori*, de princípios fixos, de sistemas fechados, de pretensos absolutos, voltando-se para o concreto, para os factos, para a acção (...), para o poder, *intentando* a liberdade contra o dogmatismo, a artificialidade e a finalidade na verdade"[224]. W. JAMES considerava que "as teorias tornam-se instrumentos, não respostas a enigmas, à sombra das quais possamos descansar"[225]. Neste sentido, o *pragmatismo* está no plano oposto das concepções estáticas da verdade, porque não se insere num quadro de equilíbrio eterno[226].

A doutrina do *pragmatismo*, nos nossos dias, encarna os vectores de orientação do *realismo*, que assenta no postulado *"esse non est percipi*, ou seja, que não é o conhecimento do ser pelos sujeitos conscientes que confere existência"[227] ao próprio ser, que apenas "existiria como realidade objectiva"[228]. Os princípios do *realismo* defendem uma atitude contrária ao «idealismo», ao «verbalismo», à utopia, baseando a sua estrutura de intervenção e de vida num "manual adequado de acção"[229]. Tese esta que se aproxima do *pragmatismo*, que não deixa de reconhecer o importante "papel das ideias e princípios, da investigação civilizacional, (...), mas não se subordina inflexivelmente a uma regra predeterminada"[230].

Doutrinas irmãs nascidas em tempos diferentes, cujo substracto existencial filosófico-político se enleiam no primado da resolução dos problemas da sociedade através de uma acção adequada sobre os factos, apesar de se opor aos verbalismos ocos e vazios de materialização de instrumentos, respeita e reconhece o valor das ideias e dos princípios sem a eles se submeter caso se revelem estáticos e enigmáticos.

---

[224] F. SOARES GOMES, "Pragmatismo", *in Logos...*, Col. 396. Itálico é nosso.

[225] WILLIAM JAMES *apud* F. SOARES GOMES, *Op. Cit.*, Col. 396.

[226] F. SOARES GOMES, *Op. Cit.*, Col. 397.

[227] NUNO ROGEIRO, "Realismo Político", *in Polis – Enciclopédia da Sociedade e do Estado*, Verbo, Lisboa/Rio de Janeiro, 1987, Vol. 4, Col. 63. Apontam-se, entre outros, como grandes mentores da doutrina do realismo GEORGES SOREL, IRVING L. HOROWITZ, F. RAUH, Z. A. JORDAN, MAQUIAVEL (teorizador do realismo político).

[228] *Ibidem.*

[229] *Idem*, Col. 64.

[230] *Idem*, Col. 66.

O **Novo Regime Legal** 81

III. A *Estratégia Nacional de Luta contra a Droga*[231] consagra o **princípio do** *pragmatismo* como seu princípio estruturante e inspirador, fomentando a sua correlação e complementaridade com o princípio humanista[232].

O **princípio do** *pragmatismo* sedimenta a sua ideia na implementação de "uma atitude de abertura à **inovação**, mediante a consideração, **sem dogmas ou pré-compreensões**, dos resultados cientificamente comprovados das experiências ensaiadas nos diversos domínios do combate à droga e à toxicodependência e a consequente **adopção de soluções adequadas à conjuntura nacional** e que possam **proporcionar resultados práticos positivos**"[233].

A concretização deste princípio impõe que se promovam "políticas de redução de danos que, ao mesmo tempo que **minimizam os efeitos do consumo** nos toxicodependentes e salvaguardam a sua inserção sócio-profissional, possam defender a sociedade, favorecendo a diminuição do risco de propagação de doenças infecto-contagiosas e a redução da criminalidade associada a certas formas de toxicodependência", se apoie e incentive um "**acompanhamento interessado e crítico das experiências inovadoras** em curso noutros países nos diversos domínios do combate à droga e à toxicodependência, designadamente em matéria de redução de danos e administração terapêutica de substâncias, bem como da avaliação dos respectivos resultados", que se adopte "**soluções que se revelem adequadas** à conjuntura nacional, considerada a natureza dos problemas com que se defronta a sociedade portuguesa, os meios disponíveis e as prioridades decorrentes da Estratégia Nacional de Luta Contra a Droga, bem como o disposto nas convenções internacionais"[234].

O *pragmatismo*, correndo o risco de não beber o sumo dos princípios e regras fixas, que se oponha ilimitadamente aos dogmas, será, na nossa opinião, um dogma. Na busca de uma solução que evite a sua contrariedade, o *pragmatismo* defende o reconhecimento do papel das ideias

---

[231] Aprovada pela RCM n.° 46/99, de 26 de Maio.

[232] Cfr. *supra* § 19.° O princípio humanista.

[233] AAVV *Estratégia Nacional de Luta Contra a Droga*, INCM (PCM), Lisboa, 1999, pp. 50 e 51. Negrito nosso.

[234] *Ibidem*. Negrito nosso.

82   *Consumo de Drogas*

e dos princípios, porque sem aqueles instrumentos teórico-doutrinais a inovação estaria ornamentada por cortinas sem qualquer textura.

IV. A *RCM* n.º 46 /99, de 26 de Maio, ao consagrar o princípio do *pragmatismo* como princípio estruturante da Estratégia Nacional da Luta contra a Droga, não esvaziou o seu conteúdo das ideias e princípios que inspiram a luta contra o flagelo da droga. Podemos ler na *RCM* que é um princípio que *complementa o princípio humanista*. A dignidade da pessoa humana é, primeiramente, um princípio estruturante de um Estado fundado nos primados do direito e nos valores da democracia, o que, por si só, implica o necessário respeito pelos ditames de todos os princípios que enformam a estrutura de um Estado moderno.

O princípio do *pragmatismo* só faz sentido em conjugação com os demais princípios que enformam a *Estratégia*, porque isolado carece de valor e concretização material, podendo cair na contrariedade das suas raízes.

A Lei n.º 30/2000 é o reflexo da implementação deste princípio[235], começando por atribuir a uma entidade não judicial a análise e a decisão do caminho a dar ao processo contra-ordenacional (as *CDT* e ao governo civil – n.ºs 1 e 2 do art. 5.º), passando pela estipulação de não aplicação de sanções pecuniárias a consumidores toxicodependentes (n.º 2 do art. 15.º), caso contrário cairia em contradição total, porque um toxicodependente não detém proventos capazes de suportar o pagamento das coimas previstas no art. 16.º, pela suspensão provisória do processo e da determinação da sanção caso o consumidor aceite realizar o tratamento, quer por proposta quer por iniciativa própria e, ainda, a suspensão da sua execução (artigos 11.º, 14.º e 19.º), pela sujeição ao princípio da colaboração interinstitucional previsto no art. 9.º, pela possibilidade de aplicar em alternativa à sanção pecuniária uma sanção ou medida adequada à prevenção do consumo e reintegração do indiciado (artigos 17.º, 18.º e 19.º).

---

[235] O princípio do pragmatismo consagrado na ENLCD, que se manifesta na Lei n.º 30/2000 e no DL n.º 130-A/2001, poder-se-á confundir com a filosofia do princípio da oportunidade no processo crime. Quanto ao princípio da oportunidade, os nossos estudos *Processo Penal* – Tomo I, pp. 200-213, *Teoria Geral do Direito Policial* – Tomo I, pp. 105-106 e *Lei e Crime...*, pp. 151 e ss..

O *Novo Regime Legal* 83

O mesmo espírito pragmático embrenha o DL n.° 130-A/2001, de 23 de Abril[236], que, na linha da Lei n.° 30/2000, de 29 de Novembro, consagra uma intervenção activa e determinante de vários actores sociais importantes: serviços de saúde, de reinserção social, autoridades policias e autoridades administrativas.

No que se refere às autoridades policiais, o regime do DL n.° 15/93, que incriminava o consumo (art. 40.°), impunha que o elemento policial, verificada a conduta, procedesse criminalmente, detendo e entregando o arguido ao MP para que este o apresentasse para primciro interrogatório judicial ao Juíz de Instrução[237]. O novo quadro legal, que descriminaliza o consumo, as autoridades policias terão um papel fundamental no desenrolar do processo desde o seu início: os autos de ocorrência deverão conter certos elementos obrigatórios [n.° 1 do art. 9.° do DL 130-A/2001] e outros de extrema importância prática e de salvaguarda dos direitos do indiciado e da legalidade da actuação da autoridade policial [artigos 10.°, 11.°, 12.°, 17.°, n.° 2, 18.°, n.° 1 do DL 130-A/2001].

A actuação da autoridade policial terá de se prender com os pergaminhos e vectores de orientação do princípio do pragmatismo, assim como os outros actores sociais, como o serviço de saúde que deverá estar preparado para prestar cuidados terapêuticos aos indiciados que revelem descompensação física e psíquica conduzidos pelas autoridades policiais [art. 10.°, n.° 1 do DL n.° 130-A/2001].

§ 21.° O princípio de segurança

I. O princípio da segurança tem subjacente o princípio da liberdade, que, num Estado de direito democrático, se erigem como direitos fundamentais cujas vivência e sobrevivência dependem do equilíbrio e da conjugação mútua.

Um Estado de direito democrático não pode absolutizar qualquer princípio, qualquer valor, qualquer ideia, qualquer direito pessoal, fun-

---

[236] Aprova a organização, o processo e o regime de funcionamento da Comissão para a Dissuasão da Toxicodependência.

[237] Quanto à detenção e formalidades sequentes, os nossos *Processo Penal* – Tomo I, pp. 283-301 e *Teoria Geral do Direito Policial* – Tomo I, pp. 190-206.

84 *Consumo de Drogas*

damental, cultural, social e/ou económico. A interligação e a vivência dos direitos e princípios numa sociedade, solucionando os conflitos inerentes à existência humana, são a grande vitória e virtude de uma democracia. O absoluto ou o dogma não podem ser a resposta a problemas que, no dia a dia, preocupam toda a comunidade.

A segurança e a liberdade[238], como irmãs gémeas, têm de se interligar e ajustar para que uma não se sobreponha à outra, ou seja, para que, por um lado não se institua um Estado de polícia, e, por outro, não se crie ou promova uma anarquia, de modo que se construa uma sociedade mais justa, mais livre e mais solidária.

A liberdade só se exerce quando há segurança, mas esta não pode ser considerada de forma extrema, porque poderá ser fundamento de violência promovida quer pelos actores sociais estatais quer pelos não estatais e, ainda, por aqueles que se sentem prisioneiros da proclamada segurança. Pensamos que foi, no fundo, este o pensamento que subjaz à ENLCD ao defender a segurança como princípio basilar no combate ao tráfico e ao consumo de droga, *i. e.*, a segurança como garantia da concreção dos princípios da liberdade e da igualdade e da dignidade da pessoa humana e como direito garantia dos demais direitos fundamentais não pode, por um lado, ser *sacralizada* e deve, por outro, ser uma pedra basilar na prevenção do consumo de droga e na reinserção do toxicómano no tratamento e na sua posterior reintegração no seu *habitat* natural.

II. A segurança, apresentada pela ENLCD como princípio e como valor essencial à solidificação de políticas fundamentais ao

---

[238] Quanto à liberdade e ao princípio *in dubio pro libertate*, J. J. GOMES CANOTILHO, *Estudos Sobre os Direitos Fundamentais*, Coimbra Editora, 2003, p. 174, e JOSÉ CARLOS VIEIRA DE ANDRADE, *Os Direitos Fundamentais na Constituição Portuguesa de 1976*, 2.ª Edição, Almedina, Coimbra, 2001, p. 299, nota 55. Quanto à colisão ou conflito de direitos, JOSÉ CARLOS VIEIRA DE ANDRADE, *Os Direitos Fundamentais...*, 2.ª Edição, pp. 310-318 e J. J. GOMES CANOTILHO, *Direito Constitucional e Teoria da Constituição*, 3.ª Edição, Almedina, Coimbra, 1999, pp. 1191-1195.

Como princípio reitor da estruturação do Estado e dos seus poderes, apresentando-se como o mais elevado valor político de justiça, o nosso *Teoria Geral do Direito Policial* – Tomo I, pp. 124-136 e HANS KELSEN, *A Justiça e o Direito Natural*, (Trad. JOÃO BAPTISTA MACHADO), Almedina, Coimbra, 2001, pp. 81-84.

desenvolvimento do homem, é influenciada pela teleologia constitucional prescrita no art. 27.º da CRP. O princípio da segurança encarna uma das tarefas fundamentais do Estado[239], de modo que se mantenha a justiça nas relações interpessoais e sociais e que se promova o nosso bem-estar, preconizando "uma ordem capaz de tornar amplamente efectivos os direitos e as liberdades" (art. 28.º da DUDH) de todos os indivíduos para que cada um ocupe o "seu lugar próprio e ao qual corresponde uma função no todo sem prejuízo das finalidades e actividades particulares de cada um"[240].

A segurança[241] não pode ser *sacralizada* nem encarada unicamente como coacção jurídica e coacção material, mas primordialmente como "uma garantia de exercício seguro e tranquilo de direitos, liberto de ameaças ou agressões"[242], quer na sua dimensão negativa – direito subjectivo à segurança que comporta a defesa face às agressões dos poderes públicos – quer na sua dimensão positiva – direito positivo à protecção exercida pelos poderes públicos contra quaisquer agressões ou ameaças de outrem[243]. Segundo a nossa opinião, foi neste sentido que o legislador Constitucional consagrou o direito à segurança no mesmo número do mesmo artigo (27.º) da Constituição que consagrou o direito à liberdade, funcionando os dois como corolários e fundamento da expressão de todos os demais direitos pessoais, culturais, sociais e económicos. Teleologia em que assenta o princípio da segurança prescrito na ENLCD.

III. Os Profs. MARCELLO CAETANO e FREITAS do AMARAL, com os quais concordamos, ensinam-nos que a segurança é uma das neces-

---

[239] Neste sentido, os nossos estudos "A segurança como tarefa fundamental do Estado de Direito Democrático", in *Revista Polícia Portuguesa*, ano LXIII, IV Série, n.º 125, Set/Out, 2000, pp. 27 e ss. e *Teoria Geral do Direito Policial* – Tomo I, pp. 49-58

[240] MARCELLO CAETANO, *Manual da Ciência Política e Direito Constitucional*, Almedina, Coimbra, 1996, 6.ª Edição, Tomo I, reimpressão, p. 143.

[241] A segurança, como acto ou efeito de segurar, de afastar o perigo, surge como tarefa de proteger as pessoas e os valores que constituem a sociedade política, devendo o poder político ser um instrumento jurídico organizado e tecnicamente estruturado na defesa externa e na defesa da ordem e tranquilidade interna.

[242] GOMES CANOTILHO e VITAL MOREIRA, *Constituição da República...*, 3.ª Edição, p. 184.

[243] *Ibidem.*

sidades colectivas, cuja satisfação *regular e contínua* deve ser provida pela *actividade típica dos organismos e indivíduos* da Administração Pública, nos termos estabelecidos pela legislação aplicável, devendo aqueles obter para o efeito os recursos mais adequados e utilizar as formas mais convenientes, quer sob direcção ou fiscalização do poder político, quer sob o controle dos tribunais[244]. Podemos assim considerar que a segurança consigna não só a organização de uma força capaz de servir os interesses vitais da comunidade política, a garantia da estabilidade dos bens, mas também a durabilidade credível das normas e a irrevogabilidade das decisões do poder que respeitem interesses justos e comuns, que fomentem e promovam uma liberdade onde possamos exercer os nossos direitos e deveres.

Prosseguindo este raciocínio e tendo sido a segurança consagrada como direito fundamental do cidadão, mesmo que garantístico dos demais direitos, compete ao Estado garanti-lo como sua tarefa fundamental por força da al. *b)* do art. 9.º da CRP[245].

A segurança apresenta-se-nos como um corolário da liberdade, mas nunca como sua limitação ou como seu patamar de exercício. A ENLCD estende a concepção de segurança e a sua teologia ao domínio da prevenção à repressão do crime, pois por detrás do consumo da droga manifestam-se tipologias criminais muito preocupantes: desde o tráfico de droga, passando pela corrupção, pelo branqueamento de capitais, sem que nos esqueçamos dos crimes contra o património como o furto, o roubo, a apropriação ilícita, a receptação e de muitos outros crimes que proliferam e se aperfeiçoam com as novas tecnologias. O princípio da segurança jamais poderia ser afastado de uma luta que a todos diz respeito e que a todos pertence como obrigação de membro de uma comunidade erigida sob os princípios de um Estado de direito democrático.

IV. A ENLCD prescreveu o princípio da segurança como garantia da protecção de bens e de pessoas no âmbito da saúde pública e de

---

[244] Freitas do Amaral, *Curso de Direito Administrativo*, Almedina, Coimbra, 1996, Vol. I, Págs, 32 e ss.

[245] O art. 9.º da CRP consigna que: "São tarefas fundamentais do Estado:

b) Garantir os direitos, liberdades fundamentais e o respeito pelos princípios do Estado de direito democcrático".

O *Novo Regime Legal*

defesa e protecção dos menores, consignando assim a prevenção e repressão do crime para que a paz e a ordem pública se mantenham.

Sem se afastar e colocar à parte os fundamentos da segurança, a ENLCD, no âmbito do seu objectivo, consignou vários corolários que são essenciais para a prossecução de um combate justo e adequado ao flagelo que assombra a comunidade moderna:

"*a*) Combate ao tráfico ilícito, incluindo a aplicação de sanções penais adequadas aos traficantes e aos traficantes-consumidores;

b) Consagração legal de mecanismos que permitam, em todos os casos, a apreensão de drogas ilícitas pelas autoridades policiais e a prossecução das actividades investigatórias necessárias ao combate ao tráfico;

c) Manutenção do desvalor legal do consumo e da posse de drogas;

d) Previsão de sanções diferenciadas por actos que envolvam drogas mais perigosas para a saúde ou cuja aquisição tenda a estar associada a comportamentos ofensivos para bens jurídicos essenciais da comunidade;

e) Promoção, na mesma linha das implicações do princípio do pragmatismo, de políticas de redução de danos, que possam favorecer a diminuição do risco de propagação de doenças infecto-contagiosas, a redução da criminalidade associada à toxicodependência ou a integração social e profissional dos toxicodependentes;

f) Promoção de medidas especiais de segurança nas escolas e outros locais frequentados por adolescentes e jovens"[246].

V. Em suma, a ENLCD transmite a ideia de que a luta diária que se faz contra o flagelo da droga seria uma guerra perdida se não se basear num dos pilares da democracia: a segurança como garantia de exercícios de direitos.

Quer a Lei n.º 30/2000, de 29 de Novembro, quer o DL n.º 130--A/2001, de 23 de Abril, manifestam a preocupação de impedir que

---

[246] AAVV, *Estratégia Nacional de Luta...*, INCM, pp. 51 e 52.

88 Consumo de Drogas

os procedimentos policiais e da CDT ultrapassem os limites prescritos pelo direito, o sentido de que a sua actuação representa e fomenta a responsabilidade de criar uma segurança real e não fictícia para que haja liberdade[247].

§ 22.º Princípio da coordenação e da racionalização de meios

I. Lutar contra uma epidemia não pode ser efectuada, sob pena de fracasso *à priori*, sem coordenação e racionalização dos meios humanos e materiais. A ENLCD preocupa-se com o ajuste necessário, adequado, exigível e equilibrado dos meios que estão ao dispor dos agentes responsáveis pela luta incessante e permanente da droga.

Podemos afirmar que é um princípio que funcionará como corolário do princípio da subsidiariedade e que bebe o seu fundamento quer no princípio do pragmatismo, quer no espírito da proporcionalidade[248] do uso de meios passando todo o espaço pela preocupação de não utilizar mecanismos desnecessários na luta (feroz) do flagelo[249].

Contudo, este princípio não se esgota no âmbito da aplicação da Lei n.º 30/2000 e do DL n.º 130-A/2001, pois é uma manifestação do próprio princípio da celeridade de resolução dos fenómenos e problemas que se apresentam no nosso quotidiano. Como por exemplo, temos a Lei n.º 21/2000, de 10 de Agosto, que aprovou a Lei de Organização da Investigação Criminal (LOIC), à qual também subjaze o princípio da optimização de recursos na investigação, evitando-se a sua sobreposição e o seu desperdício[250].

---

[247] Preocupação que motivou os responsáveis políticos a criar uma comissão para alterar o DL n.º 15/93, presidida pelo Prof. Doutor FARIA COSTA.

[248] Quanto ao princípio da proporcionalidade *em sentido amplo* ou da *proibição do excesso*, os nossos estudos *Teoria Geral do Direito Policial,* – Tomo I, pp. 91-98 e *Da publicação da Matéria de Facto...*, pp. 64 e 65 e GOMES CANOTILHO e VITAL MOREIRA, *Constituição da República...*, 3.ª Edição, p. 152.

[249] Há a preocupação de fomentar a responsabilidade de quem dirige e dispõe dos meios humanos e materiais na busca do melhor procedimento e melhor solução para cada caso.

[250] Quanto a este assunto, o nosso *Regime Jurídico da Investigação Criminal – Comentado e Anotado,* 2.ª Edição Almedina, Coimbra, 2003, pp. 97-99, § 9, pp. 101-104.

O *Novo Regime Legal* 89

Como manifestação deste princípio, apontamos o Instituto da Droga e da Toxicodependência[251] que desempenha tarefas de coordenação[252] e execução da ENLCD incumbidas pelo membro do Go-

---

[251] O IDT é uma pessoa colectiva de direito público dotada de autonomia administrativa e financeira e património próprio (art. 2.°), tendo como atribuições:

a) Desempenhar as tarefas de coordenação e execução da Estratégia Nacional de Luta contra a droga que lhe forem atribuídas pelo membro do Governo responsável pela coordenação da política da droga e da toxicodependência;

b) Promover a prevenção do consumo de droga e da toxicodependência através da intervenção na comunidade;

c) Apoiar as comissões de processamento das contra-ordenações por aquisição, posse para consumo e consumo de droga;

d) Promover, coordenar e apoiar as iniciativas de entidades privadas e públicas no domínio da prevenção do consumo de droga e da toxicodependência;

e) Recolher, travar e divulgar dados, informações e documentação técnico--científica na área da droga e da toxicodependência, nomeadamente a relativa ao consumo e tráfico de estupefacientes, substâncias psicotrópicas e percursores;

f) Instituir e assegurar o funcionamento de um sistema nacional de informação sobre droga e toxicodependência;

g) Assegurar, na sua qualidade de ponto focal nacional, o cumprimento das obrigações do Estado Português junto do Observatório Europeu da Droga e da Toxicodependência (OEDT);

h) Assegurar a cooperação com entidades externas no domínio da droga e da toxicodependência;

i) Promover e estimular a investigação sobre o fenómeno da droga e da toxicodependência;

j) Apoiar a formação dos profissionais que intervêm no domínio da droga e da toxicodependência;

k) Estudar e propor medidas legislativas e administrativas em matéria de droga e toxicodependência, bem como acompanhar e apoiar a sua aplicação;

l) Responder às consultas formuladas pelos serviços da Administração Pública ou por outras entidades públicas ou privadas em matéria das suas atribuições".

Conforme art. 5.° do Estatuto do IDT, aprovado pelo DL pelo DL n.° 269-A/2002, de 29 de Novembro, alterado pelo DL n.° 172/2005, de 14 de Outubro. Quanto ao regulamento interno do IDT, cfr. Portaria n.° 484/2003, de 26 de Março de 2003, publicada no DR – II Série, de15.de Abril de 2003

[252] O Coordenador Nacional do Combate à Droga é, por incrência, o presidente do IDT *ex vi* do art. 7.° do DL n.° 1/2003, de 6 de Janeiro, que cria «estruturas capazes de garantir e imprimir coordenação e eficácia no combate à droga e à toxicodependência».

90 *Consumo de Drogas*

verno responsável pela coordenação da política da droga e da toxico-dependência, conforme al. *a)* do art. 5.º do Estatuto do Instituto da Droga e Toxicodependência, aprovado pelo Decreto Lei n.º 269--A/2002, de 29 de Novembro[253].

II. Como princípio de organização e estruturação da administração pública, imposto e consagrado nos artigos 266.º e ss. da CRP[254], a coordenação e a racionalização de meios humanos e materiais envolve "a exigência de mecanismos que assegurem uma coordenação ou articulação eficaz entre os diversos departamentos, serviços e organismos competentes em matéria de droga e toxicodependência, bem como a optimização dos recursos, evitando a sobreposição e o desperdício"[255].

A ENLCD, face à essência deste princípio, estruturou quatro consequências que de si emergem:

"a) Existência de um sistema de coordenação interdepartamental em matéria de droga e toxicodependência;

b) Eliminação das sobreposições de atribuições e competências existentes entre os diferentes organismos do Estado;

c) Optimização da gestão dos recursos humanos e materiais existentes, incluindo a promoção de iniciativas de formação profissional e de avaliação nesta área;

d) Coordenação dos financiamentos a conceder a projectos e iniciativas a cargo de entidades privadas e avaliação dos respectivos resultados"[256].

O princípio da coordenação e da racionalização de meios preconiza desta feita, a realização e promoção de uma prevenção mais adequada, ajustada, equilibrada e necessária face ao indivíduo isolado ou em comunidade.

---

[253] Que revogou o DL n.º 90/2000, de 18 de Maio.

[254] A Administração Pública tem como fim a prossecução do interesse público, mas sempre no respeito pelos direitos e interesses legalmente protegidos dos cidadãos, *ex vi* n.º 1 do art. 266.º da CRP.

[255] AAVV, *Estratégia Nacional de Luta...*, INCM, p. 52.

[256] *Ibidem.*

§ 23.° O princípio da subsidiariedade

I. Pio XI, na encíclica *"Quadragésimo Anno"*, designou este princípio como um "importantíssimo princípio da filosofia social"[257], defendendo que "assim como não é lícito retirar aos indivíduos, para o passar à comunidade, aquilo que eles podem realizar por iniciativa e meios próprios, assim também é contra a justiça, representa grave dano e perturba profundamente a recta ordem entregar a uma sociedade maior e de grau mais elevado o que as sociedades menores e de grau inferior são capazes de realizar"; com efeito, toda actividade social deve, por natureza, ajudar os membros do grupo social *(subsidium afferre)* e nunca, pelo contrário, destruí-los ou absorvê-los[258].

O princípio da subsidiariedade terá de ser encarado segundo duas perspectivas: negativa e positiva. A perspectiva negativa consigna "o que a sociedade não deve fazer", enquanto que a positiva consigna "o que a mesma sociedade deve fazer". Como afirma ROQUE CABRAL, desta dialéctica "ressalta o claro paralelismo existente entre esta dualidade de deveres da sociedade (respeitar e promover) e o binómio direitos-liberdades e direitos sociais"[259].

A subsidiariedade é a expressão da natureza quer da pessoa como ser individual, quer da sociedade, da "anterioridade e primado da pessoa e da múltipla dimensão social da mesma"[260]. Este princípio exprime "a especificidade e indispensabilidade do papel da sociedade – não apenas do Estado, embora muito particularmente dele – relativamente aos seus membros (individuais e colectivos)"[261].

A intervenção da sociedade terá natureza subsidiária, no sentido de ajuda, de promoção dos membros, de que está ao serviço dos seus membros, materializando-se a máxima latina *Ciuitas propter cives, non cives propter ciuitatem*[262].

---

[257] *Apud* ROQUE CABRAL, "Princípio de subsidiariedade", *in Polis – Enciclopédia Verbo da Sociedade e do Estado*, Verbo, Lisboa/S. Paulo, Vol. 5, Col. 1014.

[258] Cfr. *Acta Apostólica Sedis*, 1931, p. 203.

[259] ROQUE CABRAL, "Princípio de subsidiariedade", *in Polis...*, Vol. 5, Col. 1014.

[260] *Ibidem*.

[261] *Ibidem*.

[262] A cidade por causa dos cidadãos, não os cidadãos por causa da cidade.

O princípio da subsidiariedade não significa que a actividade da sociedade como um todo é dispensável, que é acessória ou secundária, mas sim que o homem, como membro activo do corpo social, "não perde por isso a sua personalidade, tanto moral como jurídica (...), continua antes, a ser o sujeito, o fundamento e o fim da vida social"[263]. Princípio este que pressupõe que a resolução dos problemas que afectam a pessoa em sociedade deve ser estruturada de modo a que só a cúpula é que intervém quando esgotados os sectores primários e intermediários, o que pressupõe que exista uma divisão das competências "com vista à *máxima liberdade* possível das pessoas, dentro da atenção em bem comum"[264].

O princípio da subsidiariedade fundamenta-se em uma perspectiva de que à sociedade cabe a função de "criar as condições e proporcionar as ajudas que tornem possível **às pessoas** fazerem por si o que, sem essa ajuda, não estariam em condições de o fazer; *excepcionalmente* competirá à sociedade substituir algum membro, fazer em vez dele aquilo que, sendo da sua competência, ele não pode ou não quer fazer, mesmo ajudado"[265].

II. O princípio da subsidiariedade, consagrado na nossa Constituição (n.º 1 do art. 6.º) como forma de organização e funcionamento da estrutura social do Estado, preconiza que a decisão deve ser *sempre tomada* e *desde que possível* pelo organismo ou serviço mais próximo do cidadão. Apesar de não significar a semântica do princípio em uma vertente económica e social, é na sua teleologia que se fundamenta a sua essência.

Na esteira da teleologia constitucional e dos princípios do Estado de Direito Democrático, o princípio da subsidiariedade, prescrito na ENLCD, pressupõe uma distribuição de atribuições e competências que permita que as decisões e as acções sejam confiadas ao nível da administração mais próximo das populações, salvo quando os objectivos visados sejam melhor realizados a nível superior. Deste

---

[263] *Idem*, Cols. 1014 e 1015.
[264] *Ibidem*.
[265] *Ibidem*.

O *Novo Regime Legal*

princípio emergem três subprincípios cruciais para a sua materialização:

"*a*) O subprincípio da descentralização, que exige o envolvimento das autarquias locais em matéria de toxicodependência, sobretudo na área da prevenção primária[266];

b) O subprincípio da desconcentração, que postula um modelo de estruturação dos organismos da administração central na área da droga e da toxicodependência que não se esgote em serviços centrais, antes inclua serviços mais próximos das populações, designadamente ao nível regional[267];

c) O subprincípio da centralização, que determina a atribuição de responsabilidades à administração central em matéria de luta contra a droga e a toxicodependência quando isso permita a melhor realização dos objectivos visados"[268].

O princípio da subsidiariedade, fundado nos seus corolários – descentralização, desconcentração e centralização –, impõe que o toxicodependente seja encarado como o cerne da actuação quer dos organismos centrais, quer dos regionais, quer dos locais. A intervenção da sociedade e do indivíduo, na luta contra a droga, não pode apenas cingir-se e orientar-se por egoísmos ou experiências desajustadas das organizações.

Como manifestação do princípio da subsidiariedade, a Lei n.º 30/2000 e o DL n.º 130-A/ 2001 cometeram às CDT, sediadas em cada Governo Civil, a competência para o processamento das contra-ordenações e a aplicação das correspondentes sanções, conquanto a execução das sanções, coimas ou alternativas, ficaram na competência do Governo Civil[269].

---

[266] Cfr. 1.ª parte do n.º 2 do art. 267.º e o n.º 1 do art. 6.º da CRP.

[267] *Ibidem*.

[268] AAVV, *Estratégia Nacional de Luta...*, INCM, pp. 52 e 53 e a 2.ª parte do n.º 2 do art. 267.º da CRP.

[269] Cfr. art. 5.º da Lei n.º 30/2000, de 29 de Novembro. Com a possível extinção dos governadores civis e com a transferência das atribuiçõcs c competências deste para as autarquias, certamente que esta competência poderá ser adstrita àquelas. Quanto ao princípio da subsidiariedade na actuação policial, o nosso estudo *Teoria Geral do Direito Policial* – Tomo I, pp. 97-98.

§ 24.° O princípio da participação

I. A democracia participativa, consagrada como fim do Estado de Direito Democrático[270], consigna a "intervenção dos cidadãos, individualmente ou (sobretudo) através de organizações sociais ou profissionais, nas tomadas de decisão das instâncias do poder, ou nos próprios órgãos do poder"[271]. Contrariamente à Constituição de 1933, a CRP/76 preocupou-se em criar uma ligação entre o poder e os cidadãos, permitindo e proporcionando a estes que intervenham no processo evolutivo da democracia quer através do instituto da representação (através dos votos em eleições), quer de forma directa, optando e definindo o rumo da comunidade, através do referendo nacional (art. 115.° da CRP) ou local (art. 240.° da CRP)[272].

A ENLCD não ficou alheia ao sentido constitucional de envolvimento dos cidadãos na democracia que é "um conceito dinâmico, postulando um *processo de democratização*"[273]. Sendo o fenómeno da droga um problema de todos, não faria qualquer sentido que os cidadãos fossem afastados de um processo evolutivo que exige o preenchimento de lacunas humanas, materiais e legais para que as causas sejam descortinadas e elencadas de modo que se alcancem objectivos quer na prevenção, quer na definição de políticas de prevenção e controlo do flagelo Droga[274].

II. O princípio da participação, prescrito na ENLCD, preconiza a "intervenção da comunidade na definição das políticas relativas à droga e à toxicodependência, bem como na sua mobilização para os dife-

---

[270] Cfr. *in fine* art. 2.° da CRP.

[271] GOMES CANOTILHO e VITAL MOREIRA, *Constituição da República...*, p. 66.

[272] *Hoc Sensu* GOMES CANOTILHO e VITAL MOREIRA, *Constituição da República...*, pp. 66, 529 e ss.. O art. 240.° foi aditado pela Lei Constitucional n.° 1/97, de 20 de Setembro.

[273] *Idem*, p. 66.

[274] Infelizmente interrogamo-nos se o princípio da participação foi exaustivamente colocado em prática no que respeita à política do consumo de estupefacientes e à alteração legislativa que ocorreu em 2000 e 2001.

rentes domínios da luta contra a droga"[275]. Deste princípio, no âmbito da droga, surgem implicações que transcrevemos:

> "*a*) *Valorização* do Conselho Nacional da Toxicodependência e dos demais mecanismos de *participação orgânica e procedimental dos cidadãos*, das suas associações representativas e das instituições interessadas na definição das políticas relativas à droga e à toxicodependência;
>
> *b*) *Apoio* às iniciativas das *instituições da sociedade civil* nos domínios da prevenção primária, secundária e terciária;
>
> *c*) *Incentivo* ao funcionamento de uma *rede de instituições privadas* prestadoras de serviços nas áreas do tratamento e reinserção social de toxicodependentes, por via da comparticipação financeira a conceder às famílias, sobretudo as mais carenciadas;
>
> *d*) *Sensibilização e mobilização das famílias, dos professores, das escolas, das instituições da sociedade civil*, dos profissionais da *comunicação social* e, sobretudo, dos *próprios jovens* para a problemática da droga e da toxicodependência e para o papel de cada um face à questão da droga"[276].

Em suma, as implicações consequentes do princípio da participação preocupam-se em permitir e facilitar a interacção entre cidadão e o poder para que este não se afaste dos reais problemas e das soluções que muitas das vezes se escondem na simplicidade do ser humano.

A prestação de serviços gratuitos a favor da comunidade, prescrita como sanção alternativa às sanções pecuniárias e às alternativas do n.º 2 do art. 17.º da Lei n.º 30/2000, é uma manifestação do princípio da participação da comunidade em geral, ao consciencializá-la de que os seus filhos devem ser curados no seu seio e não fora dela. O recurso a esta sanção permite-nos criar uma sensação de que a realização do Homem passa pela sua verdadeira inserção social que, consequentemente, depende da sua aceitação na comunidade através do labor. O legislador co-responsabiliza a comunidade na luta incessante de todos os seus cidadãos na prevenção do consumo de "drogas".

---

[275] AAVV, *Estratégia Nacional de Luta...*, p. 53.

[276] *Ibidem*.

96   *Consumo de Drogas*

§ 25.° Descriminalização e não despenalização

O novo regime legal do consumo de estupefacientes e substâncias psicotrópicas, aprovado pela Lei n.° 30/2000, de 29 de Novembro, que se nos apresenta como alternativa à tipificação como crime (p. e p. pelo art. 40.° do DL n.° 15/93), alternativa baseada nas teorias e com o fundamento de que o toxicodependente é um doente e de que *não deve ser encarcerado, mas tratado*, e como prossecução de um dos objectivos da *Estratégia Nacional de Luta Contra a Droga*, previsto no n.° 2 do ponto 10 da Resolução do Conselho de Ministros (RCM) n.° 46/99, de 26 de Maio, entrou em vigor a 01 de Julho de 2001.

A descriminalização em *sentido técnico ou estrito*[277], que abrange as drogas constantes das tabelas I a IV em anexo ao DL n.° 15/93, de 22 de Janeiro, sendo que a quantidade da substância tem de se reportar à prevista no mapa a que se refere o art. 9.° da Portaria n.° 94/96, de 26 de Março, não despenaliza as condutas consumir, adquirir e deter para consumo estupefacientes e substâncias psicotrópicas, mas antes mantém-as proibidas como ilícito de mera ordenação social (contra-ordenação, nos termos do n.° 1 do art. 2.°), cuja execução é da competência do Governador Civil.

O instituto de arguido (p. no art. 57.° e ss. do CPP) desaparece e passamos a ter o instituto do *indiciado* – indivíduo surpreendido a consumir, a adquirir ou a deter para consumo estupefacientes ou substâncias psicotrópicas constantes das tabelas I a IV em anexo ao DL n.° 15/93, cuja quantidade não ultrapasse *a necessária para o consumo médio de 10 dias*.

A alteração do enquadramento legal das condutas consumir, adquirir e deter para consumo impõe, consequentemente, uma mudança dos procedimentos de actuação das Autoridades Policiais[278]. O legislador criou um regime específico que estipula a aplicação subsidiária (art. 26.° da Lei n.° 30/2000) do Regime Geral das Contra-Ordenações,

---

[277] Sobre o sentido da descriminalização, o nosso estudo "A descriminalização do consumo de drogas: a nova via", *in Policia Portuguesa*, n.° 127, Jan/Fev de 2001, pp. 12 e ss..

[278] Não podemos confundir com *autoridade de policia criminal*, prevista na al. *d)* do n.° 1 do art. 1.° do CPP, apesar de terem "direitos e deveres equivalentes aos que têm em matéria criminal" (art. 48.°, n.° 2 do RGCO).

aprovado pelo DL n.º 433/82, de 27 de Outubro, alterado pelos Decretos-Lei n.º 356/89, de 17 de Outubro, e n.º 244/95, de 14 de Setembro, que, também, consagra a aplicação subsidiária do CPP sempre que da sua aplicação não resulte o contrário" (n.º 1 do art. 41.º).

§ 26.º A prevenção

A actuação das entidades públicas e privadas que lidam com o fenómeno da droga devem reger-se por parâmetros de intervenção preventiva e activa. A prevenção[279], que foi erigida como princípio estruturante da Estratégia Nacional de Luta Contra a Droga, deverá, essencialmente[280], ser de patamar *primário*, cuja promoção de projectos deve procurar:

– Mobilizar *os jovens, os pais, as escolas, as instituições da sociedade civil e os profissionais da comunicação social;*

---

[279] A prevenção adoptada pelas ciências sociais e psicológicas seguiu o modelo de saúde pública, sendo que, para NOULIS, a prevenção primária se defende com a "«educação sanitária» (...) atribuída aos professores a responsabilidade de assegurar a transmissão de conhecimentos, preceitos de higiene e regras de conduta", para CAPLAN, a prevenção secundária se basearia num diagnóstico precoce seguido de um tratamento adequado à patologia e imediato, e que a prevenção terciária se fundaria num "conjunto de acções destinadas a reduzir a «teoria de defeito residual, a capacidade diminuída no sentido de contribuir para a vida profissional e social da comunidade (...) depois da perturbação mental ter terminado»". Para CORVEN, "a acção preventiva só faria sentido se ocorresse «por tempo» depois da manifestação de uma condição negativa". Para LASCOURNES existem dois tipos distintos de prevenção. Um dirigido aos «jovens ainda não marcados pela delinquência» e um outro designado por «grande prevenção», dirigir-se-ia a «grupos mais marginalizados», enquanto que para CATALÃO e DOOLEY, existem dois tipos de prevenção primária: «prevenção primária proactiva» que visa evitar "a ocorrência de factores de risco"; e «prevenção primária reactiva» que define "um tipo de intervenção que procure melhorar as «respostas» do indivíduo após a exposição deste a situações geradores de stress" [ALZIRA CONDE RIBEIRO NOVO, *A toxicodependência na escola*, Paulinas, Lisboa/S. Paulo, 2001, p. 25 e ss.]. Cfr. *supra* § 18.º O princípio da prevenção.

[280] Afirmamos "essencialmente" porque é no primeiro patamar que se pode alcançar grandes e fortes objectivos.

98 Consumo de Drogas

- Promover *mensagens e acções com base na identificação de factores de risco, de factores protectores e das características específicas dos grupos destinatários;*
- Garantir *a continuidade das* próprias *intervenções preventivas;*
- Inserir *uma informação rigorosa sobre a perigosidade dos diferentes tipos de drogas lícitas e ilícitas;*
- Incluir *as novas drogas sintéticas;e*
- Conferir *prioridade às acções dirigidas ao fim da infância e início da adolescência, bem como a populações com comportamentos de risco*[281].

A intervenção das autoridades policiais terá por base uma actuação incrementada por princípios inerentes a uma política de *proximidade*[282].

Todavia e sendo a prevenção "um compromisso e uma tarefa de todos os organismos existentes"[283], a intervenção das autoridades policiais não poderá menosprezar o seu papel de actor principal da sociedade, que lhe impõe que actue nos sectores da **prevenção secundária**, incentivando os consumidores a frequentarem consultas e a efectuarem tratamento[284], e da **prevenção terciária**, ao ajudarem e darem infor-

---

[281] Cfr. o n.° 3 do ponto 10 da *Resolução do Conselho de Ministros* n.° *46/99 de 26 de Maio,* que aprovou a *Estratégia Nacional de Luta Contra a Droga.*

[282] Cfr. *os 30 objectivos da luta contra a droga e a toxicodependência no horizonte 2004,* aprovados pela RCM n.° 30/2001, de 13 Março, *in DR,* I Série-B, p. 1420, Col. 2, e o *Plano de Acção Nacional de Luta Contra a Droga e a Toxicodependência – Horizonte 2004,* aprovado pela RCM n.° 39/2001, de 9 de Abril, *in DR,* I Série-B, p. 2086, Col. 1. Quanto às vantagens e desvantagens do policiamento de proximidade, DIEGO TORRENTE ROBLES, *La Sociedad Policial,* CIS, Universitat Barcelona, 1997, pp. 24 a 26; EDGARD ROTMAM, "Conceito de prevenção do crime", *in RPCC,* Ano 8, Fasc. 3.°, Julho – Setembro, 1998, pp. 343 e ss. –; PIERRE-HENRI BOLLE, "A polícia de Proximidade: Noção, Instituição, Acção", *in RPCC,* Ano 8 Fasc. 3.°, Jul-Set, 1998, pp. 409 e ss..

[283] Cfr. RCM n.° 39/2001, de 9 de Abril, *in DR,* I Série-B, p. 2085, Col. 2.

[284] O Comandante de Esquadra, de posto ou de um grupo operacional pode e deve aconselhar os jovens consumidores a frequentarem uma consulta e a fazerem o tratamento, procurando que tentassem e não ficassem na dúvida de se conseguiam ou não ultrapassar o problema em que estavam envolvidos. Neste patamar podemos afirmar que entidades como a Segurança Social e a Polícia poderão ter um papel fulcral.

O *Novo Regime Legal* 99

mações correctas no que concerne à reintegração do consumidor no seio familiar e comunitário a que pertence ou noutro[285].

A reinserção social do toxicodependente é a pedra marcante do novo regime legal do consumo de droga[286], cujo teor se centra na ideia fulcral de que "o toxicodependente é, fundamentalmente, encarado como um doente susceptível de tratamento e reabilitação"[287], o que impõe às autoridades policiais uma intervenção para além da prevenção primária, obrigando-as a ter um comportamento profissional que faça sentir aos actores sociais a sua extrema importância no novo quadro legal e na nova via de intervenção.

§ 27.° A actuação policial

I. As autoridades policiais[288] deverão ter um desempenho eficaz das suas funções de prevenção, consagradas pelo art. 272.° da CRP, defendendo a legalidade democrática (evitando a existência de Contra-Ordenações), garantindo a segurança interna (procurando promover que em todos os locais haja liberdade de circulação e de participação activa dos cidadãos, que os crimes contra o património – consequência

---

[285] As autoridades policiais são dos actores sociais que detêm das melhores informações que permitem um melhor conhecimento do meio onde vive o toxicodependente, logo não terá qualquer sucesso a reintegração de um ex-consumidor de drogas no seio familiar onde se preparam e se traficam as drogas ou no seio comunitário onde a maior parte das pessoas consomem drogas. Este papel fundamental foi reconhecido no âmbito da LTE (aprovada pela Lei n.° 166/99) ao impôr às autoridades policiais a obrigatoriedade de elaborarem uma informação sobre a conduta anterior do menor e a sua situação familiar, educativa e social, *ex vi* n.° 2 do art. 72 da LTE.

[286] O DL n.° 15/93, de 22 de Janeiro, teleologicamente considerava que o toxicodependente devia "ser encarado, em primeira linha, como alguém que necessita de assistência médica e que tudo deve ser feito para o tratar, "apesar de se considerar "censurável socialmente o consumo de estupefacientes e de substâncias psicotrópicas". Cfr. preâmbulo *apud* F. GONÇALVES, M. J. ALVES E M. M. G. VALENTE, *O Novo Regime Jurídico*..., p. 187.

[287] RCM n.° 39/2001, de 9 de Abril, *in DR*, I Série-B, p. 2092, Col. 2.

[288] Sobre a actuação policial, o nosso estudo *Toxicodependência – Adenda*, MAI, 2001.

directa do consumo de drogas – diminuam) e garantindo os direitos dos cidadãos sem qualquer discriminação[289].

No âmbito da prevenção, a Polícia exercerá uma *função de vigilância* que procura evitar que se infrinjam as normas e actos das autoridades, cujas infracções podem pôr em causa a legalidade democrática, a segurança em sentido amplo[290] e o pleno exercício dos direitos aos cidadãos. À polícia compete, também, uma *função de prevenção em sentido estrito* que se traduz "na adopção de medidas adequadas" para ilícitos de mera ordenação social, medidas essas que visam a protecção da saúde pública, a vigilância de locais onde os indiciados procuram adquirir e consumir a droga, sem que se restrinja ou limite o exercício dos direitos, liberdades e garantias do cidadão[291], de modo que se promova e execute uma prevenção secundária e terciária e de combate eficaz ao tráfico de droga.

A descriminalização do consumo de droga não pode, agora, funcionar como o bode expiatório da não intervenção das autoridades policiais quando vêem um cidadão a consumir ou a preparar-se para consumir ou a adquirir e transportar as substâncias psicotrópicas ou estupefacientes compreendidos nas tabelas I a IV para consumo, descurando-se a prossecução das funções de prevenção através da *vigilância* e da *prevenção em sentido estrito*.

II. À Polícia caberá, desta feita, um papel de actuação imediata e directa no terreno (Rua), onde presenciarão a infracção e à qual deverão pôr termo, caso a sua actuação não ponha em causa a saúde ou a própria vida do consumidor.

Existirá, inevitavelmente, um conflito de direitos e deveres, sendo que o agente de autoridade caso intercepte um indivíduo *A* a injectar-se, jamais deverá retirar ou ordenar a *A* que retire a seringa, uma vez

---

[289] Cfr. art. 13.º da CRP. e *in fine* do n.º 1 do art. 272.º da CRP.

[290] Entende-se por *segurança em sentido amplo* tudo o que está de acordo com o funcionamento normalizado das instituições democráticas e o exercício pleno e inatingível dos direitos, liberdades e garantias de todos cidadãos, sem qualquer excepção.

[291] GOMES CANOTILHO e VITAL MOREIRA, *Constituição da República Portuguesa Anotada*, 3.ª Ed., Coimbra Editora, 1993, pp. 956/957.

que essa actuação poderá pôr em risco a vida do consumidor, podendo esse acto conduzi-lo à sua própria morte. A obtenção da prova cede ao valor fundamental vida, cujo conteúdo e alcance jamais poderá ser materialmente posto em causa face a outros valores, tais como, o valor da verdade material que cede e estagna frente à dignidade da pessoa humana e ao valor fundamental vida.

Contudo, a não interrupção do acto de injectar não é razão para que não se levante o auto de ocorrência e se efectue a apreensão da seringa, que, certamente, terá resíduos da substância injectada, caso o agente policial tenha necessidade de provar que *A* consumiu drogas ou caso este não assuma a sua situação ou não tenha qualquer substância que o possa indiciar como consumidor de estupefacientes e de substâncias psicotrópicas constantes nas tabelas I a IV anexas ao DL n.º 15/93, de 22 de Janeiro.

CAPÍTULO VII
Dos Direitos do Indiciado

§ 28.º Direitos pessoais

O estatuto de *indiciado*[292] não descarna o toxicodependente de **direitos pessoais** que estão consignados na CRP, como o direito à inviolabilidade da *integridade física e moral* (n.º 1 do art. 25.º), o direito «à identidade pessoal, ao desenvolvimento da personalidade, à capacidade civil, à cidadania, ao bom nome e reputação, à imagem, à palavra, à reserva da intimidade da vida privada e familiar e à protecção legal contra quaisquer formas de discriminação» (n.º 1 do art. 26.º)[293], e processuais consignados no RGCO *ex vi* art. 26.º da Lei n.º 30/2000 e no DL n.º 130-A/2001 e no CPP *ex vi* art. 41.º do RGCO.

Direitos estes que detêm não apenas uma tutela jurídica civil (artigos 70.º, 71.º, 72.º, 75.º, 76.º, 79.º e 80.º do C. Civil), mas também uma tutela jurídico-penal (artigos 180.º, 181.º, 183.º, 192.º, e 193.º do C. Penal).

O legislador visou criar no *indiciado* um sentimento de responsabilidade e de aceitação da intervenção do direito através da CDT competente como meio e caminho para a sua futura reinserção social alcançada com o tratamento mais adequado possível à teleologia da intervenção estadual. Ao descriminalizar-se as condutas do consumo, da aquisição e da posse para consumo com fundamento de retirar o cunho degradante de um julgamento público, evitando-se a sua estigmatização e

---

[292] Cfr. o conceito *supra* § 25.º Descriminalização e não despenalização, do Capítulo V.

[293] Deve, porém, a lei estabelecer garantias efectivas contra a utilização abusiva ou contrária à dignidade humana de informações relativas às pessoas e famílias (n.º 2 do art. 26.º da CRP) para que se garanta a dignidade pessoal e a identidade genética do ser humano, nomeadamente na criação, desenvolvimento e utilização das tecnologias e na experimentação científica (n.º 3 do art. 26.º da CRP).

104 *Consumo de Drogas*

proscrição do indivíduo, não poderia o legislador consagrar como regra a publicidade do processo contra-ordenacional[294-295].

---

[294] Os defensores da implementação do princípio da oportunidade, apesar de considerarem a audiência de julgamento um acto solene, também a caracterizam como uma fase de possível degradação e estigmatização do arguido, apesar do seu carácter solene e de poder ser um dos momentos mais importantes para a defesa e reposição da imagem e da honra do arguido. Sobre o princípio da oportunidade, os nossos *Processo Penal* – Tomo I, pp. 200-213 e *Lei e Crime, o agente infiltrado versus o agente provocador, os princípios do processo penal*, (em co-autoria com FERNANDO GONÇALVES e MANUEL J. ALVES) Almedina, 2001, pp. 164 e ss., ANABELA MIRANDA RODRIGUES, *Código de Processo Penal – Processo Legislativo – Actas,* Assembleia da República, Lisboa, Vol. II – Tomo II, p. 74; J. N. CUNHA RODRIGUES, *Em Nome do Povo*, Coimbra Editora, 1999, pp. 164/165; Lei da Revisão Constitucional n.º 1/97, de 20 de Setembro; ALEXANDRE SOUSA PINTO e MÁRIO JOÃO de BRITO FERNANDES, *Comentário à IV Revisão Constitucional*, AAFDL, 1999, p. 481; FIGUEIREDO DIAS, *Direito Processual Penal*, (lições coligidas por MARIA JOÃO ANTUNES), Coimbra, 1988-9, p. 93; FERNANDO JOSÉ dos SANTOS PINTO TORRÃO, *A Relevância Politico-Criminal da Suspensão Provisória do Processo*, Almedina, Coimbra, 2000, pp. 125 c 126; GERMANO MARQUES da SILVA, *Op. Cit.*, Vol. I, p. 44; TERESA PIZARRO BELEZA, *Actas do Código de Processo Penal*, Assembleia da República – Divisão de Edições, Lisboa, 1999, Vol. II – Tomo II, p. 53; CARLOS ADÉRITO TEIXEIRA, *Princípio da Oportunidade, Manifestações em Sede Processual Penal e sua Conformação Jurídico-Constitucional*, Almedina, Coimbra, 2000; MANUEL da COSTA ANDRADE, *Actas do Código de Processo Penal*, Assembleia da República – Divisão de Edições, Lisboa, 1999, Vol. II – Tomo II, p. 46. ANABELA MIRANDA RODRIGUES, *Novo Olhar Sobre a Questão Penitenciária – Estatuto Jurídico do recluso e Ressocialização, Jurisdicionalização, Consensualismo e Prisão*, Coimbra Editora, 2000. Sobre o princípio do consenso e da ilustre Professora, *"Os processos Sumário e Sumaríssimo ou a Celeridade e o Consenso no Código de Processo Penal"*, in *RPCC*, Ano 6, 1996, pp. 525 e ss.; MANUEL da COSTA ANDRADE, *"Consenso e Oportunidade"*, in *Jornadas de Direito Processual Penal – O Novo Código de Processo Penal*, CEJ, Almedina, Coimbra, 1995, pp. 326/327; MANUEL da COSTA ANDRADE, *Actas do Código de Processo Penal*, Assembleia da República – Divisão de Edições, Lisboa, 1999, Vol. II – Tomo II, p. 44; GERMANO MARQUES da SILVA, *Curso de Processo Penal*, 4.ª Edição, 2000, Vol. I, p. 73, nota 4; VITAL MOREIRA, na declaração de voto no Ac. do TC n.º 7/87, afirmava que "à face da CRP, o M. P. não dispõe do direito de acusar ou não acusar, competindo-lhe exercer a acção penal, que é uma tarefa do Estado, que o M P deve desempenhar de acordo com critérios de igualdade"; KARL ENGISH, *Pensamento Jurídico*, Fundação Calouste Gulbenkian, p. 220; ANTÓNIO BRAZ TEIXEIRA, *Sentido e Valor do Direito*, INCM, 2.ª Ed., p. 239; o nosso estudo *"Investigação Criminal como Motor de*

§ 29.º Direito a defensor

O *indiciado* como o arguido no processo criminal, tem **direito a defensor**, que pode ser constituído pelo próprio ou pelo seu representante legal ou nomeado quer a requerimento daqueles quer oficiosamente [n.º 1 do art. 13.º do DL n.º 130-A/2001] que poderá acompanhar não só a audição do indiciado, como o desenrolar do processo contra-ordenacional, de forma a poder interrogar o *indiciado* acerca dos factos descritos no auto de ocorrência e da sua personalidade e condições de vida, conforme estipula o n.º 2 do art. 20.º do DL n.º 130-A/2001, para que possa formular uma defesa capaz à reinserção do toxicodependente[296], conforme estipula o n.º 2 do art. 24.º do DL n.º 130-A/2001.

O direito a defensor decorre do consagrado pelo n.º 10 do art. 32.º da CRP, que impõe a aplicação dos mesmos direitos de defesa ao arguido no processo contra-ordenacional. No caso em análise, ao indiciado devem ser aferidos os mesmos direitos que ao arguido no processo contra-ordenacional.

§ 30.º Direito a audição e defesa

Ao *indiciado* não é permitida a aplicação de uma coima ou sanção alternativa sem que antes lhe seja assegurada a possibilidade de, em um

---

Arranque do Processo Penal", in *Polícia Portuguesa*, Ano LXIII, II Série, n.º 123, Março/Abril 2000, pp. 2 e ss..

[295] Quanto à problemática da publicidade da matéria de facto e dos actos processuais, o nosso estudo "A Publicidade da Matéria de Facto", *in Direito e Justiça*, Revista da Faculdade de Direito da Universidade Católica Portuguesa, Vol. XV, 2001, Tomo 1, pp. 207 e ss..

[296] O defensor é uma peça fundamental no processo de reinserção do indiciado no sentido de que, sendo uma pessoa de sua confiança, quase como seu confessor, poderá encaminhá-lo para uma nova vida que começará com as consultas e tratamentos e futura reintegração social. Reiteramos a posição que adoptamos quanto ao papel fundamental que ao defensor deve ser aferido ao longo do processo (seja criminal, seja contra-ordenacional), nos nossos *Processo Penal* – Tomo I, pp. 134-139 e *Lei e Crime...*, pp. 107 e ss..

prazo razoável, se pronunciar sobre a respectiva sanção pecuniária ou alternativa, nos termos do art. 50.º do RGCO, *mutatis mutandis*, *ex vi* art. 26.º da Lei n.º 30/2000. Se o consumo de substâncias proibidas constitui contra-ordenação (n.º 1 do art. 2.º da Lei n.º 30/2000), o processo ter-lhe-á de facultar a sua **audição e defesa** para apresentar as suas alegações quanto à ocorrência, ao sentido da decisão e à medida a aplicar ao caso concreto, conforme n.º 1 do art. 24.º do DL n.º 130-A/2001.

A audição do indiciado, sendo para si um direito inalienável e constitucionalmente consagrado[297], cuja não realização constitui nulidade insanável por força da al. *c*) do art. 119.º e do art. 122.º do CPP, preceitos aplicados subsidiariamente por força do art. 41.º do RGCO que também se aplica subsidiariamente por força do art. 26.º da Lei n.º 30/2000, é um dever processual para a *CDT* territorialmente competente como se depreende dos artigos 13.º, 14.º e 24.º do DL n.º 130-A/2001 e 10.º e 15.º da Lei n.º 30/2000 e do art. 50.º do RGCO.

§ 31.º Direito à celeridade processual

O **direito à celeridade** processual[298] está vincado no espírito do novo quadro legal e constitui inevitavelmente um direito indissociável do *indiciado* no processo por consumo de droga. Desde a elaboração do auto de ocorrência até à audição e tomada de decisão os prazos estipulados demonstram a preocupação de promover um processo célere, mas que garanta indubitavelmente os direitos e garantias e liberdades do indiciado[299], sendo que às autoridades policiais, como é seu apanágio, incumbe uma rápida promoção procedimental célere, pendendo o mesmo espírito sobre as equipas de apoio técnico e sobre a CDT.

---

[297] O n.º 10 do art. 32.º da CRP estipula que «nos processos de contra-ordenação, bem como em quaisquer processos sancionatórios, são assegurados ao arguido os direitos de audiência e defesa».

[298] A celebridade processual, como valor, como direito, é também um princípio corolário do princípio da presunção de inocência. Quanto a este assunto os nossos *Processo Penal* – Tomo I, pp. 159-160 e *Lei e Crime* ..., Almedina, 2001, pp. 129 e ss., A. M. RODRIGUES, *Processo Legislativo, Actas, Assembleia da República, Lisboa*, Vol. II – Tomo II, p. 74 e *in fine* n.º 2 do art. 32.º da CRP..

[299] Cfr. artigos 9.º, 10.º, 11.º, 12.º, 13.º, 14.º, 24.º do DL n.º 130-A/2001.

Dos Direitos do Indiciado 107

A celeridade processual, que é um direito do indiciado, é consequentemente um dever para a máquina administrativa, desde as forças e serviços de segurança até às CDT, espírito que o legislador impôs ao prescrever que em qualquer fase processual os serviços competentes devem utilizar os meios informáticos ou outros meios, que facilitem a celeridade processual, *ex vi* art. 8.º do DL n.º 130-A/2001. Quanto ao horário de funcionamento, o legislador preocupou-se em vincar a importância da celeridade processual ao estipular na al. *b*) do n.º 2 do art. 33.º do DL n.º 130-A/2001 que a CDT "deve adaptar o seu horário à exigência da celeridade na apreciação dos casos que lhe sejam submetidos".

O princípio da celeridade processual está bem patente no n.º 4 do art. 14.º do DL n.º 130-A/2001 – a CDT territorialmente incompetente deve comunicar a CDT competente «pela via mais célebre, designadamente por telefone» para marcar a data de audição do indiciado – e no n.º 5 do art. 14.º do mesmo diploma – o auto de ocorrência e todos os restantes elementos processuais «podem ser enviados por telecópia ou confirmados por via telefónica». A celeridade processual é um direito do indiciado materializado nos deveres de actuação célere dos actores Polícia e CDT.

§ 32.º Direito a decisão fundamentada

A decisão da CDT deve ser **fundamentada**, devendo determinar a medida a aplicar que deve resultar de uma ponderação de todos os elementos previstos no art. 15.º, n.º 4 da Lei n.º 30/2000, tendo principal incidência sobre a personalidade e a culpa do indiciado, devendo ainda a decisão especificar as razões que conduziram à condenação, bem como a escolha da medida a aplicar, nos termos preceituados do art. 27.º do DL n.º 130-A/2001.

A fundamentação[300], como dever da actuação da CDT, surge como direito do *indiciado* no sentido de poder fiscalizar a decisão e

---

[300] A fundamentação, como se depreende do n.º 3 do art. 27.º do DL n.º 130--A/2001, apesar de não estar expresso, deve incidir sobre as razões de facto e as razões de direito. Aplicando-se o RGCO, cuja fundamentação da decisão se encontra

108   *Consumo de Drogas*

orientar o recurso para a instância judicial competente. Na prossecução de uma administração transparente e vinculada à lei, a fundamentação é um corolário do princípio da transparência da actuação do Estado. Acresce referir que a não fundamentação da decisão gera uma nulidade sanável por aplicação subsidiária do art. 374.°, n.° 2 por remissão do art. 379.°, al. *a*) do CPP *ex vi* do art. 41.° do RGCO *ex vi* do art. 28.° da Lei n.° 30/2000[301].

Como decidira o STA, "O Dever de fundamentar obriga a que o órgão competente pondere a sua decisão e funcione não só como garantia de legalidade da actividade da Administração, mas também como meio de defesa dos direitos dos Administrados"[302]. A fundamentação da decisão permite não só o controlo da legalidade da mesma, como também vale para "convencer os interessados e os cidadãos em geral acerca da sua correcção e justiça", e, ainda, apresenta-se como um "importante meio para obrigar a autoridade decidente a ponderar os motivos de facto e de direito da sua decisão, actuando por isso como meio de autocontrolo"[303].

---

prescrita na al. *c*) do n.° 1 do art. 58.°, *ex vi* art. 26.° da Lei n.° 30/2000 e do art. 43.° do DL n.° 130-A/2001, que, por sua vez, determina a aplicação subsidiária do processo penal, *ex vi* do art. 41.° do RGCO. Como o CPP prescreve expressamente a fundamentação de facto e de direito, deve-se, *mutatis mutandis*, aplicar subsidiariamente o prescrito pelo n.° 4 do art. 97.° do CPP, ao determinar que "os actos decisivos são sempre fundamentados, devendo ser especificados os motivos de facto e de direito da decisão". Para evitar que as decisões fossem tomadas com violação dos preceitos legais, o legislador impôs que um dos membros da CDT terá de ser jurista, conforme n.° 2 do art. 7.° da Lei n.° 30/2000.

[301] Neste sentido o Ac. do STJ de 6 de Maio de 1992, publicado no DR, I-A, de 6 de Agosto de 1992, que fixou jurisprudência obrigatória de nulidade prevista na al. *a*) do art. 379.° do CPP não ser insanável. Cfr. MANUEL S. SANTOS, MANUEL LEAL-HENRIQUES e DAVID BORGES DE PINHO, *Código de Processo Penal Anotado,* Rei dos Livros, Lisboa, 1996, 2.° Vol., pp. 393-394, 398, 400, 427-429.

[302] Cfr. AC. STA de Maio de 1983 *apud* nosso estudo *Da Publicação da Matéria de Facto...*, p. 46, nota 76. Neste sentido GERMANO MARQUES DA SILVA, *Curso de Processo Penal*, 2.ª Ed., Verbo, Vol. III, p. 294.

[303] GERMANO MARQUES DA SILVA, *Curso de Processo Penal*, 1.ª Ed., Verbo, Vol. III, p. 290.

§ 33.° Direito de recurso

Ao *indiciado* assiste o direito de **recurso** das decisões que a CDT competente tomar para o *tribunal com jurisdição na sede da comissão recorrida* (art. 8.° n.° 2 da Lei n.° 30/2000), *nos termos prescritos no regime geral do ilícito de mera ordenação social* (art. 31.° do DL n.° 130-A/2001) – Tribunal da Comarca –, que se encontra e se aplica, *mutatis mutandis*, conforme o previsto nos artigos 59.° a 75.° do RGCO.

O direito de recurso é, também, uma garantia de defesa do indiciado que se encontra consagrado no n.° 1 do art. 32.° da CRP, e a materialização do direito de acesso ao direito e do direito à tutela jurisprudencial efectiva dos direitos e interesses legalmente protegidos – art. 20.° e n.° 4 do art. 268.° da CRP.

§ 34.° Direito a tratamento

O *indiciado* tem, também, o direito a **tratamento** público e/ou privado, sendo que a opção por este caminho determina legalmente a suspensão não só do processo e da decisão (artigos 11.°, 13.° e 14.° da Lei n.° 30/2000 e art. 21.° do DL n.° 130-A/2001), como da própria execução da sanção (artigos 19.° e 20.° da Lei n.° 30/2000 e do art. 22.° do DL n.° 130-A/2001).

O tratamento deve ser dirigido para a sua reintegração social e deve, essencialmente, respeitar a dignidade da pessoa humana, como um sujeito e nunca como um objecto experimental de terapias inovadoras.

O direito ao tratamento é uma manifestação pura do *princípio humanista,* que fundamentou a descriminalização do consumo da droga, assim como do princípio da prevenção. Sendo o toxicodependente um 'doente', não faria qualquer sentido que o tratamento e/ou a cura da doença não fosse um direito daquele e uma tarefa do Estado e da própria sociedade[304]. Direito que se concretiza na sua vertente positiva[305],

---

[304] Cumpre-se o Consagrado pelo art. 64.° (saúde) da CRP.

[305] Quanto às vertentes positiva e negativa dos direitos económicos, sociais e culturais, GOMES CANOTILHO e V. MOREIRA, *Constituição da República...*, p. 342.

por o Estado ter tomado medidas e prestações para prevenir esta doença e tratá-la, permitindo ao 'doente' que opte pelo serviço público ou privado de saúde.

O direito ao tratamento sobrepõe-se à aplicação de qualquer sanção, como depreendemos dos artigos 11.°, 13.°, 14.°, 19.° e 20.° da Lei n.° 30/2000 e art. 21.° do DL n.° 130-A/2001, mas reforça-se por o legislador ter estipulado que ao consumidor que solicite espontaneamente a «assistência dos serviços de saúde públicos ou privados», não se aplica o disposto na Lei n.° 30/2000, aplicando o mesmo procedimento se o médico do consumidor o indicar para tratamento aos serviços de saúde públicos e privados, conforme n.os 1 e 2 do art. 3.° da Lei n.° 30/2000.

§ 35.° Direito a contactar pessoa de sua confiança

Ao ser conduzido ao posto policial, o *indiciado* está sob detenção para identificação[306] nos termos da al. *g)* do n.° 3 do art. 27.° da CRP. Estando coarctado na sua liberdade, o indiciado pode, na nossa opinião e sem qualquer rodeio ou pudor, **contactar pessoa** de sua confiança e ser assistido por defensor, que lhe possa levar os documentos ou o possa identificar.

Aplica-se, *mutatis mutandis*, o n.° 9 do art. 250.° do CPP, por aplicação subsidiária, que estipula que "será sempre facultada ao identificando a possibilidade de contactar com pessoa de sua confiança.

Quando a polícia tem necessidade de proceder à revista para a detecção e apreensão de elementos de prova da contra-ordenação, assiste ao *indiciado* o direito de contactar pessoa de sua confiança para presenciar à diligência, *ex vi* do art. 175.° n.° 1 do CPP, *ex vi* art. 41.°do RGCO *ex vi* art. 26.° da Lei n.° 30/2000

§ 36.° Direito a não publicidade da audição

O novo regime legal do consumo de drogas consagra a **não publicidade da audição** do indiciado, *ex vi* do n.° 6 do art. 13.° do

---

[306] Cfr. *infra* § 40.° Da identificação e do domicílio.

Dos Direitos do Indiciado 111

DL n.º 130-A/2001. O princípio da não publicidade da audição poderá ser afastado desde que o *indiciado* não se oponha e desde que esteja salvaguardada a sua dignidade, sendo o respeito desta a essência e a razão da exclusão de audição pública. A solenidade do julgamento dá lugar à simplicidade e à reserva da vida do indiciado, permitindo um tempo e um espaço de reflexão para uma possível consciencialização da situação factual de modo a abrir as portas do tratamento. Afasta-se, como princípio, o olhar pesado e de censura do público sobre o consumidor de drogas.

A não publicidade da audição evita a estigmatização do consumidor de estupefacientes ou substâncias psicotrópicas, impedindo-se que tenham acesso ao procedimento pessoas estranhas ao processo e que não tenham qualquer interesse no desenrolar do mesmo. Contudo, o legislador estabeleceu a possibilidade daquele dispor desse mesmo direito caso abdique dele ao permitir que o presidente da CDT autorize a assistência de público.

§ 37.º Direito de informação e acesso aos dados do registo central

O **direito de informação e acesso** aos dados do registo central, que pode ser exercido pelos respectivos titulares ou pelos seus representantes legais, e que deve ser assegurado pelo director de Departamento de Apoio ao processamento de Contra-Ordenações do IPDT, responsável pelo tratamento de dados (art. 7.º, n.º 1 da Portaria n.º 604/2001), está previsto no art. 8.º da Portaria n.º 604/2001, de 12 de Junho, que aprova o Regulamento do Registo Central dos Processos de Contra-Ordenação, *ex vi* n.º 3 do art. 7.º da Lei n.º 30/2000.

Ao *indiciado* ou ao seu representante legal assiste, também, o direito de *informação* e de *acesso* ao andamento do processo contra-ordenacional individual, direito consagrado constitucionalmente no n.º 2 do art. 268.º da CRP, que se encontra também previsto no art. 61.º e ss. do CPΛ.

O mesmo direito impõe que a informação desejada seja requerida e que o requerente tenha interesse directo no procedimento, podendo o mesmo ser exercido em qualquer fase do procedimento[307]. Como direito do indiciado constitui um dever da CDT de prestar a informação requerida e de permitir o acesso ao procedimento.

§ 38.º Direito ao Sigilo

O legislador prescreveu a não publicidade da audição do indiciado – n.º 6 do art.13.º do DL n.º 130-A/2001[308] – e, simultaneamente, determinou que a decisão da CDT, fosse absolutória ou condenatória, apenas seria comunicada ao *indiciado* e ao registo central – artigos 28.º e 29.º do DL n.º 130-A/2001 –, afastando qualquer possibilidade de publicação.

Tendo em conta que a imagem, a reserva da intimidade da vida privada e a honra – bom nome e reputação – do *indiciado* poderiam ser afectadas com a publicação ou comunicação de dados pessoais, o legislador, seguindo o consagrado no n.º 2 do art. 26.º da CRP[309], determinou que os membros da CDT estão «sujeitos ao dever de sigilo» – n.º 4 do art. 7.º da Lei n.º 30/2000 – e «os médicos, técnicos e restante pessoal de saúde que assistem o consumidor **estão sujeitos** ao dever de segredo profissional», isentando-os de qualquer responsabilidade caso se recusem a «depor em inquérito ou processo judicial ou a prestar informação sobre a natureza e evolução do processo terapêutico ou sobre a identidade do consumidor» – n.º 3 do art. 3.º da Lei n.º 30/2000.

O dever de sigilo e de segredo profissional[310] imposto àqueles que contactam com o consumidor apresenta-se como uma verdadeira garantia reforçada de direitos fundamentais consagrados no art. 26.º da CRP, corolários do respeito pela dignidade da pessoa humana, e como um verdadeiro direito do *indiciado*.

---

[307] DIOGO FREITAS do AMARAL *et alia*, *Código de Procedimento Administrativo Anotado*, 3.ª Edição, Almedina, Coimbra, 1999, p.126.

[308] Cfr. *supra* § 36.º O Direito a mão publicidade da audição.

[309] Que prescreve «A lei estabelecerá garantias efectivas contra a utilização abusiva, ou contrária à dignidade humana, de informações relativas às pessoas e famílias».

[310] Quando a este assunto *infra* § 63.º ponto β. Do dever de sigilo ou de segredo profissional das CDT do Capítulo XIII.

CAPÍTULO VIII
Dos procedimentos

§ 39.º Do auto de ocorrência ou auto de notícia

I. Sempre que um indivíduo seja surpreendido com a quantidade necessária para o consumo médio individual para um período de 10 dias[311], as autoridades policiais elaborarão o *Auto de Ocorrência,* mais conhecido por Auto de Notícia por Contra-Ordenação[312]. Este *Auto de Ocorrência* é obrigatório sempre que se verifique um evento ou circunstância susceptível de implicar responsabilidade por contra--ordenação[313], devendo do mesmo constar a identidade e o domicílio do indiciado, a descrição das circunstâncias factuais da ocorrência, se houve ou não revista, se foi ou não preciso conduzir à Esquadra, e o auto de Apreensão do estupefaciente ou da substância psicotrópica.

O *indiciado*, após as diligências necessárias para a elaboração do auto da ocorrência, é imediatamente colocado em liberdade, devendo do expediente constar a hora a que o indiciado entrou e saiu do posto policial[314].

O expediente será enviado para a *Comissão para a Dissuasão da Toxicodependência (CDT)* territorialmente competente e *pelo meio mais*

---

[311] Quanto à dose diária, mapa a que se refere o art. 9.º da Portaria n.º 94 /96, de 26 de Março.

[312] Cfr. n.º 1 do art. 4.º da Lei n.º 30/2000, de 29 de Novembro, e n.º 1 do art. 9.º do DL n.º 130-A/2001, de 23 de Abril.

[313] O art. 48.º, n.º 1 do DL n.º 433/82, consagra para o processo contra--ordenacional estipulação idêntica à consagrada no art. 242.º, n.º 1, al. *a)* do CPP, para o processo criminal. O auto deverá conter todos os requisitos dos artigos 99.º, 100.º, *mutatis mutandis*, do CPP.

[314] Cfr. art. 250.º do CPP e art. 27.º, n.º 3, al. *g)* da CRP.

célere, num prazo máximo de 36 horas após a ocorrência[315], que tem competência para o processamento das contra-ordenações e aplicação das respectivas sanções[316] e que se encontra sediada nas instalações do Governo Civil[317]. O envio do expediente permitirá que a *CDT* oiça o indiciado no prazo máximo de 72 duas horas[318] para que aquele se pronuncie "sobre a contra-ordenação que lhe é imputada e sobre a sanção ou sanções em que incorre" pela prática do consumo de estupefacientes[319].

II. A obrigatoriedade de respeitar os pressupostos e requisitos do n.º 1 do artigo 9.º do DL n.º 130-A/2001, de 23 de Abril[320], quanto aos autos de contra-ordenação por consumo, aquisição ou detenção para consumo[321], implica que daqueles devem constar todas as informações de que as autoridades policiais tenham conhecimento relativamente ao facto em si, à situação do consumidor, à natureza e circunstâncias

---

[315] Cfr. n.º 2 do art. 9.º do DL n.º 130-A/2001, de 23 de Abril.

[316] Cfr. n.º 1 do art. 5.º da Lei n.º 30/2000.

[317] Ao Governador Civil compete-lhe a execução das coimas e das sanções alternativas previstas nos artigos 16.º e 17.º da Lei 30/2000, de 29 de Novembro.

[318] Cfr. *in fine* do n.º 1 do art. 11.º do DL n.º 130-A/2001, de 23 de Abril.

[319] *Cfr.* art. 50.º do DL n.º 433/82, de 27 de Outubro, *ex vi* art. 26.º da Lei n.º 30/2000, de 29 de Novembro.

[320] Que são idênticos aos do art. 243.º do CPP.

[321] Devemos recorrer subsidiariamente aos preceitos reguladores da actuação policial do CPP, a mais que o art. 26.º da Lei n.º 30/2000 determina a aplicação subsidiária do regime geral das contra-ordenações na falta de disposição específica da Lei em causa, remetendo este regime para os *preceitos reguladores do processo criminal, devidamente adaptados*, quando este regime não estipular sobre a mesma matéria (art. 41.º do DL n.º 433/82, de 27 de Outubro). O art. 48.º deste diploma determina, também, que as autoridades policiais e fiscalizadoras devem *"tomar conta de todos os eventos ou circunstâncias susceptíveis de implicar responsabilidade por contra-ordenação e tomar as medidas necessárias para impedir o desaparecimento de provas"* (n.º 1), logo depreende-se deste preceito que as autoridades policiais devem proceder de acordo com os art. 248.º e ss. do CPP, devidamente adaptados, para evitar que as provas desapareçam. Além do mais, o n.º 2 daquele preceito estipula que *"as autoridades policiais têm direitos e deveres equiv*alentes *aos que têm em matéria criminal"*. Assim sendo, tudo devem fazer para que os meios de prova sejam assegurados, podendo *"praticar os actos cautelares necessários e urgentes"* para os assegurar (n.º 2 do art. 249.º do CPP).

Dos procedimentos 115

do consumo, local, dia, hora, às diligências efectuadas, aos meios de prova.

Tudo o que é do conhecimento das autoridades policiais deve ser descrito no auto de ocorrência, porque são dados fundamentais para que a *CDT,* na ponderação que terá de realizar aquando das aplicações das sanções, nos termos do n.º 4 do art. 15.º, possa "formular um juízo sobre se *aquele indivíduo* é toxicodependente ou não, quais as substâncias consumidas, em que circunstâncias estava a consumir quando foi interpelado *pelas autoridades policiais*, qual o local"[322], de forma que, na aplicação das sanções [coimas – art. 16.º da Lei n.º 30/2000; alternativas – art. 17.º e ss. da Lei n.º 30/2000], a CDT possa realizar uma ponderação concreta e efectiva quer da situação do consumidor, quer da natureza e das circunstâncias do consumo, tendo em conta os parâmetros balizadores do n.º 4 do art. 15.º da Lei n.º 30/2000[323].

III. O auto deverá ser assinado pelo autuante e do mesmo deve constar se o indiciado contactou ou não familiar seu ou se a autoridade policial lhe facultou e o mesmo recusou esse contacto[324]. Do mesmo auto deve constar se, caso o indiciado revele incapacidade, as autoridades policiais contactaram e localizaram o representante legal e lhe deram conhecimento da ocorrência e dos motivos da contra-ordenação

---

[322] Cfr. n.º 1 do art. 10.º da Lei n.º 30/2000, de 29 de Novembro. Itálico nosso.

[323] O n.º 4 do art. 15.º preceitua que:

"Na aplicação das sanções, a comissão terá em conta a situação do consumidor e a natureza e as circunstâncias do consumo, **ponderando**, designadamente:

a) A gravidade do acto;

b) A culpa do agente;

c) O tipo de plantas, substâncias ou preparados consumidos;

d) A natureza pública ou privada do consumo;

e) Tratando-se de consumo público, o local do consumo;

f) Em caso de consumidor não toxicodependente, o carácter ocasional ou habitual do consumo;

g) A situação pessoal, nomeadamente económica e financeira, do consumidor."

Negrito nosso.

[324] Conforme estipulam os n.ºs 2 e 5 do art. 9.º do DL n.º 130-A/2001, de 23 de Abril.

116 *Consumo de Drogas*

e se o notificaram para comparecer junto da *CDT* com o indiciado[325].

Do *auto de ocorrência* deverá, também, constar se a autoridade policial promoveu ou não a condução do indiciado ao serviço de saúde público para prestação de serviços terapêuticos quando a integridade física do indiciado estiver em perigo[326], se efectuou ou não o teste rápido para determinar a natureza do estupefaciente ou substância psicotrópica, assim como o seu peso[327].

A elaboração do *auto de ocorrência* permitirá que seja, inevitavelmente, uma peça processual fundamental, ou seja, deverá ser um documento com uma descrição minuciosa de toda a envolvência para permitir a aplicação de uma justa e equitativa medida, de forma que esta seja a ponte da responsabilização e de reintegração do indiciado para que se possa alcançar, acima de tudo, uma prevenção especial eficaz.

§ 40.º Da identificação e do domicílio

I. Interceptado o presumível consumidor – *indiciado*[328] – as autoridades policiais devem proceder à sua identificação e à determinação do seu domicílio, dados que devem constar do auto de ocorrência[329]. Estas diligências devem ocorrer no período de espaço mais curto possível, evitando-se que sejam postos em causa direitos, liberdades e garantias do indiciado de consumo de estupefacientes ou de substância psicotrópicas.

A restrição da liberdade para identificação deve ser mínima em termos temporais, quer por força do art. 250.º do CPP, quer por impe-

---

[325] Conforme estipulam os n.os 2 e 6 do art. 11.º do DL n.º 130-A/2001, de 23 de Abril.

[326] Conforme estipula o n.º 1 do art. 10.º do DL n.º 130-A/2001, de 23 de Abril.

[327] Conforme estipula o n.º 2 do art. 17.º do DL n.º 130-A/2001, de 23 de Abril.

[328] Não nos esqueçamos de que tem qualidade de indiciado aquele que adquirir ou deter uma "quantidade necessária para o consumo médio individual durante o período de 10 dias", n.º 2 do art. 2.º da Lei n.º 30/2000, de 29 de Novembro.

[329] Cfr. al. *c)* do n.º 1 do art. 9.º do DL n.º 130-A/2001, de 23 de Abril.

Dos procedimentos 117

rativo constitucional [art. 27.º, n.º 3 al. *g*) da CRP], cujo espírito também está amalgamado no n.º 2 do art. 4.º da Lei n.º 30/2000 e no n.º 4 do art. 9.º do DL n.º 130-A/2001, de 23 de Abril, onde se preceitua que, quando as autoridades policiais não conseguirem proceder à identificação e ao conhecimento do domicílio do consumidor no local e no momento da ocorrência e, desde que se revele necessário[330], aqueles podem *"deter o consumidor para garantir a sua comparência perante a Comissão, **nas condições do regime legal para a detenção para identificação"**[331].*

II. O legislador visou limitar e proibir qualquer arbitrariedade na actuação policial, fazendo sentir às autoridades policiais que tudo o que ultrapasse os limites constitucionais e processuais[332] consigna uma actuação ilegal, podendo assim o elemento policial incorrer no crime de abuso de poder, p. e p. pelo art. 382.º do CP ou de prevaricação de justiça, por detenção ilegal, p. e p. pelo art. 369.º n .º 3 do CP.

O legislador, como já o fizera no Código de Processo Penal[333], permite à autoridade policial que promova certas medidas de prevenção e cautelares no sentido de identificar, de apreender objectos que serviram ou serviriam para a prática da contra-ordenação e que possam

---

[330] Quando o indivíduo em questão já tiver sido identificado em autos anteriores, pensamos que basta fazer a descrição física do mesmo e referir que a identificação do mesmo se presume que seja a constante do auto com o registo n.º (w), cuja cópia se junta.

[331] Itálico e negrito nossos. Quanto à identificação no âmbito contra-ordenacional, o nosso *Teoria Geral do Direito Policial* – Tomo I, pp. 149-151.

[332] Como já referimos, consagrados na al. *g*) do n.º 3 do art. 27.º da CRP e no art. 250.º do CPP.

[333] As medidas cautelares e de polícia, que, como afirma a Prof.ª Anabela Miranda Rodrigues, apesar de serem um risco, a sua consagração é adequada à fase em que se estrutura a prova, ou seja, são meios legais. Consagram-se legalmente meios de actuação e critérios que legitimam a actuação policial, mas cujo âmbito de qualquer discricionalidade é muito apertado. O legislador cede, mas restringe qualquer liberalidade de intervenção policial, que, caso exista, o elemento que de tal fizer uso, incorrerá no crime de abuso de poder, p. e p. pelo art. 382.º do C. Penal. *Apud* Leal-Henriques e Simas Santos, *O CPP Anotado*, Rei dos Livros, Lisboa, Vol. II, pp. 27 e 28; Anabela M. Rodrigues, "O Inquérito no Novo Código de Processo Penal", *in Jornadas de Processual Penal*, Almedina, CEJ, 1995, p. 71.

118 *Consumo de Drogas*

servir de prova e de condução para comparência perante a CDT territorialmente competente.

Todavia, o legislador consagrou, também e automaticamente, no n.º 2 do art. 4.º da Lei n.º 30/2000, dois limites da própria intervenção policial ao submeter o regime da **identificação:** por um lado, às *condições do regime legal da detenção para identificação*, pois terão de respeitar os pressupostos do art. 250.º do CPP[324] e do art. 27.º, n.º 3, al. *g)* da CRP; e, por outro lado, de submeter a condução ao posto policial à condição negativa de impossibilidade de identificação e de determinação do domicílio do indiciado no local de intercepção.

Quanto à primeira limitação não vemos qualquer problema nem a objectamos. Mas, quanto à segunda limitação, levantamos algumas objecções:

α. muitas vezes ou quase sempre o indiciado não possui nem se faz acompanhar de qualquer identificação documental – BI, Passaporte, Passe ou outro documento autenticado que substitua o BI – impondo à AP que conduza o indiciado à Esquadra mais próxima para que, no espaço de tempo mais curto, proceda correctamente à identificação;

β. a AP não se faz acompanhar de testes rápidos capazes de analisarem a droga que está na posse do indiciado, nem mesmo os Carros Patrulhas, o que, necessariamente, impõe à AP a condução do indiciado à Esquadra mais próxima para se proceder à análise da substância para se saber se estamos perante uma substância proibida constante das tabelas I a IV anexas ao DL n.º 15 /93;

γ. a droga encontrada na posse do indiciado terá de ser apreendida, nos termos do n.º 1 do art. 4.º e al. *d)* do n.º 1 do art. 9.º do DL n.º 130-A/2001. O Auto de Apreensão terá de ser elaborado e assinado quer pelo autuante quer pelo indiciado, devendo do mesmo constar o que é que se apreendeu e a sua quantidade. Como é sobejamente do conhecimento de todos nós, as AP não têm capacidade para transportar os instrumentos necessários para a elaboração do expediente na via pública;

---

[334] *Ex vi* artigos 48.º e 49.º do DL n.º 433/82, de 27 de Outubro, *ex vi* art. 26.º da Lei n.º 30/2000.

δ. as AP têm de realizar a designada revista ao indiciado, para se saber se ele apenas detém a quantidade que deu de livre e espontânea vontade ou se existe mais alguma droga escondida. A via pública não é o local adequado à realização da revista, logo existe a necessidade de conduzir o presumível *indiciado* à Esquadra mais próxima para se proceder à revista previstas nos artigos 251.º e 174.º do CPP e, ainda, quando preenchidos os pressupostos, a prevista no art. 53.º do DL n.º 15/93.

Estes procedimentos, que coarctam a liberdade do indiciado, fundam-se na designada detenção para identificação e, caso não se efectuasse, estaríamos a fomentar o pequeno tráfico ou o tráfico-consumo. Numa próxima alteração dever-se-á estipular expressamente a aplicação subsidiária do art. 250.º do CPP.

III. Se o suspeito da prática de um crime não pode permanecer num departamento policial mais de 6 horas, muito menos um *indiciado* poderá permanecer nesse departamento policial mais de 6 horas, mas a autoridade policial pode recorrer a todos os mecanismos consagrados pelo art. 250.º do CPP para averiguar da identificação e do domicílio do *indiciado*[335].

No caso do indiciado ter de ser detido para identificação, a autoridade policial deve providenciar a sua apresentação junto da *CDT* imediatamente à ocorrência e à elaboração do expediente, desde que aquela esteja a funcionar ou haja um membro em regime de disponibilidade permanente, devendo a apresentação do indiciado ser precedida de um contacto[336].

---

[335] O art. 49.º do DL n.º 433/82 (RGCO), estipula que "as autoridades policiais podem exigir ao agente de uma contra-ordenação a respectiva identificação", deixando em aberto os mecanismos que permitam a identificação do agente da contra-ordenação, sendo que se devem seguir os pressupostos do art. 250.º do CPP por aplicação subsidiária, *ex vi* art. 41.º, n.º 1 do RGCO e *ex vi* art. 26.º da Lei n.º 30 /200.

[336] Cfr. n.os 1 e 2 do art. 12.º do DL n.º 130-A/2001, de 23 de Abril.

120 Consumo de Drogas

§ 41.° Da apreensão, da análise e da pesagem do produto

O *indiciado*, como já se referiu, é aquele que consome ou adquire ou detém para consumir estupefaciente ou substância psicotrópica, condutas que constituem contra-ordenação. O ilícito de mera ordenação social impõe que o mesmo seja provado quer pela existência da substância proibida, quer através do testemunho do autuante (art. 18.° do DL n.° 130-A/2001) e de outras testemunhas (art. 9.°, n.° 1, al. *d*) do DL n.° 130-A/2001).

O produto suspeito encontrado com o indiciado, cuja quantidade preencha os requisitos da contra-ordenação[337], está sujeito à **apreensão**[338], que como meio de obtenção de prova, visa evitar o *desaparecimento de provas*[339]. O produto apreendido (plantas, substâncias ou preparações compreendidas nas tabelas I a IV anexas ao DL n.° 15/93, de 22 de Janeiro) será enviado, *no mais curto lapso de tempo, à comissão territorialmente competente, para* ser depositado *no governo civil*[340].

A apreensão e a descrição da natureza do produto e da quantidade deverá constar do auto da ocorrência, o que impele as autoridades policiais a efectuarem a **análise** ao produto para determinar a sua natureza[341]. O designado teste rápido ao produto apreendido permite determinar se estamos ou não perante um caso de droga e se a quantidade é

---

[337] Cfr. art. 2.° da Lei n.° 30/2000.

[338] Cfr. n.° 1 do art. 4.° da Lei n.° 30/2000.

[339] Cfr. n.os 3 do art. 9.° do DL n.° 130-A/2001, de 23 de Abril e n.° 1 do art. 4.° da Lei n.° 30/2000, de 29 de Novembro.

[340] *Ibidem*. É de extrema importância ter em conta os pressupostos do art. 249.°, n.° 1, al. *c)* em conjugação com os artigos 178.°, 184.° e 185.° do CPP, com as devidas adaptações.

[341] O n.° 2 do art. 17.° do DL n.° 130-A/2001 estipula que as autoridades policiais realizam **análise** *sempre que tenham dúvidas sobre a natureza do produto*. Como se sabe, só sabemos se estamos perante uma substância psicotrópica ou estupefaciente se o teste der positivo, caso contrário ter-se-á de aguardar pelo exame laboratorial. Só será contra-ordenação se o suposto indiciado estiver a consumir ou adquirir ou a deter para consumo *substância psicotrópica ou estupefaciente constante das tabelas I a IV anexas ao* DL n.° *15/93* e se a quantidade for a *necessária para consumo médio individual durante o período de 10 dias*, conforme n.° 2 do art. 1.° e art. 2.° da Lei n.° 30/2000.

ou não a referida no n.º 2 do art. 2.º da Lei n.º 30/2000, ou seja, se estamos perante uma contra-ordenação ou crime.

No momento em que se analisa o produto, através do Teste Rápido DIK 12, ter-se-á obrigatoriamente de efectuar a **pesagem** do mesmo, o que permitirá concluir se estaremos ou não perante consumo ou tráfico de droga.

A redacção do art. 17.º do DL n.º 130-A/2001 deverá ser alterada de modo a que se imponha a obrigatoriedade de análise do apreendido e o seu envio ao laboratório Científico para comprovação ou não da droga em causa

§ 42.º Da revista

As autoridades policiais, quando verificarem que alguém está ou se prepara para consumir, adquiriu ou detém na sua posse para consumo próprio plantas, substâncias ou preparações compreendidas nas tabelas I a IV anexas ao DL n.º 15/93, podem proceder "**eventualmente, à** *revista*"[332] do consumidor para a detecção e apreensão de elementos de prova da contra-ordenação, nos termos do n.º 1 do art. 4.º da Lei n.º 30/2000.

A **revista**[333], como medida cautelar e de polícia e meio de obtenção de prova e recorrendo subsidiariamente aos preceitos processuais penais, apenas se efectuará se estiverem preenchidos, *mutatis mutandis*, os pressupostos consagrados na al. *a*) do n.º 1, art. 251.º do CPP, melhor, terá de existir fundada razão de que o indivíduo oculta objecto susceptível de servir de prova da prática da contra-ordenação[344] e que

---

[342] Sobre a revista no processo penal, os nossos estudos *Processo Penal –* Tomo I, 1.ª edição, pp. 317-325, *Revistas e Buscas,* 2.ª edição, Almedina, Coimbra, 2003, pp. 19-57 e *Lei e Crime* ..., pp. 219 e ss.. Negrito nosso.

[343] Nos termos da al. *a*) do n.º 1 do art. 251.º do CPP *ex vi* art. 41.º do DL n.º 433/82, de 27 de Outubro, *ex vi* art. 26.º da Lei n.º 30/2000, de 29 de Novembro. Aplica-se subsidiariamente os preceitos processuais penais, porque nem a Lei n.º 30/2000, nem o *RGCO* estipulam qualquer regra de procedimento quanto à revista prevista no art. 4.º, n.º 1 da Lei n.º 30/2000.

[344] Cfr. art. 48.º-A do DL n.º 433/82, de 27 de Outubro, *ex vi* art. 26.º da Lei n.º 30/2000.

se poderá perder até que a mesma seja autorizada pela autoridade judiciária (art. 174.°, n.° 2 do CPP).

As revistas, que são medidas de excepção, que se impõem por *periculum in mora* e que são "ditadas apenas pela urgência na aquisição, recolha e preservação de provas em risco de perda, interessando, pois, pô-las em resguardo"[345], estão ainda condicionadas ao advérbio de modo "eventualmente" que não significa que autoridades policiais podem efectuar revistas sempre que seja eventual a suspeita, mas sim quando esta possa ser fundamentada em elementos de facto, que necessariamente fundamentam a matéria de direito.

Contudo, seria ingénuo e inocente se se pensasse que as autoridades policiais não teriam de efectuar a revista, pois, caso não o fizessem, poder-se-ia promover o tráfico de droga. Qualquer indivíduo que fosse interceptado diria que era consumidor ou toxicodependente – indiciado –, entregaria a quantidade que o qualifica como tal, o que limitaria a actuação policial, caso esta não efectuasse a revista para verificar se o suposto ou não indiciado é consumidor ou se é traficante.

Face ao exposto, **propomos que seja retirado o advérbio de modo «eventualmente»**, permitindo que a AP proceda à revista como forma de detectar se a droga detida pelo presumível indiciado apenas se destina ao seu consumo ou, também, ao tráfico.

§ 43.° Hipótese

I. O agente *A* intercepta *B* com 0,7 grs. de heroína, 0,9 grs. de cocaína e 3,00 grs. de haxixe.

A conduta de *B* preenche o quadro legal do consumo de droga ou de tráfico?

A teleologia da Lei n.° 30/2000 impõe que se analise os pressupostos de facto e de direito. Sendo que a quantidade total é de 4,6 grs. de droga (Heroína, Cocaína e Haxixe) e que não ultrapassa as 5 grs. de

---

[345] Manuel Simas Santos, Manuel Leal-Henriques e David Borges de Pinho, *Código de Processo Penal Anotado*, Rei dos Livros, Lisboa, 1996, 2.° Vol., p. 33, anotação ao art. 251.°.

Dos procedimentos 123

haxixe do máximo estipulado pelo quadro anexo à Portaria n.º 94/96. A filosofia da Lei n.º 30/2000, na nossa opinião, impõe que *B*, ao não ultrapassar qualquer limite das drogas em causa – heroína 1 grs., cocaína 2 grs e haxixe 5 grs. – e ao não ultrapassar no todo o limite máximo permitido quanto a uma das drogas (haxixe), comete um ilícito de mera ordenação social, p. e p. pelo art. 2.º da Lei n.º 30/2000.

Mas, se *B* tivesse na sua posse uma quantidade que ultrapassasse qualquer dos limites estipulados pela Portaria n.º 94/96, ou seja, detivesse 1,4 grs. de heroína, 0,9 grs. de cocaína e 3,1 grs. de haxixe, na nossa opinião, *B* poderia cometer o crime de tráfico, p. e p. pelo artigo 21.º do DL n.º 15/93 de 22 de Janeiro[346], uma vez que 1,4 grs. de heroína é superior a 1 gr permitida para o consumo médio de 10 dias, *ex vi* n.º 2 do art. 2.º da Lei n.º 31/2000.

Se *B* adquirisse 0,7 grs. de heroína e 4,2 grs. de haxixe, também cometia o ilícito de mera ordenação social, porque não ultrapassa a quantia máxima (5 grs. de haxixe p/10 dias) permitida por lei para o haxixe. *A contrario*, se tivesse adquirido 1,2 grs. de heroína e 3,6 grs. de haxixe, já seria detido por tráfico de droga[347], porque existe "a presunção de que o excesso estará conexionado com a actividade de tráfico desligada da finalidade de simples consumo pessoal"[348].

II. A fórmula que utilizamos para a destrinça entre consumo e tráfico afasta-se da tese restritiva – que defende que haverá tráfico de

---

[346] Dadas as circunstâncias e à quantidade de estupefacientes, defendemos que a conduta de **B** se enquadra, em princípio, no crime de tráfico de droga de menor gravidade, p. e p. pelo art. 25.º do DL n.º 15/93.

[347] Cfr. nota anterior.

[348] Cfr. Ac. do STJ de 2 de Dezembro de 1998, proc. n.º 34 904, *in* www.dgsi.pt/jstj.nsf/. No sentido de que a posse de estupefaciente de quantidade superior a 10 dias consigna a prática de crime de tráfico de menor gravidade, p. e p. pelo art. 25.º do DL n.º 15/93, o Ac. da Relação do Porto de 7 de Dezembro de 2005, em que se delibera que estender o regime de contra-ordenação à posse de 31,018 grs de cannabis para consumo próprio é ilegal e inadmissível, assim como considera absurda a "solução de impunidade" por existir um vazio legal por o consumo agravado estar descriminalizado por revogação do n.º 2 do art. 40.º do DL n.º 15/93, defendida por RUI PEREIRA, "A descriminação do consumo de droga", *in Liber Discipulorum para JORGE DE FIGUEIREDO DIAS*, Coimbra Editora, 2003, pp. 1171-1176. Cfr. Ac. relação do Porto de 7 de Dezembro de 1995, *in ww.dgsi.pt/*.

droga a partir do momento em que as quantidades ultrapassem o máximo de qualquer uma das substâncias detidas pelo *indiciado* – e da tese da divisibilidade das quantidades por doses diárias – *p. e.*, 0,5 grs. de cocaína correspondiam a 2 (duas) doses vírgula cinco, ou seja, a dois dias e meio de consumo.

Quer uma tese quer outra afectam directa ou indirectamente a teleologia da descriminalização do consumo, posse e aquisição para consumo de estupefacientes e substâncias psicotrópicas. Face à tese restritiva, o exemplo de *B*, que detém 0,7 grs. de heroína e 4,2 grs. de haxixe, seria tráfico de droga, crime p. e p. pelo art. 21.º ou crimes p. e p. pelos artigos 25.º – tráfico de menor gravidade – ou 26.º – traficante-consumidor –, todos do DL n.º 15/93. Seguindo a tese da divisibilidade, as quantidades apresentadas ultrapassam em 5,2 dias – 7 dias de heroína + 8,2 dias de haxixe – o permitido ou consignado como quantidade enquadrável na contra-ordenação, que são doses necessárias para 10 dias de consumo.

A teleologia do diploma da descriminalização do consumo, posse e aquisição de drogas não se coaduna com uma análise, interpretação e aplicação do art. 2.º da Lei n.º 30/2000 de modo restritivo, porque podemos estar perante um indiciado que comprou produto estupefaciente para 20 dias para seu consumo e não perante um traficante, ou, perante um indiciado que consome muito mais do que uma dose por dia, que poderia ser punido por tráfico de drogas, ou ser detido, passar um ou dois dias nos calabouços das polícias, ser presente ao juiz, ser-lhe aplicada uma medida de coacção privativa da liberdade e, após o inquérito, concluir-se que estamos perante consumo e não tráfico.

A nossa tese – conjugação dos pesos totais face ao limite da má-xima, sem que nenhuma delas ultrapasse o seu limite legal – é mais garantidora dos direitos e liberdades do *indiciado* e vai de encontro com a teleologia da Lei n.º 30/2000 e com o fim preventivo de evitar a promoção do trafico, além de presumirmos que o teste DIK 12 é um teste de despistagem sujeito a confirmação do LPC, onde constará a natureza e o peso líquido das drogas.

III. As margens de diferenciação são muito ténues e próximas, mas o legislador procurou evitar que a descriminalização do consumo,

Dos procedimentos 125

aquisição ou/e posse para consumo de estupefacientes e substâncias psicotrópicas se transformasse em um instrumento jurídico proporcionador do tráfico de droga através de redes de pequeno e doméstico tráfico, o que não será muito difícil, porque muitos são os que adquirem 0,9 grs. de heroína e 0,2 grs. de cocaína, sendo esta última para seu consumo, enquanto que a primeira será dividida em "palhinhas", que serão vendidas a € 5 euros cada, o que lhes permite fazer dinheiro para o seu consumo e para o seu dia a dia. Este tipo de tráfico é desenvolvido por muitos consumidores, cuja natureza de actividade se enquadra, hoje, no ilícito de mera ordenação social.

Subsiste, assim, a dúvida de se saber se o legislador conseguiu prevenir e evitar que sob a capota do consumo não prolifere o tráfico de menor gravidade (p. e p. pelo art. 25.° do DL n.° 15/93) e o de traficante-consumidor (p e p. pelo art. 26.° do DL n.° 15/93). Na nossa mente perdurará essa interrogação, apesar de defendermos que *caberá à Polícia na sua função de prevenção criminal*, quer no sentido de *vigilância*, quer no *sentido estrito promover uma investigação capaz* de *carrear provas credíveis* (testemunhos, apreensões de elevadas quantias monetárias, informações, etc.) *que fundamentem não a instauração de um processo de natureza administrativa, mas antes um processo crime por tráfico de estupefacientes*. A Polícia tem um papel preponderante no deslindamento destes casos, o que lhe impõe a responsabilidade acrescida de uma investigação árdua e eficaz para que a justiça não seja um valor a morrer no vazio da credibilidade humana.

O novo quadro legal responsabiliza duplamente a Polícia quanto à problemática do consumo de drogas: um *novo procedimento* quanto aos casos de consumo; e uma *investigação eficiente e perspicaz*[349] quanto aos casos que, sob a capa do consumo, são redes bem estruturadas na distribuição de estupefacientes e/ou substâncias psicotrópicas.

---

[349] Quanto à investigação, os nossos *Regime Jurídico da Investigação Criminal Comentado e Anotado,* Almedina, 3.ª Edição Coimbra, 2006 e *Lei e Crime…,* pp. 11 e ss..

§ 44.° Das medidas preliminares

As medidas preliminares[350] – puras medidas de polícia – revestem um teor de ajuda e de apoio imediato e urgente ao *indiciado* quando este demonstre *sinais de descompensação física ou psíquica*, devendo as autoridades policiais providenciar *a sua apresentação em serviço de saúde público*, para que lhe *sejam dispensados os necessários cuidados terapêuticos*, desde que o indiciado não se oponha ou esteja *em perigo a sua integridade*, conforme 1.ª parte do n.° 1 do art. 10.° do DL n.° 130-A/2001.

As autoridades policiais devem, caso o indiciado se oponha e sempre que possível, comunicar *o facto à comissão territorialmente competente ou à do domicílio provisório* para que adopte os procedimentos mais adequados à situação concreta, conforme 2.ª parte do n.° 1 do art. 10.° do DL n.° 130-A/2001.

Quando o *indiciado* for conduzido ao serviço de saúde público devido à sua condição física e psíquica debilitada, as autoridades policiais devem remeter, *de imediato* e *por qualquer meio* (p. e.: Fax), *ao presidente da comissão que se afigure territorialmente competente, um registo* que contenha *a identificação, a data e as razões da apresentação* do indiciado no serviço de saúde público, conforme n.° 2 do art. 10.° do DL n.° 130-A/2001.

§ 45.° *Das comunicações e das notificações*

A entidade autuante, após elaboração do auto de ocorrência, deverá notificar o indiciado de que se deverá *apresentar na comissão territorialmente competente* no dia *X* à hora *Y*, nunca podendo essa apresentação ultrapassar as 72 horas (n.° 1 do art. 11.° do DL 130--A/2001), sendo que a Comissão poderá alterar o dia e a hora da realização da apresentação, quando *seja possível notificar o indiciado ou o seu representante legal* (n.° 4 do art. 11.° do DL n.° 130--A/2001).

---

[350] Constam do art. 10.° do DL n.° 123-A/2001, de 23 de Abril e são como irmãs gémeas das medidas cautelares do processo criminal.

Dos procedimentos 127

Mas, se o indiciado for internado por revelar sinais de descompensação física ou psíquica (n.º 1 do art. 10.º do DL n.º 130-A/2001), a autoridade policial que elaborou o auto, após verificar o documento da alta, emitirá uma *guia de apresentação na comissão territorialmente competente para o primeiro dia útil imediato* (n.º 7 do art. 11.º do DL n.º 130-A/2001).

Se o *indiciado revelar qualquer incapacidade*[351], as autoridades policiais, no mais curto espaço de tempo, procurarão contactar e localizar o representante legal para o informarem da conduta do representado e de o notificarem de que terá de comparecer com o indiciado na comissão na data e hora estipuladas (n.º 2 do art. 11.º do DL n.º 130-A/ /2001), diligências que devem constar do auto de ocorrência (n.º 6 do art. 11.º do DL n.º 130-A/2001).

As autoridades policiais deverão também informar o indiciado ou o seu representante legal de que *podem constituir defensor ou requerer a sua nomeação oficiosa* (n.º 3 do art. 11.º do DL n.º 130--A/2001).

§ 46.º Funções de fiscalização e de colaboração

Às autoridades policiais, de acordo com o *princípio da colaboração* consagrado no n.º 2 do art. 9.º da Lei 30/2000[352], competirá

---

[351] Entenda-se incapacidade de exercício de direitos, que poderá ser acidental (art. 257.º do CC), por razões de menoridade (artigos 118.º e ss. do CC), de interdição (artigos 138.º e ss. do CC) e de inabilitação (artigos 152.º e ss. do CC). Não se enquadram neste preceito os menores de 16 anos de idade, cujo regime se rege pelo DL n.º 147/99, por serem inimputáveis em razão da idade *ex vi* art. 10.º do DL n.º 433/82, de 27 de Outubro. Cfr. *infra* Capítulo IX– Do Procedimento quanto aos menores, interditos e inabilitados.

[352] O n.º 2 do art. 9.º da Lei 30/2000 prescreve que, para o cumprimento do disposto no diploma em análise, quer a Comissão, quer o Governo Civil podem recorrer a outras entidades (serviços públicos de saúde – para tratamentos e para apresentações periódicas; serviços de reinserção social; autoridades policiais; e autoridades administrativas), actores fundamentais da problemática da droga que têm uma voz e um papel activo a desempenhar. Não nos podemos esquecer de que o consumidor é um ser humano, que não passa de um escravo de um vício medonho e destruidor.

também a fiscalização do cumprimento das sanções alternativas à coima, principalmente as que estão previstas da al. *a*) a *g*) do n.º 2 do art. 17.º da Lei n.º 30/2000[353], com especial incidência quanto às al. *b*), *d*) e *f*), cuja execução eficaz e eficiente depende essencialmente de uma colaboração interinstitucional, que tem como base o profissionalismo e o sentido de responsabilidade e de respeitabilidade dos limites, deveres e direitos que cabe a cada instituição e aos seus elementos, sendo estes as pedras fundamentais do funcionamento de cada instituição.

A colaboração da execução das sanções e das medidas alternativas será solicitada às autoridades por meio de ofício pelo Governo Civil (art. 25.º da Lei n.º 30/2000).

---

[353] O n.º 2 do art. 17.º preceitua que:

"Sem prejuízo do disposto no n.º 2 do artigo 15.º a comissão pode aplicar as seguintes sanções, em alternativa à coima ou a título principal:

a) Proibição de exercer profissão ou actividade, designadamente as sujeitas a regime de licenciamento, quando daí resulte risco para a integridade do próprio ou de terceiros;

b) Interdição de frequência de certos lugares;

c) Proibição de acompanhar, alojar ou receber certas pessoas;

d) Interdição de ausência para o estrangeiro sem autorização;

e) Apresentação periódica em local a designar pela comissão;

f) Cassação, proibição da concessão ou renovação de licença de uso e porte de arma de defesa, caça, precisão ou recreio;

g) Apreensão de objectos que pertençam ao próprio e representem um risco para este ou para a comunidade ou favoreçam a prática de um crime ou de outra contra-ordenação".

CAPÍTULO IX

Do procedimento quanto aos menores, interditos e inabilitados

§ 47.° Dos menores

I. O legislador foi cauteloso ao abranger os menores pelo presente diploma[354], tendo em conta que são um grupo de risco e uma idade propícia a aventuras e experiências simples e complexas. Contudo, o regime a aplicar aos menores levanta várias questões, como, p. e., quais os menores a que se refere o texto legal:

– O art. 3.°, n.° 1 da Lei n.° 30/2000, estipula que "tratando-se de menor, (...), caso o seu representante legal solicite a assistência de serviços de saúde públicos ou privados" não se aplica o regime legal do consumo de droga aprovado por este diploma. Do preceito extrai-se que *a contrario,* caso o seu representante legal não solicite a assistência de serviços de saúde públicos ou privados, este regime aplicar-se-á aos casos previstos no citado preceito.

– O n.° 6 do art. 14.° do DL n.° 130-A/2001, prescreve que "sempre que a comissão onde o indiciado se apresenta inicialmente concluir que o mesmo é menor de 16 anos, assegura que lhe é prestado apoio através de serviço público de saúde habilitado", desde que o seu representante legal manifeste expressamente a sua concordância sem que haja lugar ao registo da contra-ordenação.

---

[354] Quanto ao menor vítima e menor delinquente, o nosso *Direito de Menores – Estudo Luso Hispânico Sobre Menores em Perigo e Deliquência Juvenil,* (em co-autoria com NIEVES SANZ MULAS) Âncora Editora, Lisboa, 2003.

Consumo de Drogas

– O RGCO, no seu art. 10.º, estipula que os menores de 16 anos de idade são inimputáveis em razão de idade, relativamente ao cometimento de factos que a lei tipifica como ilícitos de mera ordenação social, como o consumo de estupefacientes e substâncias psicotrópicas constantes das tabelas I a IV anexas ao DL n.º 15/93, conforme artigos 1.º e 2.º da Lei n.º 30/2000.

II. Na nossa opinião, o n.º 1 do art. 3.º da Lei n.º 30/2000, ao referir-se ao *menor*, **pressupõe o menor com idade compreendida entre os 16 e os 18 anos**, a mais que a partir dos 16 já é imputável quanto à prática de ilícitos de mera ordenação social, *a contrário* art. 10.º do DL n.º 433/82 – RGCO.

Como argumentos, apresentamos:

– o facto do legislador ter prescrito no n.º 6 do art. 14.º do DL n.º130-A/2001, que, sendo menor de 16 anos, ao mesmo será prestado apoio médico com a concordância expressa do seu representante legal, sem que exista qualquer registo de contra-ordenação e sem aplicação de qualquer sanção pecuniária ou alternativa quanto à prática do facto que a lei qualifica como contra-ordenação (n.º 1 do art. 2.º da Lei n.º 30/2000).

– o recurso à Lei Tutelar Educativa, aprovada pela Lei n.º 166/99, de 14 de Setembro, não se afigura correcto, porque aplica-se quando o menor de 12 a 16 anos comete um facto qualificado pela Lei como crime (art. 1.º) e não como ilícito de mera ordenação social, como o consumo de drogas. Neste sentido, a *Comissão para a Reforma do Sistema de Execução de Penas e Medidas*, no seu relatório final, apresenta como proposta que "as situações identificadas pela Comissão como para delinquência (sc., abuso de bebidas alcoólicas, prostituição e **consumo de drogas**) não devem ser abrangidas pela intervenção tutelar educativa, mas sim por outras entidades e órgãos, nomeadamente pelo sistema administrativo e judiciário cível de protecção"[355].

---

[355] Cfr. RELFIN *apud* ANABELA MIRANDA RODRIGUES e ANTÓNIO CARLOS DUARTE-FONSECA, *Comentário da Lei Tutelar Educativa*, Coimbra Editora, 2000, p. 431.

- segundo a nossa opinião, esta situação enquadra-se na Lei de Protecção de Crianças e Jovens em Perigo, aprovada pela Lei n.º 147/99, principalmente no art. 3.º, n.º 2, al. *e*), que considera como *criança em perigo* aquela que se dedica a certos consumos que ponham em causa a sua *saúde, segurança, formação, educação ou desenvolvimento*. Neste contexto enquadram-se as crianças que se dedicam ao consumo, à aquisição e à detenção de drogas para consumo[356], sendo que estas condutas desviantes põem, indubitavelmente, em causa a sua saúde, a sua segurança, a sua formação, a sua educação ou o seu desenvolvimento.
- orientação amalgamada já no n.º 2 do art. 78.º da LTE, ao prescrever que *se o crime for de consumo de estupefacientes ou substâncias psicotrópicas, o Ministério Público procede ao arquivamento liminar do inquérito e, sendo caso disso, encaminha o menor para serviços de apoio e tratamento, se não tiver notícia do cometimento ou do perigo de cometimento de facto qualificado como crime de diferente espécie*. Hoje, na consagração de uma política de diversão e de oportunidade, em que se privilegia a solução terapêutica[357], a conduta referida – consumo de estupefacientes ou substância psicotrópica – não comina a prática de um crime, pois passou a contra-ordenação, mas a LTE já estipulava que o menor devia ser encaminhado para tratamento.
- Consciente de que não podemos tratar o consumidor num cárcere, o legislador prescreveu como uma das medidas tutelares a imposição de obrigações que têm por finalidade melhorar o *aproveitamento escolar*, a *formação profissional* e *fortalecer as condições psicológicas necessárias ao desenvolvimento da personalidade do menor*. Como imposição, o legislador prescreveu os programas de tratamento – médico,

---

[356] Sendo a quantidade superior à necessária para o consumo médio individual durante o período de 10 dias (n.º 2 do art. 2.º da Lei n.º 30/2000), estaremos perante um caso de tráfico de droga, devendo-se aplicar a Lei n.º 166/99 que aprova a Lei Tutelar Educativa.

[357] *Hoc sensu*, ANABELA MIRANDA RODRIGUES e ANTÓNIO C. DUARTE-FONSECA, *Comentário da Lei Tutelar...*, p. 191.

médico-psiquiátrico, médico-psicológico ou equiparado –, visando, de entre outras situações, o tratamento de consumo habitual de estupefacientes, conforme al. *b*) do n.° 3, al. *e*) do n.° 2 e o n.° 1 do art. 14.° conjugado com a *e*) do n.° 1 do art. 4.° da LTE.

Em suma, o regime legal do consumo de drogas aprovado pela Lei n.° 30/2000, aplica-se, na nossa opinião e quanto aos menores, às condutas – consumo, aquisição ou posse de estupefacientes ou substâncias psicotrópicas para consumo – praticadas pelos menores com idade superior a 16 anos.

Ao menor de 16 anos de idade deve-se aplicar a LPCJP, aprovada pela Lei n.° 147/99, cuja actuação da Comissão de Protecção de Menores deve ser articulada com a CDT territorialmente competente. Caso o representante legal, a criança ou jovem não dêem consentimento para a intervenção da Comissão de Protecção – artigos 9.° e 10.° da LCPJP –, impõe-se a intervenção judicial *ex vi* das als. *b*) e *c*) do art. 11.° da LPCJP.

§ 48.° Dos interditos

I. A interdição, como instituto de incapacidade de exercício de direitos, conforme art. 138.°, n.° 1 do C. Civil, é, antes de mais, um instituto de protecção do próprio interditando, uma vez que o interdito não fica incapaz para o gozo dos seus direitos, mas sim de exercê-los. Devido à natureza física ou psíquica da interdição, conforme n.° 1 do art. 138.° do C. Civil, o interditando fica em uma situação de dependência quanto ao exercício dos direitos de que é sujeito.

A interdição é aplicável a maiores de idade (n.° 2 do art. 138.° do C. Civil), cuja legitimidade de requerimento pertence ao cônjuge do interditando, quando casado, ao tutor ou ao curador, a qualquer parente sucessível ou ao Ministério Público (n.° 1 do art. 141.° do C. Civil). Caso o interditando esteja sob o poder paternal, além dos progenitores, apenas o Ministério Público tem legitimidade para requerer a interdição (n.° 2 do art. 141.° do C. Civil), que pode ser requerida e decretada no ano anterior à maioridade (n.° 2 do art. 138.° do C. Civil). O inter-

Do procedimento quanto aos menores, interditos e inabilitados   133

ditando é equiparado, *mutatis mutandis*, ao menor, *ex vi* art. 139.° do C. Civil.

II. A interdição por *anomalia psíquica*, cujo conceito ultrapassa o campo da doença mental[358], enquadra-se numa concepção ampla e determina, automaticamente e por força da lei, a inimputabilidade[349] do autor da contra-ordenação pelo consumo, aquisição ou posse de droga para consumo, ou seja, o *indiciado* detentor de uma anomalia psíquica, um dos fundamentos da interdição, é inimputável porque não possui o "mínimo de capacidade de autodeterminação que o ordenamento jurídico requer para a responsabilidade"[360] contra--ordenacional.

A *anomalia psíquica*, propriamente dita, constitui o *pressuposto biológico* da inimputabilidade, sendo que esta está condicionada a um outro *pressuposto psíquico ou normativo*, que consiste na "incapacidade de avaliar a ilicitude do facto ou de determinar de harmonia com essa avaliação", ou seja, como afirma o Prof. FIGUEIREDO DIAS, na "incapacidade do agente para ser influenciado pelas normas"[361].

Contudo, o legislador, no n.° 1 do art. 3.° da Lei n.° 30/2000, não se referiu somente aos inimputáveis por anomalia psíquica, mas também e bem aos *interditos*, aos quais, caso o *representante legal solicite assistência através dos serviços de saúde públicos ou privados*, não se aplica o novo regime legal do consumo de drogas, cujo consumo das substâncias psicotrópicas e de estupefacientes constantes das tabelas I a IV anexas ao DL n.° 15/93 constitui contra-ordenação (art. 2.° da Lei n.° 30/2000).

---

[358] O conceito de anomalia psíquica abrange um campo vasto de doenças que vão desde "as perturbações de consciência", às "oligofrenias, às psicopatias, às neuroses, às pulsões". MANUEL SIMAS SANTOS, LEAL-HENRIQUES e DAVID BORGES DE PINHO, *Código Penal Anotado,* Rei dos Livros, Lisboa, 1996, Vol. I, p. 213.

[359] Sobre a temática de inimputabilidade, CARLOTA PIZARRO DE ALMEIDA, *Modelos de Inimputabilidade – Da Teoria à Prática,* Almedina, Coimbra, 2000.

[360] MANUEL S. SANTOS, M. LEAL-HENRIQUES e DAVID B. de PINHO, *Código Penal...*, p. 213.

[361] *Apud* MANUEL S. SANTOS, M. LEAL-HENRIQUES e DAVID B. de PINHO, *Código Penal...*, p. 214.

134 *Consumo de Drogas*

A inclusão da incapacidade por interdição para excluir a imputabilidade, a "consciência lúcida e vontade livre"[362], quanto ao cometimento da contra-ordenação por consumo de drogas, visa ultrapassar e ir mais além do que a inimputabilidade do consumidor prevista no art. 11.° do RGCO, aplicado subsidiariamente *ex vi* art. 26.° da Lei n.° 30/2000.

O legislador, ao se referir aos *interditos*, procurou excluir a aplicação da sanção (coima ou alternativa) não só no caso dos consumidores inimputáveis por *anomalia psíquica*, que, na opinião do Prof. MOTA PINTO, abrange "deficiências do intelecto, da afectividade ou da vontade"[363], mas também nos casos em que o consumidor sofra de *surdez-mudez ou cegueira*, fundamentos da interdição (n.° 1 do art. 138.° do C. Civil). A inimputabilidade em função da *anomalia psíquica* no âmbito do direito do ilícito de mera ordenação encontra-se prevista, como já se referiu no art. 11.° do RGCO, sendo que o legislador entendeu abranger os outros fundamentos fulcrais da incapacidade por interdição.

Todavia e tendo em conta que o novo regime de consumo de drogas considera o **indiciado um doente, não aceitamos que se sujeite o afastamento do novo regime legal do consumo de drogas à condição da solicitação para** *assistência de serviços de saúde públicos e privados*. Cria-se a ideia de que se *dá com uma mão* e se *tira com a outra*, apesar de defendermos, como o legislador, que é necessário uma intervenção activa do representante legal, cujo conteúdo se expressa nos artigos 11.°, 13.°, 15.°, 19.°, 20.°, 23.° e 24.° do DL n.° 130-A/2001.

§ 49.° Dos inabilitados

I. A inabilitação[364], como afirma o Prof. MOTA PINTO, é "uma fonte de incapacidade" que resulta "de uma decisão judicial". A decla-

---

[362] CARLOTA PIZARRO DE ALMEIDA, *Modelos de Inimputabilidade...*, p. 72.

[363] CARLOS ALBERTO DA MOTA PINTO, *Teoria Geral do Direito Civil*, 3.ª Edição, Coimbra Editora, 1996, p. 228.

[364] Sobre o regime de incapacidade por inabilitação, os arts. 152.° e ss. do C. Civil.

Do procedimento quanto aos menores, interditos e inabilitados 135

ração de incapacidade advém de três possíveis patamares: *anomalias psíquicas, surdez-mudez ou cegueira* "que provoquem uma mera fraqueza de espírito e não uma total inaptidão do incapaz"[365]; *habitual prodigalidade* que "abrange os indivíduos que praticam habitualmente actos de delapidação patrimonial (...), actos de dissipação, de despesas desproporcionadas aos rendimentos, improdutivas, e injustificáveis"[366]; e *abuso de bebidas alcoólicas ou de estupefacientes*, cujo fundamento "tem de se reportar ao carácter (...) *e* ao estado actual do sujeito"[367].

O legislador, em 1966, considerava que o *abuso de estupefacientes* era fundamento para a declaração de incapacidade por inabilitação, porque se reconhecia que do seu hábito de consumo iria, consequentemente, resultar quer a destruição do seu património, quer a sua morte lenta, morte física e psíquica, o que representava um "perigo actual de actos prejudiciais ao património"[368].

II. A Lei n.º 30/2000, no n.º 1 do art. 3.º, prescreve para os *inabilitados* o mesmo regime que estipula para os menores e para os interditos. A análise efectuada quanto aos interditos, aplica-se aos inabilitados com as devidas adaptações.

Os consumidores, cuja inabilitação tenha sido declarada judicialmente, beneficiam da não aplicação do novo regime legal do consumo de drogas, ou seja, não serão sancionados com uma coima ou sanção alternativa, desde que o *representante legal solicite a assistência dos serviços de saúde públicos ou privados*. Esta sujeição ou condição parece-nos, como já referimos quanto aos interditos, inadequada e inaceitável face aos fundamentos teleológicos da descriminalização.

Como já referimos, quando a inabilitação se fundamenta no pressuposto da anomalia psíquica, como no regime de interdição, o consumidor é inimputável *ex vi* art. 11.º do RGCO por força do art. 26.º da Lei n.º 30/2000.

---

[365] CARLOS A. DA MOTA PINTO, *Teoria Geral...*, p. 236.
[366] *Ibidem*.
[367] *Ibidem*.
[368] *Idem*, p. 237.

§ 50.º Conclusão

As autoridades policiais, sempre que, na sua actuação no âmbito da toxicodependência, interceptem um consumidor com mais de 16 anos e menos de 18 anos[369], interdito ou inabilitado, deverão proceder de acordo com o descrito no capítulo VII, – dos procedimentos,– tendo especial atenção ao art. 11.º (*comunicações*) do DL n.º 130-A//2001[370].

---

[369] Chamamos atenção para o facto de que um indivíduo só tem 16 anos e 19 anos no dia a seguir ao do dia de nascimento. Sobre este assunto, MANUEL S. SANTOS, LEAL-HENRIQUES e DAVID B. de PINHO, *Código Penal...*, *p. 211*; PIRES de LIMA e ANTUNES VARELA, *Código Civil anotado*, 4.ª Edição, Coimbra Editora, 1987, Vol. I, anotações aos artigos 279.º e 296.º, pp. 256 e 271.

[370] Cfr. *supra* § 45.º Das comunicações e das notificações.

CAPÍTULO X

Do traficante-consumidor
e do tráfico de menor gravidade

§ 51.º Do traficante – Consumidor

I. A Lei n.º 30/2000 não revogou o art. 26.º do DL n.º 15/93 que prevê e pune a conduta de traficante – consumidor. Contudo, no seu art. 28.º, prescreve que, além da revogação dos artigos 40.º, exceptuando-se o cultivo, e 41.º do DL n.º 15/93, se encontram revogadas as demais disposições que se mostrem incompatíveis com o novo regime jurídico.

Se o legislador exclui o cultivo quanto ao art. 40.º do DL n.º 15/93, ou seja, manteve a conduta como crime, não faria sentido que no âmbito do traficante-consumidor não se mantivesse a criminalização.

Quanto à produção, ao fabrico, à preparação das substâncias constantes das tabelas I a IV anexas ao DL n.º 15/93, questionamo-nos se não devem ser equiparadas ao cultivo e criminalizadas, mesmo quando destinadas ao consumo próprio.

Defendemos que o legislador apenas descriminalizou o *consumo*, a *aquisição* e a *detenção (posse) para consumo*, conforme se depreende do n.º 1 do art. 2.º da Lei n.º 30/2000, pois só estas condutas é que constituem contra-ordenação, *in fine* do n.º 1 do art. 2.º da Lei n.º 30/2000.

II. Face ao exposto, defendemos que as condutas previstas pelo art. 26.º do DL n.º 15/93 não foram descriminalizadas em sentido técnico ou estrito, a não ser que se possam enquadrar no consumo agravado, cuja posição doutrinária de INÊS BONINA acompanhamos.

Acrescentamos que, caso a Proposta de Lei n.º 33/VIII, que pretendia rever certos preceitos do DL n.º 15/93, entre os quais o art. 26.º fosse aprovada, esta questão não se levantava se o consumidor deti-

138   *Consumo de Drogas*

vesse ou adquirisse uma quantidade que excedesse, mas não muito, a necessária para o consumo médio individual, para um período de 10 dias[371].

Acresce referir que o limite temporal de cinco dias prescrito no n.º 3 do art. 26.º do DL n.º 15/93 deve ser elevado para dez dias tendo em conta o n.º 2 do art. 2.º da Lei n.º 30/2000 e que se o traficante- -consumidor é aquele que pratica os factos previstos no art. 21.º do DL n.º 15/93 com a finalidade exclusiva de «conseguir plantas, substâncias ou preparações para uso pessoal» não se pode confundir aquelas actividades – cultivar, produzir, fabricar, preparar, oferecer, puser à venda, vender, distribuir, comprar, ceder ou receber, proporcionar a outrém, transportar, importar, exportar, fazer transitar ou ilicitamente detiver – com a aquisição, posse ou detenção para consumo. Pois, são realidades factuais distintas.

§ 52.º Do tráfico de menor gravidade ou consumo agravado – artigos 25.º e 40.º, n.º 2 do DL n.º 15/93

I. Pertinente é a situação de que nos fala o despacho de arquivamento proferido no Proc. n.º 263/01 do DIAP de Lisboa[372], com o fundamento de que o consumo agravado se encontra revogado, devendo o mesmo se enquadrar no âmbito da Lei n.º 30/2000. A PSP interceptou um indivíduo com 8,18 g de haxixe, conduta que, face a uma interpretação restrita da revogação expressa do art. 40.º pelo art. 28.º da Lei n.º 30/2000, como defende CRISTINA LÍBANO MONTEIRO[373], se afasta do regime jurídico do consumo de drogas em vigor, uma vez que a quantidade de estupefaciente ultrapassa a prescrita para o consumo médio

---

[371] Proposta de Lei n.º 33/VIII, *in assembleiadarepública.pt/legis/fr_inic_leg.htme,* consultado no dia 8 de Maio de 2003.

[372] INÊS BONINA, "Descriminalização do consumo de estupefacientes – Detenção de quantidade superior a dez dozes diárias" *in RMP*, ano 23, Jan/Mar, 2002, pp. 185-188.

[373] CRISTINA LÍBANO MONTEIRO, «O consumo de droga na política e na técnica legislativa: Comentário à Lei n.º 30/2000", *in RPCC*, Ano 11, Fasc. 1.º, Janeiro- -Março 2001, p. 67 e ss.

individual para um período de 10 dias – art. 2.º da Lei n.º 30/2000 e art. 9.º da Portaria n.º 94/96.

Acresce referir que, quanto ao consumo agravado, RUI PEREIRA[374] considera que, estando revogado expressamente pelo art. 28.º da Lei n.º 30/2000 o art. 40.º (n.º 2) do DL n.º 15/93, há um vazio legal e, consequentemente, um vazio sancionatório quando um cidadão detiver droga em quantidade superior à prevista para o consumo médio de 10 dias, desde que se prove que "a droga não seria razoavelmente acessível a outras pessoas – se, por exemplo, o consumidor vivia isolado (e não no seio de uma comunidade de toxicodependentes) mais facilmente se poderá concluir pela insusceptibilidade de transmissão da droga". O ilustre Mestre afasta a aplicação de qualquer norma incriminadora do DL n.º 15/93 por se fundar na analogia penal – *mala partem* – proibida pelos n.os 1 e 3 do art. 29.º da CRP e pelos n.os 1 e 3 do art. 1.º do CP, além de que considera que a aplicação de uma norma incriminadora revogada viola o princípio *nullum crimen, nulla pena sine lege*, além de que recorrer – à punição alternativa do art. 25.º do DL n.º 15/93 viola igualmente "o princípio da legalidade (e a exigência de proporcionalidade)". Face a este vazio sancionatório, RUI PEREIRA propõe uma intervenção legislativa que ou coloque "em vigor uma norma idêntica ao n.º 2 do art. 40.º do Decreto-Lei n.º 15/93 (com elevação para dez do número de dias do consumo médio), se se pretender assegurar a existência de um crime de perigo abstrato" ou revogue o n.º 2 do art. 2.º da Lei n.º 30/2000 e se prescreva que "a norma que contempla a contra-ordenação só será aplicada se o não for a norma incriminadora (do n.º 2 do art. 40.º do Decreto-Lei n.º 15/93)", sob pena de existir um julgamento de inconstitucionalidade do regime prescrito na Lei n.º 30/2000 por violação do princípio da igualdade – n.º 1 do art. 13.º da CRP – e do princípio da proporcionalidade.

Contudo, como sabemos a quantidade de consumo médio individual pode ser diferente conforme o consumidor – se ocasional, se inicial ou se toxicodependente. Questão que se levanta é se devemos dar primazia a uma interpretação totalmente literal e restrita da revogação expressa ou se devemos conjugar os fundamentos da descriminalização

---

[374] RUI PEREIRA, "A descriminalização do consumo de droga», *in Liber Discipulorum...*, pp. 1171-1176.

140 *Consumo de Drogas*

em sentido técnico – como "a toxicodependência deve ser encarada como uma doença, a ser tratada, e não como um ilícito penal a punir", como os princípios humanista, da prevenção, da subsidiariedade, da segurança, que orientam a nova política na luta contra a droga, – para que se considere que a incriminação de consumo agravado – previsto e punido pelo n.º 2 do art. 40.º do Dec. Lei n.º 15/93 – se encontra também revogada expressamente *ex vi* do art. 28.º da Lei n.º 30/2000.

II. O tribunal da Relação de Lisboa, no acórdão de 25 de Fevereiro de 2003, tomou a posição doutrinária de CRISTINA LÍBANO MONTEIRO, prescrevendo que:

> "I – A detenção de produto estupefaciente para consumo em quantidade superior ao consumo para 10 dias, que tenha ocorrido em data posterior à entrada em vigor da Lei n.º 30/2000, de 29Nov., continua a ser prevista pelo art. 40.º da Lei n.º 16/93, de 22Jan..
>
> II – **Deve recorrer-se a uma interpretação restritiva no disposto ao art. 28.º da Lei n.º 30/2000**, no sentido de que a revogação operada por aquele preceito se circunscreve às disposições que doravante são abrangidas pelas contra-ordenações previstas no art. 2.º daquela Lei, mantendo-se em tudo o mais a norma do art. 40.º do Dec. Lei n.º 15/93"[375].

O Ac. do TC n.º 295/2003, do dia 12 de Junho de 2003, segue a tese do Tribunal da Relação de Lisboa e da Dr.ª CRISTINA LIBANO MONTEIRO, tendo votado vencido a Prof.ª FERNANDA PALMA, com os mesmos argumentos da Dr.ª INÊS BONINA. Contrariamente, baseando-se na *violação do princípio da legalidade da pena*, o Tribunal da Relação de Guimarães[376] decidiu que:

> "I – O art. 40.º, n.º 2 do DL 15/93 de 22-1 foi revogado pelo art. 28.º da Lei 30/2000 de 29-11, passando qualquer detenção de droga para consumo a ser considerada contra ordenação.
>
> II – **Qualquer interpretação restritiva do citado art. 28.º da Lei 30/2000**, no sentido de se considerar em vigor aquele

---

[375] Ac. RLX *in www.dgsi.pt/*, consultado em 8 de Maio de 2003.

[376] Ac. do Tribunal da Relação de Guimarães de 23 de Setembro de 2002, Proc. n.º 381/2002-1, *in www.dgsi.pt/*, consultado em 21 de Julho de 2003.

art. 40.º quando se tratar da detenção para consumo de uma quantidade de droga superior à prevista no art. 2.º, n.ºˢ 1 e 2 da lei 30/2000 de 29-11, que considera contra-ordenação a detenção de uma quantidade igual ou inferior ao consumo médio individual durante o período de dez dias, **afronta o princípio geral do direito penal da** *«nula pena sine lege»*.

III – **A detenção para consumo de uma tal quantidade deverá ser considerada contra-ordenação**, devendo, com vista ao respectivo proccdimento, ser remetida certidão à «Comissão para dissuasão da toxicodependência» a que se refere o art. 5.º da citada Lei 30/2000".

A polémica sobre a detenção ou posse de quantidade superior à admitida por lei para consumo médio de 10 dias e sobre a revogação do art. 40.º do DL n.º 15/93 na totalidade, excepto o cultivo, tem-se desenvolvido nos últimos tempos. O Tribunal da Relação do Porto tomou, recentemente, a posição de que "as situações de detenção para consumo, cuja quantidade exceda o consumo médio individual durante o período de dez dias, são punidas com pena de prisão de 1 a 5 anos ou com pena de prisão até dois anos ou multa até 240 dias, consoante se trate de substâncias das Tabelas I a III ou IV respectivamente[377], conjugando-se os artigos 25.º e 40.º do DL n.º 15/93. A Relação do Porto considera, assim, que "as situações de detenção para consumo, cuja quantidade exceda o consumo médio individual durante o período de dez dia, é sancionada como ilícito criminal, seja por via do art. 21.º, seja por via do art. 25.º, seja, se estiver reunido o respectivo condicionalismo, por via do art. 26.º, todos do Decreto Lei n.º 15/93". Tempos antes, tendo em conta que o princípio da legalidade inscrito no art. 29.º, n.º 1 da CRP e no n.º 1 do art. 1.º do CP, que impõe que "uma infracção esteja claramente definida na lei, estando tal condição preenchida sempre que o interessado possa saber, a partir da disposição pertinente, quais os actos ou omissões que determinam responsabilidade penal e as respectivas consequências"[378], e que a interpretação restritiva de "norma expressamente revogatória de uma norma incriminadora, encurtando o sentido e alcance da revogação, constitui, no

---

[377] Ac. Relação do Porto de 7 dc Dezembro de 2005, *in www.dgsi.pt*.

[378] Ac. STJ, Proc. 18313, de 28 de Agosto de 2005, *in www.dgsi.pt*.

plano material, não uma restrição, mas uma extensão da norma incriminadora que permaneceria em parte apesar da revogação"[379], o STJ considerou que "a posse de substâncias em quantidades superiores ao necessário para o consumo médio durante dez dias, desde que tenha por finalidade exclusiva o consumo privado próprio, terá de ser considerada como contra-ordenação"[380], nos termos do art. 2.º da Lei n.º 30/2000.

III. Se acompanharmos a tese de CRISTINA LÍBANO MONTEIRO e do Tribunal da Relação de Lisboa e do TC, a situação apresentada ter-se-á de enquadrar no art. 25.º do DL n.º 15/93 que prevê e pune o tráfico de menor gravidade, ou seja, devemos considerar que o legislador prescreveu uma quantidade taxativa, acima da qual se deverá proceder de acordo com o tráfico de droga – *in casu* tráfico de menor gravidade.

Se optarmos pela posição de INÊS BONINA, da Prof.ª FERNANDA PALMA e do Tribunal da Relação da Guimarães, com a qual concordamos, não podemos enquadrar uma situação que se prevê como excesso para consumo no crime p. e p. pelo art. 25.º do DL n.º 15/93, mas antes considerá-la como contra-ordenação, uma vez que o legislador procurou "estabelecer uma plataforma de dez dozes médias diárias para o consumo de estupefacientes, pretendeu fornecer um critério legal, nomeadamente orientador, de distribuição entre o consumo e o tráfico de estupefacientes"[381]. Consideramos, desta feita, que não existe um vazio sancionatório, como defende RUI PEREIRA, por a posse de quantidade superior ao consumo próprio médio individual durante o período de dez dias deve-se enquadrar como consumo e, por isso, no art. 2.º da Lei n.º 30/2000.

Contudo, a segunda interpretação impõe às autoridades policiais uma maior sensibilidade quer na análise do caso concreto, quer na investigação que sobre elas pende face a um indivíduo que detém uma quantidade mínima superior ao prescrito para a consignação da contra-ordenação.

Relembremos aqui que o inquérito criminal será fundamental para se decidir se a ocorrência é crime ou contra-ordenação.

---

[379] *Ibidem.*
[380] *Ibidem.*
[381] INÊS BONINA,"Descriminalização do Consumo...", *in RMP*, p. 187.

CAPÍTULO XI
Abandono de seringas

§ 53.º Sentido e alcance do art. 32.º do DL n.º 15/93, de 22 de Janeiro

I. O legislador português, tendo em conta não só o bem jurídico da saúde pública, mas também e principalmente os bens jurídicos vida e integridade física dos cidadãos, não descriminalizou *o abandono de seringas*, mantendo como crime a conduta daquele que "em lugar público ou aberto ao público, em lugar privativo mas de uso comum, abandonar seringa ou outro instrumento usado no consumo ilícito de estupefacientes ou substâncias psicotrópicas, criando deste modo perigo para a vida ou a integridade física de outra pessoa", podendo ser punido com pena de prisão até 1 ano ou com pena de multa até 120 dias, se pena mais grave lhe não couber por força de outro disposição legal", nos termos do art. 32.º do DL n.º 15/93, de 22 de Janeiro.

Um indivíduo que, após se ter injectado, lance na via pública a seringa ensanguentada, põe em perigo a vida, a integridade física de qualquer cidadão, que por aquele local passe, assim como a própria saúde pública. Estamos perante um comportamento que poderá trazer consequências graves, ora vejamos.

II. Imaginemos que *A* se injectou e é portador de uma doença infecto-contagiosa. Após este acto, ocorrido num jardim onde sabia que brincam crianças e que uma criança se poderia ferir com a seringa, lançou a seringa ensanguentada para a relva. Nesse momento, uma criança *B*, que ali jogava à bola, cai espetando a seringa na mão, vindo a contrair a mesma doença de *A*.

A punibilibade do abandono de seringas não abrange a ofensa à integridade física de outrém caso a mesma seja ferida como *B*, mas sim a simples conduta do lançamento da seringa num lugar público ou num lugar aberto ao público[382], que cria perigo para a vida ou integridade física de outra pessoa, mas não abarca os casos em que esse perigo se efectiva, se objective, ou seja, os casos como este que estamos a analisar.

A ofensa à integridade física não se enquadra neste preceito, bem jurídico que merece tutela penal, estando prevista no art. 143.° e ss. do CP. O caso em análise, na nossa opinião, poder-se-á enquadra-se no crime de *ofensas à integridade física grave*, p. e p. pela al. *d)* do art. 144.° do CP a título de dolo eventual, porque **A,** ao lançar a seringa num lugar público onde brincam crianças, que são curiosas por natureza, sabia das consequências da sua conduta e conformou-se com a possível realização do facto[383], ou no crime de *propagação de doença contagiosa*, p. e p. pela al. *a)* do n.° 1 do art. 283.° do CP.

A incriminação prevista no art. 32.° do DL n.° 15/93 cinge-se unicamente *ao abandono de seringas* ou *de outro instrumento* (por exemplo de corte) usado na prática do *consumo ilícito de estupefacientes*, não fazendo qualquer sentido que abrangesse uma situação em que, devido ao lançamento de uma seringa ensanguentada num lugar público, onde crianças brincam, alguém que fosse "agredido" por aquela seringa, provocando o contágio de uma doença infecto contagiosa, (como a Sida ou Hepatite B), que poderá conduzir ao falecimento do infectado, provocando-lhe *perigo para a vida* [al. *d)* do art. 144.° do CP], ou abrangesse a situação de alguém ser contaminado, por uma doença que possivelmente será transmissível a outros, provocando *perigo para a vida ou perigo grave para a integridade física de outrem* **(B)**, [al. *a)* do n.° 1 do art. 283.° do CP].

---

[382] O *lugar público* pode ser de acesso reservado, de acesso condicionado e de domínio comum ou de acesso livre, enquanto que o *lugar aberto ao público* pode ser um lugar público de acesso reservado ou de acesso condicionado e/ou pode ser um lugar de natureza privada cujo acesso seja livre ou condicionado, conforme se tenha de pagar ou não uma prestação pecuniária para aceder ao mesmo. Como local privado de acesso livre temos os Centros Comerciais, como acesso condicionado, as discotecas.

[383] Cfr. o n.° 3 do art. 14.° do CP.

Abandono de seringas 145

§ 54.° Concurso aparente de crimes

I. A questão em análise preenche o âmbito do concurso aparente de crimes ou concurso de normas, uma vez que os bens jurídicos tutelados são os mesmos: vida e integridade física. A conduta de *A* pode ser incriminada quer pelo art. 32.° do DL n.° 15/93, quer pelo art. 144.° al. *d)* do CP, quer pela al. *a)* do n.° 1 do art. 283.° do CP[384]. A resolução deste concurso passa necessariamente pela aplicação e análise dos princípios da subsidiariedade, da consumpção[385] e da especialidade[386].

Na nossa opinião, o legislador, ao estipular que a pena de prisão será de 1 ano ou multa até 120 dias, *se pena mais grave não lhe couber por força de outra disposição legal*, queria salvaguardar os casos que pudessem pôr em causa ou violar bens jurídicos fundamentais, cuja superioridade se impõe pela sua essência de natureza humana: vida e integridade física.

De acordo com o princípio da subsidiariedade, a conduta de *A* enquadra-se não no art. 32.° do DL n.° 15/93, mas poder-se-á enquadrar no art. 144.°, al. *d)* do CP, uma vez que foi *B* contaminado com o vírus da Sida ou com hepatite B, provocando-lhe perigo para a vida[387].

---

[384] Pois, existe entre as normas "uma relação de especialidade, de subsidiariedade ou de consumpção: uma delas prevalecerá então sobre a outra (ou sobre as outras) e excluí-la-á (ou excluí-las-á)". Ac. do STJ de 27 de Janeiro de 1998, Proc. n.° 32 918, *in www.dgsi.pt/jstj.nsf/*.

[385] Como regra "o mecanismo da **consumpção** não branqueia nem elimina a tonalidade delituosa própria do tipo legal consumido", entendendo-se que "basta a formulação de um juízo de censura único, não dissociado embora na sua essência das infracções participantes – as consumptoras ou as consumidas – mas mitigadas estas pela própria circunstância da sua aglutinação naquele sobre o dito juízo único". *Idem*. Negrito nosso.

[386] Existe uma relação de **especialidade** quando "toda a matéria de facto subsumível cabe inteiramente no âmbito mais vasto da norma geral, relativamente à qual a primeira é especial". Manuel Cavaleiro de Ferreira, *Lições de Direito Penal*, Edições Verbo, 1987, p. 378.

[387] O princípio da **subsidiadiedade** do Direito Penal, proveniente da expressão latina *Lex primaria derogat legi subsididiarae*, significa que, quando duas normas prevejam "inteiramente o mesmo facto concreto", se aplique a norma que "irrogue a penalidade mais grave, porque deve presumir-se que é a que aplica pena mais grave a que mais completamente realiza os fins da ordem jurídica penal". No caso em

Quer o vírus da Sida, quer a Hepatite B ou outro vírus mortal poderão provocar a morte do infectado, pelo que *A* ao infectar *B* com a seringa que lançou no jardim onde *B* se encontrava a jogar à bola, tem um comportamento que cria um *perigo para a vida* de *B*, nos termos da alínea *d)*[388] do art. 144.° do CP, não a título de dolo directo[389] ou dolo necessário, mas de dolo eventual[390].

II. *De iure condito,* surge a questão de se saber se, no caso de *A* ser portador de doença infecto-contagiosa, ao lançar a seringa fora sem qualquer cuidado, criando perigo para a vida ou para a integridade física de outrem, não poderá ser responsabilizado pelo crime da propagação de doença, p. e p. pelo art. 283.°, n.° 1 al. *a)* do CP, cuja pena será agravada se da sua conduta **resultar morte ou ofensa à integridade física grave de outra pessoa** (*ex vi* art. 285.° do CP) e atenuada se o agente do crime **remover voluntariamente o perigo antes de se ter verificado dano considerável** (*ex vi* art. 286.° do CP).

Os bens jurídicos tutelados pelo art. 283.° são "a vida, a saúde ou a integridade física de outra pessoa"[391] e, inevitavelmente, a saúde pública, ou seja, os mesmos bens jurídicos tutelados pelo art. 32.° do DL n.° 15/93 e pelo art. 144.° do CP. O conflito de aplicação de nor-

---

análise, é a própria lei que "expressamente faz depender a aplicabilidade de uma norma da não aplicabilidade de outra norma com ela concorrente sobre o mesmo facto", ao estipular "se pena mais grave não lhe couber por força de outra disposição legal". Desta feita, estamos perante a subsidiariedade explícita. GERMANO MARQUES da SILVA, *Direito Penal Português*, Verbo, Lisboa/S. Paulo, 1997, Vol. I, pp. 313, 314.

[388] PAULA RIBEIRO de FARIA, "Ofensa à Integridade Física Grave", *in Comentário Conimbricence do Código Penal – Parte Especial,* Coimbra Editora, Tomo I, p. 234, art. 144.°.

[389] Consignava uma conduta sob *dolo directo* se *A* espetasse a seringa em *B* com o fim, com a intenção de o infectar com a doença de que é portador, comportamento este que sendo ofensa corporal simples "com dolo de perigo de vida para a vítima" [al. *d)* do art. 144.° do CP] de acordo com a opinião do Prof. FIGUEIREDO DIAS, *Código Penal – Actas e Projectos da Comissão de Revisão*, Ministério da Justiça, Rei dos Livros, 1993, pp. 223.

[390] Sobre os conceitos legais de dolo directo, necessário e eventual, art. 14.° do CP.

[391] MANUEL MAIA GONÇALVES, *Código Penal Português Anotado e Comentado – Legislação Complementar,* Almedina, 14.ª Ed. 200 L, p. 838.

Abandono de seringas 147

mas, concurso aparente de crimes, como já referimos, será resolvido de acordo com a aplicação dos princípios da especialidade, da subsidiariedade e da consumação.

O art. 32.° do DL n.° 15/93, como já referimos, não abrange qualquer consequência do acto como alguém ser ferido pela seringa usada por um toxicómano portador de uma seringa contagiosa, mas o perigo constituído pela conduta «abandono de seringas».

O art. 283.° do CP, com a redacção da reforma de 1995, engloba os artigos 270.° (crime de propagação de doença contagiosa)[392], 274.° (crime de alteração de análises) e 275.° (crime de alteração de receituário na versão original do Código Penal de 1982, com alterações significativas quanto ao regime: o **âmbito de aplicação** quer na agravação pelo resultado, quer na atenuação da pena, é **alargado**; "a **referência à pequena gravidade** do perigo" é **eliminada**, sendo exigido sempre um perigo grave; "o **crime de propagação de doença contagiosa** também está regulado segundo a forma de combinação **dolo-negligência** (o que não acontecia na versão original)"[393]; e, quanto ao crime de propagação de doença, a não exigibilidade da criação de perigo para um número indeterminado de pessoas, **bastando a criação de perigo para outrém**"[394], ou seja, "embora se trata de uma pessoa concreta, naturalmente que esta surge apenas como a vítima do crime, mas verdadeiramente como representante da comunidade – ela é, no fundo, a concretização do *perigo para a sociedade* que decorre da conduta"[395], melhor, o perigo refere-se «à Comunidade, embora, *"por força do acaso"*, se concretiza numa pessoa que representa a Comunidade»[396].

---

[392] Sobre o crime de propagação de doença contagiosa na versão original, J. MARQUES BORGES, *Dos Crimes de Perigo Comum e dos Crimes Contra a Segurança nas Comunicações*, Rei dos Livros, 1985, pp. 159 e ss..

[393] JOSÉ MANUEL DAMIÃO da CUNHA, "Propagação de doença, alteração de análises ou de receituário", *in Comentário Conimbricence do Código Penal – Parte Especial*, Coimbra Editora, 1999, Tomo II, p. 1007; e MANUEL MAIA GONÇALVES, *Código Penal...*, 14.ª Edição, p. 837. Negritos nossos.

[394] MANUEL MAIA GONÇALVES, *Código Penal...*, 14.ª Edição, p. 837. Negrito nosso.

[395] JOSÉ MANUEL DAMIÃO da CUNHA, "Propagação de doença...", *in Comentário Conimbricense...*, p. 1007.

[396] *Idem*, p. 1008.

148 *Consumo de Drogas*

O toxicómano, portador de uma doença contagiosa, que lança a seringa, utilizada no acto do consumo, num local de domínio público comum (via pública, jardim), criando para outrem *perigo para a vida ou ofensa grave para a integridade física*, que caiu e se feriu com a mesma, será responsabilizado pelo crime de propagação de doença contagiosa, p. e p. pelo art. 283.º do CP, ou seja, no caso em estudo, poderá ser imputado a *A* o crime de propagação[397] de doença contagiosa?

Ao lançar a seringa infectada com a doença contagiosa, num jardim onde brincam crianças[398], cria necessariamente *perigo para a vida ou perigo grave para a integridade física* de *B* que se feriu com a seringa. Sendo que há "um contágio numa pessoa *B* e que daí *poderá* alastrar à comunidade", e que *B* poderá "infectar outras pessoas", o art. 283.º do CP quer pelo princípio da subsidiariedade, quer pelo da especialidade, quer pelo da consumpção, afastaria a aplicação do art. 32.º do DL n.º 15/93, que prescreve subsidiariedade explícita.

A conduta de *A*, caso se enquadre no art. 283.º do CP, pode ser punida a título de negligência[399], por força do n.º 3 do art. 283.º, enquanto que no art. 144.º al. *d), A* seria punido a título de dolo eventual. Se o perigo para a vida ou o perigo grave para a integridade física

---

[397] Por propagação de doença contagiosa, entende-se a "acção ou omissão pela qual se facilita o multiplicar das possibilidades de transmissão da uma doença". J. MARQUES BORGES, *Dos crimes de Perigo...*, p. 160. Quanto às doenças abrangidas pela incriminação, entendemos que se devem considerar as constantes da Portaria n.º 766/86 de 26 de Dezembro e todas as doenças humanas possíveis de transmissão, quer as comuns aos homens e animais, quer sejam as doenças contagiosas humanas e independentemente da fonte de contágio serem os homens ou os animais, desde que a mesma seja *adequada* a produzir o perigo referido" no n.º 1 do art. 283.º, dependendo "do caso concreto". *Hoc Sensu*, JOSÉ M. DIAS da CUNHA, "Propagação de doença...", *in Comentário Conimbricense...*, pp. 1008 e 1009 e J.M. BORGES, *Dos crimes de Perigo...*, p. 164.

[398] Também o crime p. e p. pelo art. 32.º do DL n.º 15/93 é de natureza pública.

[399] A punibilidade do facto praticado com negligência só é admissível nos casos que a lei o preveja, como acontece no art. 283.º do CP, *ex vi* art. 13.º do CP, Cfr. art. 15.º (*negligência*) do CP e MANUEL MAIA GONÇALVES, *Código Penal...*, pp. 97 e ss..

Abandono de seringas 149

de **B** for criado por negligência, **A** também será punido a título de negligência, *ex vi* n.º 2 do art. 283.º do CP, ou seja, "estabelece-se uma combinação **entre uma conduta dolosa**[400] e a consequente **criação negligente de um perigo**"[401], enquanto que o n.º 3 do art. 283.º "estabelece uma combinação entre uma **conduta negligente** e a **criação negligente de um perigo**"[402].

III. Quer a conduta de **A** se enquadre no crime p. e p. pela al. *d)* do art. 144.º do CP, quer no crime p. c p. pela al. *a)* do n.º 1 do art. 283.º do CP, uma vez que não se enquadra no crime p. e p. pelo art. 32.º do DL n.º 15/93, estamos perante um crime público[403], bastando ao MP ter conhecimento[404] da conduta para que promova a acção penal, nos termos do art. 219.º da CRP, do art. 48.º e 262.º e ss. do CPP.

§ 55.º Procedimento dos órgãos de polícia criminal

I. Se um órgão de polícia criminal[405] verificar, em flagrante delito[406], que **A** lançou a seringa naquele local público, deverá proceder à sua detenção, devendo-o apresentar ao juiz de instrução no mais curto espaço de tempo para o primeiro interrogatório judicial e aplicação de medida de coacção, *ex vi* al. *a)* do art. 254.º do CPP. Além de deter **A**, o OPC deverá proceder à apreensão da seringa *ex vi* al. *c)* do n.º 1 do art. 249.º do CPP, e remetê-la ao laboratório científico da Polícia

---

[400] O toxicómano **A** "tem de actuar com dolo quanto à propagação da doença (...) sendo suficiente o dolo **eventual**". José M. Damião da Cunha, "Propagação de doença...", *in Comentário Conimbricense...*, p. 1013.

[401] José M. Damião da Cunha, "Propagação de doença...", *in Comentário Conimbricense...*, p. 1014.

[402] *Ibidem.*

[403] O crime p. e p. pelo art. 32.º do DL n.º 15/93 é de natureza pública.

[404] A *notitia criminis* pode chegar ao MP *por conhecimento próprio, através de órgão de polícia criminal e através de denúncia, ex vi* art. 241.º, 242.º 243.º e 244.º do CPP. M. Lopes Maia Gonçalves, *Código de Processo Penal Anotado e Comentado*, 12.ª Edição, Almedina, 2001, p. 506.

[405] Sobre o conceito processual, al. *c)* do n.º 2 do art. 1.º do CPP.

[406] Cfr. art. 256.º do CPP.

150 *Consumo de Drogas*

Judiciária para comprovação da existência de vestígios de estupefacientes[407].

A detenção apenas se realizará se o OPC tiver a certeza de que a seringa lançada no lugar público ou de acesso público foi utilizada por *A* no consumo de estupefacientes, porque apesar de *A* ser toxicodependente, poderá tê-la usado para injectar insulina, pelo que não poderá ser detido pelo crime previsto e punido pelo art. 32.º do DL n.º 15/93 de 22 de Janeiro.

Contudo, defendemos que se *A* é toxicodependente, se é portador de uma doença infecto-contagiosa e sabendo que num jardim há totais possibilidades de uma criança cair e de se poder ferir com uma seringa, ao lançá-la nesse lugar público, mesmo que não tenha estado a consumir droga, está a pôr em causa não só a saúde pública[408], mas também a vida e a integridade física de qualquer pessoa, em especial das crianças que todos os dias brincam naquele jardim.

A conduta de *A* não pode ficar impune, pela sua censurabilidade e sob pena de desvalorizarmos valores e direitos fundamentais da nossa sociedade. Como afirma o Prof. FIGUEIREDO DIAS, será impensável que se incrimine mais gravemente os crimes contra o património do que contra a vida e a integridade física de qualquer cidadão[409]. Defendemos, assim, que *A* poderá ser responsabilizado criminalmente por ofensas corporais graves por ter actuado com dolo eventual.

---

[407] Elabora-se um auto de apreensão cautelar de seringa e, se possível, deve-se fazer um exame preliminar de modo que se possa verificar a existência de vestígios de estupefacientes. Caso não seja possível realizar o exame, o OPC não deverá, na nossa opinião, proceder à detenção, mas antes elaborar um Auto de Notícia a relatar os factos por si presenciados, nos termos do art. 243.º do CPP, e proceder também à apreensão cautelar da seringa, *ex vi* al. *c)* do n.º 1 do art. 249.º do CPP, para que seja enviada ao laboratório da Polícia Científica (PJ) para a confirmação ou não da existência de indícios de droga. O OPC deve, ainda, efectuar a revista, cujo relato deve constar do auto da notícia ou de detenção. Quanto às revistas, o nosso estudo *Revistas e Buscas,* 2.ª Edição Almedina, 2003.

[408] Poder-se-á levantar a questão da propagação da doença, p. e p. pela al. *a)* do n.º 1 do art. 283.º do CP, cuja conduta não é só punida a título de dolo, mas também a título de negligência, *ex vi* n.º 3 do art. 283.º.

[409] FIGUEIREDO DIAS, *Código Penal – Actas e Projectos da Comissão de Revisão*, Ministério da Justiça, Rei dos Livros, 1993, pp. 223.

Abandono de seringas   151

II. Se o OPC verificar que *A* lança uma seringa ensanguentada para o jardim, mas não se tem a certeza se foi ou não usada no consumo ilícito de estupefacientes ou substâncias psicotrópicas, deve-se proceder à identificação de *A* (*ex vi* art. 250.º do CPP), à apreensão da seringa [*ex vi* al. *c)* do n.º 1 do art. 249.º do CPP, em conjugação com o art. 177.º do CPP], para posterior análise no laboratório científico da Polícia Judiciária, e à elaboração do *Auto de Notícia* [*ex vi* al. *a)* do n.º 1 do art. 242.º, 243.º e 246.º do CPP.] e do respectivo *Auto de Apreensão Cautelar.*

Se o exame laboratorial confirmar a existência de vestígios de estupefacientes ou substâncias psicotrópicas, por força do princípio da legalidade que deverá ser conjugado e interligado com os princípios do consenso e da oportunidade, o Ministério Público promoverá a acção penal[410].

---

[410] Cfr. n.º 1 do art. 219.º da CRP artigos 48.º e 262.º e ss. do CPP sobre os princípios da legalidade, do consenso e da oportunidade, os nossos *Processo Penal – Tomo I*, pp. 185-213 e *Lei e Crime...*, pp. 151 e ss..

CAPÍTULO XII

Consumo em lugares públicos ou de reunião

§ 56.º Sentido da epígrafe do art. 30.º do DL n.º 15/93, de 22 de Janeiro

I. A epígrafe do artigo 15.º do DL n.º 15/93 de 22 de Janeiro – *Consumo em lugares públicos ou de reunião* – na nossa opinião, não é muito feliz quando o corpo do artigo se dirige aos lugares de domínio privado abertos ao público, cujo acesso pode ser livre – restaurante, café, taberna – ou condicionado ao pagamento de uma taxa de entrada – discotecas, recintos de espectáculos ou de diversão, hotéis[411] – e aos lugares de domínio público de acesso condicionado ou restrito.

A epígrafe do artigo refere-se desta feita aos lugares públicos não de acesso e domínio comum, aqueles em que qualquer pessoa tem o livre acesso, mas sim a locais de natureza privada, cuja detenção e disponibilidade cabem a um ente privado ou público, aos quais podem aceder livremente, quando a entrada não está sujeita ao pagamento de uma quantia monetária ou à realização de uma despesa mínima pela entrada nesse local, ou, estando sujeita àquelas condições, podem ter um acesso público condicionado.

Da letra da lei não se retira que esse recinto ou casa de reunião, de espectáculo ou de diversão, ou esse café ou clube sejam apenas de natureza privada ou explorados economicamente por entes privados, podendo-se enquadrar neste preceito aquelas unidades económicas cuja direcção, exploração e disponibilidade caibam a entes públicos.

II. Quanto ao n.º 2 do art. 30.º do DL n.º 15/93, o legislador procurou evitar que os locais como "edifícios, recintos vedados ou veí-

---

[411] Cfr. n.º 1 do art. 30.º.

154 Consumo de Drogas

culos" fossem utilizados como locais de consumo e de tráfico de drogas, sem que os seus responsáveis fossem responsabilizados.

O legislador procurou evitar a criação de locais, cuja disponibilidade pertence a outrém que não o traficante ou consumidor, em que os seus disponentes não fossem responsabilizados criminalmente por permitirem e/ou consentirem o consumo e o tráfico de drogas.

III. Se *A*, proprietário de um veículo ou de uma garagem ou de uma residência, souber que *B* consome heroína ou trafica 'drogas' e lhe faculta a chave para que faça uso do mesmo para o consumo de heroína, proporcionando a prática de um ilícito, mesmo sendo de mera ordenação social, pode ser punido até 5 anos de prisão.

O n.º 2 do art. 30.º do DL n.º 15/93, numa primeira interpretação, ao incluir o *edifício* e o *recinto vedado*, visa vincar a natureza privada ou a natureza restrita do acesso do local onde se processa o ilícito, assim como a própria referência ao *veículo*, cujo acesso é restrito e apenas ocorre por autorização do seu disponente. Pois, existem recintos, edifícios e veículos cujo domínio é de natureza publica, apesar do acesso ser restrito ou condicionado, que o legislador também pretende abranger. Imaginemos um veículo automóvel pertencente a um serviço público conduzido por *A* (funcionário público) e que permite que um seu amigo *B* consuma ou o use no tráfico de 'drogas'. A conduta de *A* comina a prática do crime de consumo em lugar público, p. e p. no art. 30.º do DL n.º 15/93, enquanto que a conduta de *B* poderá cominar a prática de uma contra-ordenação (art. 1.º da Lei 30/2000) ou do crime de tráfico de estupefacientes e/ou substâncias psicotrópicas, p. e p. pelo art. 21.º do DL n.º 15/93.

§ 57.º Procedimento quanto ao consumidor ou toxicodependente

Uma questão que se nos apresenta é a de saber se o consumidor de estupefacientes ou substâncias psicotrópicas for surpreendido a consumir ou na posse de drogas constantes nas tabelas I a IV anexas ao DL n.º 15/93, está ou não sujeito ao mesmo tratamento jurídico –

Consumo em lugares públicos ou de reuniões 155

processual que aquele que é surpreendido na via pública ou num jardim.

Desde que o consumidor não detenha, nem esteja a consumir ou não tenha adquirido uma quantidade que ultrapasse o consumo médio individual para o período de 10 dias (n.º 2 do art. 2.º da Lei n.º 30/ /2000), o procedimento deve seguir os trâmites estipulados pela Lei n.º 30/2000 e pelo DL n.º 130-A/2001[412].

§ 58.º Procedimentos quanto aos disponentes dos lugares

I. Quanto aos proprietários, aos gerentes, aos directores de hotéis, de restaurantes, de cafés, de tabernas, de clubes, de casas ou recintos de reunião, de espectáculos ou de diversão, que *consintam* que, nesses locais, se trafique ou se *consuma*, *use* estupefacientes ou substâncias psicotrópicas constantes nas tabelas I a IV anexas ao DL n.º 15/93, serão punidos com pena de prisão de 1 a 8 anos, *ex vi* n.º 1 do art. 30.º do DL n.º 15/93. Caso o *consentimento* seja dado por quem dispõe de *edifício*, *recinto vedado* ou *veículo*, a pena de prisão é de 1 a 5 anos, nos termos do n.º 2 do art. 30.º do DL n.º 15/93.

Quanto ao consentimento para a prática de tráfico ou de consumo de drogas no estabelecimento terá de ser expresso e apenas haverá detenção em flagrante delito, caso contrário dever-se-á levantar o *Auto de Notícia* (*ex vi* art. 242.º e 243.º do CPP), procedendo à *identificação do agente* (art. 250.º do CPP), *constituí-lo arguido* [al. *d)* do n.º 1 do art. 58.º do CPP] e enviar o auto ao Ministério Público para que promova a acção penal, (*ex vi* art. 48.º do CPP e 219.º, n.º 1 da CRP).

II. Contudo, se *aqueles* não consentirem, mas *não tomam as medidas adequadas para evitar que os lugares sejam utilizados para o tráfico ou o uso*[413] ilícito de drogas serão punidos até 5 anos de prisão, nos termos do n.º 3 do art. 30.º do DL n.º 15/93.

---

[412] Cfr. *supra* Capítulo VII – Dos Procedimentos.

[413] Entende-se *uso* como *consumo*.

156 *Consumo de Drogas*

No caso de não existir consentimento, apenas haverá conduta punida pelo n.° 3 do art. 30.°, se forem verificados os requisitos previstos no n.° 4 do art. 30.°:

1 – Nesses locais, devem ter havido **duas apreensões** de estupefacientes e substâncias psicotrópicas constantes nas tabelas I a IV anexas ao DL. n.° 15/93;

2 – As apreensões devem ter sido efectuadas por **autoridade judiciária ou órgão de polícia criminal**[414];

3 – Desde que os proprietários, gerentes, directores e outros responsáveis desses lugares e os disponentes dos edifícios, recintos vedados ou veículos tenham **sido notificados** das duas apreensões;

4 – E, é necessário que entre as duas apreensões medeie um **período não superior a um ano.**

Os responsáveis dos lugares referidos nos n.ºs 1 e 2 do art. 30.° do DL n.° 15/93 que não consintam, mas não tomem medidas necessárias e adequadas a evitar o consumo de droga no seu interior, não são detidos, mas *identificados*, em *Auto de Notícia*, (*ex vi* artigos 250.°, 242.° e 243.° do CPP), e *constituídos arguidos* [*ex vi* art. 58.°, n.° 1 al. *d)* do CPP[415]], competindo a promoção de acção penal ao Ministério Público. Ao Auto de Notícia devem-se juntar fotocópias das notificações previstas nos n.ºs 3 e 4 do art. 30.° do DL n.° 15/93.

A autoridade competente para a investigação dos ilícitos previstos no art. 30.° do DL n.° 15/93[416] dará conhecimento ao Governador

---

[414] Sobre a autoridade judiciária e órgão de polícia criminal, als. *b)* e *c)* do n.° 1 do art. 1.° do CPP. Quanto aos OPC, também a Lei n.° 21/2000, de 10 de Agosto, e art. 57.° do DL n.° 15/93.

[415] A não constituição de arguido implica a não utilização como prova das declarações prestadas pela pessoa visada, *ex vi* n.° 4 do art. 58.° do CPP. Sufragamos a opinião de JOSÉ LOBO MOUTINHO quando defende que a não constituição de arguido consigna uma nulidade insanável, porque nem o arguido, nem o seu defensor poderão comparecer nessa qualidade de sujeito processual no Inquérito, *ex vi* al. *c)* do art. 119.° do CPP. JOSÉ LOBO MOUTINHO, *O Arguido e Imputado no Processo Penal*, UCE, 2000, pp. 188 e ss..

[416] Quanto ao consumo, que deixou de constituir crime, passando a contra--ordenação, com a aprovação da Lei n.° 30/2000, de 29 de Novembro, qualquer órgão de polícia criminal é competente para proceder ao levantamento do auto de ocorrência. Quanto ao tráfico, os crimes previstos nos arts. 21.°, 22.°, 23.°, 27.° e 28.° do

Consumo em lugares públicos ou de reuniões 157

Civil do Distrito da área respectiva ou à autoridade administrativa que licenciou a abertura do estabelecimento dos factos e possa decidir ou não pelo seu encerramento, (*ex vi* n.º 5 do art. 30.º do DL n.º 15/93).

§ 59.º O art. 30.º do DL n.º 15/93, de 22 de Janeiro e a Lei n.º 30/2000, de 29 de Novembro

I. A Lei n.º 30/2000, de 29 de Novembro ao descriminalizar em sentido técnico ou *stricto sensu* o consumo, a posse e a aquisição para consumo de drogas, não o fez quanto a permitirem, a consentirem ou a não tomarem medidas adequadas para evitar o uso de drogas em cafés, em restaurantes, em discotecas, em veículos cujo proprietário ou responsável não é o consumidor ou detentor da substância psicotrópica ou de estupefaciente.

A incriminação prevista no art. 30.º do DL n.º 15/93 mantém-se, também, quanto ao consumo visando-se tutelar bens jurídicos fundamentais tais como a segurança, a ordem, a saúde públicas e o livre acesso a bens de consumo de modo que qualquer cidadão possa escolher o café, o restaurante, a discoteca, o espectáculo de forma livre e sem quaisquer condicionalismos de ordem externa.

DL n.º 15/93, de 22 de Janeiro, são da competência reservada da Polícia Judiciária, *ex vi*. al. *r*) do art. 4.º da Lei 21/2000, de 10 de Agosto, competindo *a contrario* os crimes de tráfico de droga não previstos nesta alínea a outros OPCs. Contudo, se a PSP ou a GNR verificarem que, naquele momento, entrou, no café **X**, o António (**A**), suspeito de traficar estupefacientes, a entregar a Bernardo (**B**), um saco suspeito de conter droga, poderá proceder à intercepção de **A** e **B**, e caso se confirme o tráfico de droga, será a PSP ou a GNR a notificar o proprietário ou responsável pelo café e não a PJ, que estatutária e legalmente é a autoridade competente para a investigação do tráfico de droga, p. e p. pelo art. 21.º do DL n.º 15/93. A PSP ou a GNR podem também proceder à investigação do crime de tráfico de droga quando a autoridade judiciária competente para a direcção do processo lhes cometer essa investigação, *ex vi in fine* do n.º 5 do art. 3.º da Lei n.º 21/2000, de 10 de Agosto. Cfr. art. 57.º do DL n.º 15/93, de 22 de Janeiro. Mas, tendo em conta a teologia da LOIC e os princípios que devem nortear a investigação criminal, seria conveniente apenas lavrar um auto da notícia a relatar as circunstâncias factuais e enviar ao MP, porque poderá estar a decorrer uma investigação pela PJ e a actuação de outro OPC, como acontece algumas vezes, poderá conduzir ao logro do trabalho já desenvolvido.

II. Um outro ponto a realçar é que o agente do crime p. e p. pelo art. 30.º não é o consumidor ou toxicodependente, mas sim outra pessoa: o proprietário ou responsável pelo lugar em causa. Se o consumidor for o proprietário ou o responsável pelo lugar aberto ao público ou cedido, não haverá a prática de crime, mas sim a prática de uma contra-ordenação por consumo, aquisição ou posse para consumo próprio de drogas, (*ex vi* n.º 1 do art. 2.º da Lei n.º 30/2000), cuja quantidade não pode exceder a necessária para o consumo médio individual durante 10 dias, (*ex vi* n.º 2 do art. 2.º da Lei n.º 30/2000). O procedimento terá de ser o mesmo quanto a qualquer consumidor de estupefacientes ou substâncias psicotrópicas.

Mas, na nossa opinião, mesmo sendo o proprietário o consumidor e que desenvolve essa conduta no estabelecimento, dever-se-á dar conhecimento à entidade que licenciou a abertura do estabelecimento, como estipula o n.º 5 do art. 30.º do DL n.º 15/93, tendo em conta o escopo do licenciamento.

CAPÍTULO XIII

Das Comissões para a Dissuasão da Toxicodependência

§ 60.º Natureza, atribuições e competência

α. *Natureza*

A Comissão para a Dissuasão da Toxicodependência (CDT), criada especialmente para o processamento das contra-ordenações pelo consumo, aquisição e detenção para consumo de estupefacientes e substâncias constantes das tabelas I a IV e para aplicação das respectivas sanções, possui natureza administrativa, cuja tutela cabe ao Ministro responsável pela coordenação da política da droga e da toxicodependência[417].

A CDT não é um órgão jurisdicional, mas sim um órgão administrativo do poder executivo[418], cujo serviço desenvolvido é de natureza pública, estando vinculada aos princípios norteadores de actuação da Administração Pública[419].

β. *Atribuições*

As atribuições da CDT são as de processamento dos autos de contra-ordenação elaborados pelas autoridades policiais, as de decisão e aplicação das correspondentes sanções, cabendo-lhe para o efeito a

---

[417] Cfr. n.º 3, do art. 5.º da Lei n.º 30/2000 e n.º 3 do art. 2.º do DL n.º 130--A/2001.

[418] É importante reter esta ideia fundamental para compreender a nossa análise crítica quanto às medidas alternativas às coimas, prcvistas no n.º 2 do art. 17.º da Lei n.º 30/2000 de 29 de Novembro. *Infra* das coimas e das sanções do art. 17.º da Lei n.º 30/2000.

[419] Cfr. art. 266.º da CRP e os artigos 1.º e ss. do CPA.

160   *Consumo de Drogas*

obrigatoriedade de obediência aos princípios da legalidade, da proporcionalidade, da igualdade, da imparcialidade, da boa-fé e de justiça, acompanhados pela prossecução do interesse público da diminuição de consumidores e de toxicodependentes e dos riscos sanitários e higiénicos, que apenas se realizará quando os direitos e interesses legalmente protegidos de cada cidadão (indiciado ou não) sejam respeitados[420].

A CDT, como órgão administrativo, está desta feita subordinada à Constituição e à Lei – n.º 2 do art. 3.º da CRP –, devendo a sua actividade respeitar e promover os citados princípios, *ex vi* art. 266.º, n.º 2 da CRP.

A própria natureza da infracção – ilícito de mera ordenação social – não poderia ter como órgão que processasse as contra-ordenações e aplicasse as sanções respectivas um órgão judicial, devendo este ser chamado somente em sede de recurso ou quando um direito do *indiciado* não esteja a ser respeitado pela CDT, *ex vi* n.º 4 do art. 268.º da CRP.

O próprio cariz e fundamento da *descriminalização*, que é de *sentido técnico,* ao permitir uma materialização mais visível e eficaz dos princípios do consenso e da oportunidade[421] impõe que não seja um órgão jurisdicional a processar as contra-ordenações e a aplicar as correspondentes sanções, ou seja, ao descriminalizar-se não faria qualquer sentido manter a mesma estrutura e o mesmo *iter* judicial, mas por si sempre fiscalizado e controlado[422].

---

[420] Cfr. n.º 1 do art. 266.º da CRP e o conceito de interesse público de FRIEDRICH HAYEK *apud* MANUEL FONTAINE CAMPOS, *O Direito e a Moral no Pensamento de FRIEDRICH HAYEK*, UCP, Porto, 2000, p. 106.

[421] Estamos perante uma nova política criminal, que procura retirar o ser humano da estigmatização e da proscrição automática inferida pelo pendor do fumo judicial. Acompanhamos CRISTINA LÍBANO MONTEIRO, quando afirma que "causa alguma estranheza uma tão acentuada dependência do poder instituído de uma comissão que, apesar de tudo, vai julgar cidadãos", "O consumo de droga...", *in RPCC*, Ano 11, Fasc 1.º, p. 80.

[422] A *Descriminalização Stricto Sensu* do consumo da droga introduz uma filosofia nova: quando um indivíduo é sujeito de um processo crime e de um processo contra-ordenacional por consumo, a *autoridade judiciária manda extrair certidão, remetendo-a à comissão territorialmente competente*, *ex vi* art. 41.º do DL n.º 130-A/2001. O RGCO determina que a autoridade competente para o processo criminal também é competente para conhecer do processamento da contra-ordenação, *ex vi* n.º 1 do art. 38.º. O legislador, perante a especificidade e a teleo-

γ. *Competência*

I. A competência que prevalece neste regime é a competência territorial do domicílio, sendo a funcional e material subsidiária. A CDT territorialmente competente para conhecer do ilícito de mera ordenação social *in casu* é a CDT do domicílio do *indiciado*, nos termos da 1.ª parte do n.º 2 do art. 2.º do DL n.º 130-A/2001 e da 1.ª parte do n.º 1 do art. 8.º da Lei n.º 30/2000. Contudo, casos há, e não poucos, em que o próprio *indiciado* por pudor e protecção da própria família procura não indicar o seu domicílio, o que implica que este é desconhecido das autoridades policiais. Nestes casos, a CDT territorialmente competente é a da área em que o indiciado foi encontrado na posse ou a adquirir ou a consumir droga, conforme a 2.ª parte do n.º 2 do art. 2.º do DL n.º 130-A/2001 e n.º 1 do art. 8.º da Lei n.º 30/2000. A primeira parte do preceito segue a regra do domicílio, enquanto que a segunda segue a regra do local da consumação da infracção.

II. Imaginemos que *A* tinha sido interceptado em Leiria na posse de droga, cuja infracção comina a prática da contra-ordenação prevista no art. 2.º da Lei n.º 30/2000, no dia 10 de Maio, sem que tenha comparecido perante a CDT do Distrito de Leiria. No dia 16 de Maio, *A* volta a ser interceptado no Porto a consumir droga, cuja infracção comina a prática de uma contra-ordenação, sem que também tenha sido presente ou comparecido junto da CDT do Porto. No dia 19 de Maio, em Lisboa, volta novamente a ser interceptado na posse de drogas, cuja quantidade comina a prática de contra-ordenação, sem que tenha dado qualquer domicílio e em que este é desconhecido das autoridades, mas é presente junto da CDT do Distrito de Lisboa. Será que a CDT de Lisboa é competente para conhecer das anteriores infracções e processar as contra-ordenações e aplicar as respectivas sanções.

Na nossa opinião e por aplicação das regras do conflito de competências previstas no art. 37.º do RGCO que se aplica subsidiariamente *ex vi* art. 43.º do DL n.º 130-A/2001 e art. 26.º da Lei

---

logia da Lei n.º 30/2000, escolheu o caminho da desjudicialização do conhecimento da contra-ordenação, caso contrário cairia em contradição quanto aos fins da descriminalização.

162   *Consumo de Drogas*

n.º 30/2000, *mutatis mutandis,* a CDT de Lisboa pode processar as três anteriores contra-ordenações por ter sido a primeira a ouvir o indiciado pela prática da contra-ordenação, *ex vi* al. *a)* do preceito. Se nenhuma das CDT tivesse ouvido *A* poderia conhecer das três contra-ordenações a que primeiro tivesse requerido a sua audição al. *b)* e, caso assim não fosse possível, a que tivesse recebido os autos de ocorrência da contra-ordenação primeiro, al. *c)*, que de acordo com os prazos estipulados pelo DL n.º 130-A/2001, seria a CDT de Leiria.

§ 61.º Composição e funcionamento das CDT

I. As CDT exercerão as suas funções nas instalações dos Governos Civis ou que estes, para o efeito, disponibilizarem, nos termos do n.º 1 do art. 5.º da Lei n.º 30/2000 e n.º 1 do art. 2.º do DL n.º 130-A/2001.

As CDT, que deverão contar com o apoio administrativo e apoio técnico dos Governos Civis e do Instituto Português da Droga e da Toxicodependência (IDT), cabendo a este os encargos com os membros das CDT, conforme n.ºs 3 e 5 do art. 5.º da Lei n.º 30/2000, são compostas por três pessoas, sendo uma o presidente e devendo uma delas ser jurista[423], conforme n.ºs 1 e 2 do art. 7.º da Lei n.º 30/2000. O período de funcionamento da CDT é de três anos, conforme n.º 1 do art. 3.º do DL n.º 130-A/2001.

A CDT terá obrigatoriamente um membro jurista designado pelo Ministro da Justiça sendo que os outros dois são designados pelo Ministro da Saúde e pelo membro do governo responsável pela coordenação da política da droga e da toxicodependência entre médicos, psicólogos, sociólogos, técnicos de serviço social ou outros com um *curriculum* adequado à área da toxicodependência, conforme estipula o n.º 2 do art. 7.º da Lei n.º 30/2000. A CDT engloba vários saberes científicos que permitem a acerção de uma decisão capaz de promover a prevenção secundária e terciária e a prevenção especial[424] adequadas a reinserir o consumir seja ou não toxicodependente.

---

[423] Forma de promover um processo que respeite os direitos e interesses legalmente protegidos de cada *indiciado.*

[424] Quanto ao princípio da prevenção *supra* § 18.º

Das Comissões para a Dissuasão da Toxicodependência 163

II. O IDT disponibilizará uma *equipa de apoio técnico e técnico-administrativo* à CDT[425], que ficará na dependência directa do presidente da comissão[426] e que terá de executar, de acordo com o conteúdo funcional da categoria correspondente, as tarefas que lhe forem incumbidas, especialmente:

- realizar o mais *célere* possível, cumprindo os prazos, *todas as diligências que lhe sejam determinadas* para que o normal desenvolvimento dos processos seja assegurado, nos termos da al. *a)* do art. 7.º do DL n.º 130-A/2001;
- *consultar o registo central dos processos de contra-ordenação*, instituído pelo art. 6.º da Lei n.º 30/2000, regulamentado pela Portaria n.º 604/2001, de 12 de Junho, que será mantido e gerido pelo IPDT, conforme al. *b)* do art. 7.º do DL n.º 130-A/2001;
- *apoiar tecnicamente a CDT* a decidir relativamente à escolha das sanções a aplicar ao indiciado, conforme estipula a al. *c)* do art. 7.º do DL n.º 130-A/2001;
- por iniciativa da CDT, realizar uma *avaliação psicóloga do indiciado* de modo que se alcance um conhecimento preliminar da sua personalidade e trajectória de vida, al. *d)* do art. 7.º, n.º 1 do art. 20.º e n.º 2 do art. 16.º do DL n.º 130-A/2001;
- *emitir pareceres e efectuar relatórios*, al. *c)* do art. 7.º do DL n.º 130-A/2001;
- *assegurar o encaminhamento dos consumidores* que se devem dirigir às entidades de saúde, assim como acompanhá-los ao longo do tratamento, *ex vi* al. *f)* do art. 7.º do DL n.º 130-A/2001;
- *fazer o acompanhamento dos consumidores*, cujo processo de contra-ordenação se encontre provisoriamente suspenso (art. 11.º e 13.º da Lei n.º 30/2000), cuja determinação da sanção também se encontre suspenso (art. 14.º da Lei n.º 30/2000) e cuja execução da sanção também tenha sido suspensa (artigos 19.º e ss. da Lei n.º 30/2000), principalmente quando a suspensão se deve ao consumidor ter aceite voluntariamente o tratamento e quando ao consumidor foi determinada a prestação

---

[425] Cfr. n.º 1 do art. 6.º do DL n.º 130-A/2001.

[426] Cfr. *ab initio* art. 7.º do DL n.º 130-A/2001.

164 *Consumo de Drogas*

de serviços gratuitos a favor da comunidade (art. 19.º, n.º 1 e n.º 3 do art. 17.º da Lei n.º 30/2000), *ex vi* al. *g)* do art. 7.º do DL n.º 130-A/2001;

• *informar-se sobre o desenvolvimento do tratamento*, caso tenha sido consequência directa de um processo de contra-ordenação por consumo, aquisição ou posse para consumo de droga, e sobre a existência ou não de reincidência, *ex vi* al. *h)* do art. 7.º do DL n.º 130-A/2001;

• *informar a CDT do "terminus"* do período de suspensão do processo de suspensão, da determinação da sanção ou de suspensão de sanção para que a mesma possa arquivar ou declarar extinto o processo ou a sanção, *ex vi* al. *i)* do art. 7.º do DL n.º 130-A/2001e n.º 1 do art. 23.º da Lei n.º 30/2000;

• *criar e manter*, de forma ordenada e no respeito pelos direitos dos indiciados, um *arquivo dos processos de contra-ordenação* que permitirá uma fiscalização ou controlo jurisdicional em caso de ilegalidades ou de violação dos princípios a que está subordinada a actuação da CDT, *ex vi* al. *j)* do art. 7.º do DL n.º 130-A/2001.

Ao IDT caberá assegurar também o apoio necessário nas "matérias jurídicas e processuais relacionados com o âmbito das suas atribuições na área de toxicodependência", assim como outros apoios que se revelem convenientes e não estejam cometidos legalmente a outra entidade, conforme art. 36.º do DL n.º 130-A/2001.

As equipas de apoio funcionam como um suporte técnico e técnico-administrativo que permitirão uma intervenção em tempo útil, o que provocará uma maior celeridade processual[427] e, consequentemente, uma possível prevenção secundária e terciária mais eficiente nos resultados e objectivos a alcançar: ressocialização e reintegração do consumidor de drogas.

III. O funcionamento da CDT está subordinado não só ao princípio da legalidade, mas também ao princípio da celeridade

---

[427] Que como princípio se afigura como direito do *indiciado* e dever da CDT. Cfr. *supra* Capítulo VII – Dos Direitos do Indiciado.

Das Comissões para a Dissuasão da Toxicodependência   165

processual[428], cuja apreciação dos casos *in concreto* impõe a sua consagração, pelo que o legislador o prescreveu na al. *a)* do n.º 2 do art. 33.º do DL n.º 130-A/2001. O legislador procurou evitar que os processos de contra-ordenação pelo consumo de droga se estendessem *ad infinitum* como acontecia com os processos crimes por consumo.

Contudo, a celeridade processual jamais deverá ser alcançada à custa da restrição ou "aniquilação" dos direitos pessoais, das liberdades e das garantias processuais[429] do indiciado.

Neste sentido, o horário de funcionamento das CDT tem de ter como primado não só o *serviço público*, que deve ser prestado à sociedade em geral e ao indiciado em particular, mas também o *princípio da celeridade* processual que deve começar com o atendimento e recepção dos processos iniciados com os autos de ocorrência elaborados pelas autoridades policiais.

A CDT deve funcionar no mínimo 5 dias e um mínimo de 40 horas por semana, conforme al. *a)* do n.º 2 do art. 33.º do DL n.º 130--A/2001, podendo, fora do horário de funcionamento, ter um membro da comissão e um elemento da equipa de apoio técnico em *regime de disponibilidade permanente*: contactáveis e disponíveis para se apresentarem na sede, nos termos do n.º 3 do art. 33.º do DL n.º 130-A/ /2001.

IV. A comissão reúne em *sessão* sempre que se processe a *audição* de um indiciado ou de outra pessoa ligada ao processo (por exemplo, agente de autoridade autuante – art. 18.º do DL n.º 130-A/2001) e quando a reunião tem como finalidade: *pronunciar-se sobre qualquer matéria, ex vi* n.º 1 do art. 35.º do DL n.º 130-A/2001.

A *Reunião em Sessão* compreende a presença de todos os membros da CDT, *ab initio* do n.º 2 do art. 35.º do DL n.º 130-A/2001,

---

[428] *Ibidem.*

[429] Quanto ao princípio da celeridade processual os nossos *Processo Penal –* Tomo I, pp. 159-160 e *Lei e Crime...* pp. 129 e 130; ANABELA MIRANDA RODRIGUES, "A Celeridade do Processo Penal – Uma visão de Direito Consagrado" *in Actas de revisão do Código de Processo Penal*, Assembleia da República – revisão de Edições, 1999, Vol. II – Tomo II, p. 75; e GERMANO MARQUESda SILVA, *Curso de Processo Penal*, Verbo, Lisboa/S. Paulo, 2000, Vol. I, pp. 79 e 80.

excepto se um dos membros não puder estar presente em razão de qualquer um dos impedimentos previstos na Lei Geral (art. 44.° e ss. do CPA). Caso em que o presidente da CDT ou o seu substituto têm voto de qualidade, 2.ª parte do n.° 2 do art. 35.° do DL n.° 130-A/ /2001.

Imaginemos que *A* é sobrinho de um vogal da Comissão ou do Presidente da mesma, qualquer um deles não pode intervir, *ex vi* al. *b)* do n.° 1 do art. 44.° do CPA, devendo o mesmo comunicar o facto, n.° 1 do art. 45.°, e suspender a sua actividade no procedimento, n.° 1 do art. 46.° do CPA, mas cabe ao impedido "tomar todas as medidas que forem inadiáveis em caso de urgência ou de perigo, as quais deverão ser ratificadas pela entidade que o substitui" *ex vi* n.° 2 do art. 46.° do CPA. Contudo, como a Comissão é um órgão colegial, o legislador seguiu a regra geral ao determinar que funcionará sem o membro impedido ficando o presidente ou quem o substitua com voto de qualidade, n.° 1 do art. 35.° do DL n.° 130-A/2001 em conjugação com o n.° 2 do art. 47.° do CPA. A substituição do presidente da CDT segue as regras do art. 41.° do CPA: como a lei não designa o substituto, este deve ser o membro mais antigo (n.° 2), cabendo-lhe o exercício das funções do presidente da CDT, (n.° 3).

O legislador ao determinar que a CDT deve reunir em *sessão* quando procede a *audições* e quando tem de se *pronunciar* sobre qualquer matéria relativa à toxicodependência, procurou evitar que os pressupostos e a aquisição destes, assim como as decisões sejam tomadas apenas por uma pessoa, procurando que o consenso se alcance e se busque a melhor solução para o *indiciado*.

§ 62.° Princípios e deveres que norteiam a actividade da CDT

α. Princípios gerais

I. O n.° 3 do art. 7.° da Lei n.° 30/2000 remete para Portaria Conjunta do Ministro das Finanças, do Ministro da Reforma do Estado e de Administração Pública e do Membro do Governo responsável pela coordenação da política da droga e da toxicodependência a definição do *estatuto* dos membros da CDT.

Ao abrigo do designado preceito, a Portaria n.º 428-A/2001, de 23 de Abril, regula os aspectos específicos do estatuto dos membros da CDT – remuneração (art. 1.º), regime da segurança social (art. 2.º), duração e horário de trabalho (art. 3.º), incompatibilidades (art. 4.º), direito à carreira (art. 5.º) – e, como direito subsidiário a aplicar, estipula o regime geral da função pública (art. 6.º). É com o recurso ao direito subsidiário que se aplicam os princípios e os deveres gerais a que estão vinculados os funcionários e agentes da Administração Pública, previstos no art. 3.º do Regulamento Disciplinar dos Funcionários e Agentes da Administração Central, Regional e Local (RDFAACRL), aprovado pelo DL n.º 24/84, de 16 de Janeiro.

II. Os membros da CDT, sendo esta uma autoridade administrativa, *no exercício das suas funções estão exclusivamente ao serviço do interesse público*, *ex vi* n.º 2 do art. 3.º da RDFAACRL, princípio consagrado no n.º 1 do art. 266.º da CRP. A presunção do interesse público deve ser o início e o fim da actividade da Administração Pública[430], de modo que aqueles criem no público a *confiança*[431] e a credibilidade necessárias em um Estado de direito democrático, tendo como barómetro a *imparcialidade*[432] na sua actuação.

---

[430] Contudo, há a referir que o interessse público – que, *in casu concreto*, se prende com a tutela de saúde pública, da ordem, da tranquilidade e da segurança pública – não pode olvidar o interesse particular do consumidor – tratamento e reinserção na comunidade. Tem de se socorrer do princípio da «concordância prática» para que nenhum dos interesses aniquile o outro e se alcance e harmonize o máximo dos dois interesses. Quanto ao princípio da «concordância prática» no âmbito da administração pública – *maxime* polícia –, o nosso *Teoria Geral do Direito Policial* – Tomo I, pp. 122-123.

[431] Cfr. n.º 3 do art. 3.º do RDFAACRL.

[432] Não se pode apenas exigir ao poder judicial que desempenhe as suas funções com imparcialidade, mas primeiramente a todos os funcionários e agentes da Administração Pública que diária e directamente lidam com os cidadãos. Se estes não intervêm junto dos cidadãos com a imparcialidade que lhes é exigível, uma vez que é a outra face da justiça, como expressa o art. 6.º do CPA, não podemos exigir que uns actuem de acordo com os primados do princípio da imparcialidade e que outros não se vinculem ou tentem actuar de acordo com os seus ditames. Quanto ao princípio da imparcialidade, o nosso *Teoria Geral do Direito Policial* – Tomo I, pp. 119-121.

168 *Consumo de Drogas*

O princípio da imparcialidade[433] impõe aos membros da CDT que têm de "actuar de forma isenta em relação *aos indiciados* através de uma conduta recta que não favoreça amigos e prejudique inimigos"[434], ou seja, a imparcialidade apresenta-se-nos "como a aplicação da ideia de igualdade e, portanto, *como* um corolário do princípio de justiça"[435].

A imparcialidade inibe os membros das CDT "de intervirem em quaisquer procedimentos, actos que digam respeito a questões do seu interesse pessoal ou familiar, ou de pessoas com quem tenham relações de especial proximidade", constituindo assim "um meio de *protecção da confiança* do público". Pretende-se, desta feita, que "haja confiança nas autoridades que tomam as decisões"[436], promovendo-se a isenção ou rectidão da conduta dos seus membros[437].

As CDT devem desenvolver o seu trabalho em obediência ao *princípio da justiça*[438] que emerge da prossecução "de valores jurídicos fundamentais"[439], tais como a igualdade, a proporcionalidade, a boa fé, a razoabilidade e a equidade da actividade administrativa, o que implica que os membros das CDT estão subordinados "a critérios de justiça material"[440] própria de um Estado de direito democrático.

---

[433] O princípio da imparcialidade impõe à Administração que use "um critério uniforme no prosseguimento do interesse público", [Ac. do STA de 28 de Setembro de 1993, *in* AD n.º 389, p. 516 e ss.].

[434] DIOGO FREITAS do AMARAL *et alia, Código de Procedimento Administrativo Anotado*, 3.ª edição, Almedina, Coimbra, 1997, p. 44, anotação ao art. 6.º. Itálico nosso.

[435] *Ibidem*. Itálico nosso.

[436] Se o órgão tomar uma decisão para a qual estava impedido, a mesma será ilegal. *Idem*, pp. 44 e 45.

[437] Sobre a violação do dever que incumbe sobre os funcionários e agentes de administração de criar a confiança do público, Ac. do STA de 90-12-06, Ap. DR. de 95-03-22, p. 7362.

[438] Na linha do aresto citado na nota anterior, a "violação do princípio de justiça constitui fundamento autónomo do recurso contencioso". *Ibidem*. Quanto ao princípio da justiça, o nosso *Teoria Geral do Direito Policial* – Tomo I, pp. 121-122.

[439] *Ibidem*.

[440] *Ibidem*.

β. Deveres gerais

I. Aos membros das CDT cabe actuarem em obediência aos deveres de isenção, de zelo, de lealdade, de sigilo, de correcção, de assiduidade e de pontualidade.

A **isenção**, exigida aos membros da CDT, funda-se no princípio de que a actuação deve respeitar o princípio da igualdade dos cidadãos, ou seja, os membros devem prosseguir o processo contra-ordenacional sem que se deixem levar por pressões e interesses particulares que lhe possam trazer benefícios económicos ou outros, melhor, devem proceder de forma *independente* de quaisquer pressões quer internas quer externas[441]. O legislador procurou evitar que os membros das Comissões pudessem pôr em causa o dever de isenção na sua actuação diária, ao sujeitá-los ao regime de incompatibilidades[442] e impedimentos[443] aplicados aos funcionários e agentes de Administração Pública, *ex vi* art. 4.º da Portaria n.º 428-A/2001.

A isenção impõe aos membros da CDT que devem actuar de forma imparcial, promovendo o princípio da justiça da actividade administrativa sancionatória, e de forma independente, sendo que, estando impedido de exercer a função, não a pode prosseguir sob pena da decisão ser ilegal[444].

II. Aos membros da CDT exige-se que conheçam as normas legais e as instruções emanadas do IDT e que possam aperfeiçoar os

---

[441] *Hoc sensu*, MANUEL LEAL-HENRIQUES, *Procedimento Disciplinar*, 3.ª Edição, Rei dos Livros, 1997, p. 41.

[442] Cfr. *DL* n.º 49/99.

[443] Cfr. art. 44.º e ss. do CPA.

[444] Sobre o dever de isenção, os Acórdãos do STA de 89-10-10, *in BJM*. n.º 390, p. 443; de 90-02-20 –, Ap. DR. de 12 de Janeiro de 1995, p. 1265; de 92-05-05, Ap. DR. de 29 de Novembro de 1994, p. 408. Consubstancia a violação do dever de isenção "a utilização por decisão própria, para fins privados e defesa de interesses particulares do funcionário, de documentos oficiais que lhe estão confiados por causa e para a realização de funções públicas", Ac. STA de 90-11-08, *in* AJ n.º 13. p. 14. "O dever de isenção proíbe ao funcionário uma actuação que, ofendendo o regular funcionamento do serviço, é praticada com o objectivo de alcançar uma qualquer vantagem", Ac. STA de 99-02-03, *in www.dgsi.pt/jsta.nsf*. O dever de isenção impõe "uma actuação independente face aos interesses particulares, sejam estes de que índole for", Ac. STA de 97-05-15, *in www.dgsi.pt/jsta.nsf*.

170   *Consumo de Drogas*

seus conhecimentos científicos, e técnicos, assim como ao métodos de trabalho de forma que exerçam as suas funções com eficácia e correcção, ou seja, que actuem de acordo com os parâmetros do dever de **zelo**[445].

Aos membros das CDT pede-se que actuem com *eficiência* e *correcção* promovendo com *zelo*[446] as atribuições e competências incumbidas, sendo que o não respeito do dever de zelo consigna negligência ou incompetência profissional[447]. Neste sentido acompanhamos a posição adoptada pelo Ac. do STA de 3 de Fevereiro de 1999 ao afirmar que "o dever de zelo *proíbe a execução negligente* das tarefas impostas ao funcionário"[448], incorrendo assim numa "infracção disciplinar, por violação do dever de zelo, *aquele que* incorre em conduta omissiva, por não ter adoptado o adequado método de trabalho"[449].

A *correcção* que aqui expomos não se confunde com o *dever de correcção*, previsto na al. *f)* do n.º 4 do art. 3.º do RDFAACRL[450].

---

[445] Cfr. al. *b)* do n.º 4 e n.º 6 do art. 3.º do RDFAACRL.

[446] O dever de zelo consubstancia na sua génese o de aplicação profissional, conforme se retira do AC. do STA de 9 de Março de 1999, *in* www.dgsi.pt/jsta.nsf/. O mesmo dever proíbe que o membro da CDT execute negligentemente as tarefas que lhe estão impostas, da mesma forma que a qualquer funcionário da Administração pública, Cfr. Ac. do STA de 03/02/99, *in www.dgsi.pt/jsta.nsf/*.

[447] Cfr. M. LEAL-HENRIQUES, *Procedimento Disciplinar*, 3.ª Ed., p. 41.

[448] Cfr. *www.dgsi.pt/jsta.nsf/*. Itálico nosso.

[449] Cfr. Ac. do STA de 2 de Dezembro de 1993, proc. n.º 31441 *apud* M. LEAL-HENRIQUES, *Procedimento Disciplinar*, 3.ª Ed., p. 50. Itálico nosso.

[450] Que analisaremos de seguida. Ac. STA de 9 de Março de 1999 decidiu que:

"**I –** O **dever de zelo** e de aplicação profissional previsto no art. 3.º n.º 4 al. *b)* do DL n.º 24/84 implica que o exercício de funções seja feito com eficiência e correcção. E, funcionário eficiente é aquele que é eficaz, que produz, sendo correcto o funcionário que actua de acordo com o seu dever, tendo uma actuação isenta de erros designadamente, não é eficiente o funcionário que actua com demasiadas delongas ou atrasos que prejudicam a actuação da Administração, já que, devendo ponderar com atenção e cuidado o que faz, não lhe é lícito demorar os assuntos em que intervém, para além do estritamente necessário.

II – A **omissão de diligências essenciais** para a descoberta da verdade implica que tenham sido omitidas diligências relacionadas com a prova de factos que violem os deveres gerais ou especiais decorrentes da função exercida, ou os factos que podem agravar o grau da culpabilidade do funcionário,

Das Comissões para a Dissuasão da Toxicodependência 171

Aquela consiste em a actividade ser recta, no sentido de que deve estar de acordo com o princípio da justiça e que deve ser a que as normas legais impõem para o caso *sub judice*.

III. A actuação dos membros da CDT está vinculada aos ditames da **lealdade**[451] que, como dever, subordina as funções daquela aos objectivos das suas atribuições e à prossecução do interesse público.

O dever de lealdade que "se impõe naquela parte da vida que liga o funcionário ao seu emprego público, e não à sua vida privada", e que "não comporta apenas relações do destinatário em relação jurídica de emprego na estreiteza do respectivo objectivo, mas tem um leque mais amplo, *englobante igualmente dos deveres* que, embora não confinados àquele ou às posições jurídicas de subordinação à hierarquia, todavia concorrem para o *prestígio e dignidade da função* ou até maximização dos efeitos em vista de conduta mais adequada à satisfação do interesse público"[452].

IV. Aos membros da CDT também lhes é exigido que actuem com **correcção**[453], devendo tratar com respeito todos aqueles indiciados que sejam presentes para audição, e, posterior aplicação de sanção pecuniária ou de medida alternativa ou para encaminhamento para tratamento e respectiva suspensão provisória do processo ou da determinação da sanção ou da execução da sanção.

---

mas já não os factos meramente acessórios, que, não pondo em causa o núcleo essencial dos factos que violam os deveres gerais ou especiais da função exercida, ou que fazendo, embora, diminuir o seu grau de culpabilidade, não contenham com o grau de pena aplicada.

III – Viola o dever de zelo e de aplicação profissional o Delegado do Procurador da República, que, no âmbito das suas funções retardou, exageradamente, a ponderação e a cautela que seriam de adoptar para determinar uma medida cautelar de prisão preventiva em relação a indiciado por crime de tráfico de estupefacientes, quando, pela sua passividade, a medida em causa acabou por ser tomada tardiamente, possibilitando a fuga do referido indiciado".

[451] Cfr. al. *d)* do n.º 4 e n.º 8 do art. 3.º do RDFAACRL.

[452] Cfr. Ac. do STA de 7 de Fevereiro de 1995, proc. n.º 34 878 *apud* M. LEAL-HENRIQUES, *Procedimento Disciplinar*, 3.ª Ed., p. 51.

[453] Cfr. a al. *f)* do n.º 4 e o n.º 10 do art. 3.º do RDFAACRL.

O tratamento com respeito estende-se a todos quantos apoiam tecnicamente e técnico-administrativamente a CDT. Estamos perante um dever que é prosseguido quando os funcionários e agentes procedem de acordo com a ética, com os bons costumes e educação. O legislador visou materializar o princípio do respeito pela dignidade da pessoa humana.

V. A **assiduidade**[454], que consiste na obrigação do funcionário e agente da Administração comparecer de forma *regular* e *contínua* ao serviço e "a servir bem durante as horas de trabalho que lhe são impostas"[455], cuja violação consigna a ausência ilegítima ou falta de assiduidade, e a **pontualidade**[456], que compreende o comparecimento ao serviço dentro das horas designadas e o cumprimento integral dos horários[457], são deveres inerentes aos membros das CDT que se materializaram nos arts. 33.º a 35.º do DL n.º 130-A/2001.

Aos membros das Comissões (CDT) impõe-se, desta feita, que actuem de acordo com os princípios que devem nortear a actividade administrativa e, consequentemente, na obediência dos deveres que impendem sobre os funcionários e agentes de Administração Pública, com fim de realização do interesse público que mais não é do que a súmula dos interesses particulares.

§ 63.º Da actividade específica

α. *Da audiência do indiciado*

I. Aos membros das CDT cabe processar as contra-ordenações e aplicar as sanções, atribuições que apenas se obtêm com o respeito dos direitos e garantias do indivíduo.

A CDT, antes de tomar qualquer decisão, deve ouvir o indiciado e dar-lhe a oportunidade de se defender de facto e de direito, podendo

---

[454] Cfr. al. *g)* do n.º 4 e o n.º 11 do art. 3.º do RDFAACRL.

[455] Cfr. M. LEAL-HENRIQUES, *Procedimento Disciplinar*, 3.ª Ed., p. 41.

[456] Cfr. al. *h)* do n.º 4 e o n.º 12 do art. 3.º do RDFAACRL.

[457] *Hoc sensu* M. LEAL-HENRIQUES, *Procedimento Disciplinar*, 3.ª Ed., p. 41.

para o efeito ser assistido por defensor[458] que pode também inquirir o *indiciado* sobre factos relatados no auto de ocorrência e sobre factos respeitantes à sua personalidade e às condições da sua vida, nomeadamente, económicas e financeiras. No caso de possível aplicação de uma sanção, o defensor pode proferir sumariamente as alegações oralmente ou por escrito até ao fim da sessão em que devam ser proferidas, conforme n.º 2 do art. 20.º e n.º 2 do art. 24.º do DL n.º 130--A/2001.

Pende sobre a Comissão o *dever de audição* do indiciado[459], que pode ocorrer após a intercepção do indiciado pelas autoridades policiais, caso não seja possível identificá-lo e conhecer do seu domicílio e caso a CDT esteja em funcionamento ou haja um membro em regime de disponibilidade permanente, devendo a entidade policial comunicar *a priori*[460] esse facto à CDT ou ao membro que esteja em regime de disponibilidade permanente, nos termos do n.º 4 do art. 9.º e dos n.ºs 1 e 2 do art. 12.º do DL n.º 130-A/2001 e do n.º 2 do art. 2.º da Lei n.º 30/2000.

O auto de ocorrência elaborado por entidade policial deve ser "enviado pelo meio mais célere à comissão (...) territorialmente competente, de modo que seja recebido até trinta e seis horas depois daquela ocorrência" (n.º 2 do art. 9.º do DL n.º 130-A/2001), sendo que o indiciado é notificado pela entidade autuante para se apresentar na CDT, cujos dia e hora jamais devem ultrapassar as 72 horas[461] após a ocorrência (n.º 1 do art. 11.º do DL n.º 130-A/2001.

II. O indiciado está obrigado a comparecer no dia para que foi notificado, caso não o faça, o presidente da comissão deve promover

---

[458] O defensor, como já se referiu, pode *ser constituído* pelo indiciado ou seu representante, ou *nomeado* pela comissão *oficiosamente* ou a *requerimento* do indiciado ou do seu representante, n.º 1 do art. 13.º do DL n.º 130-A/2001.

[459] A audição do indiciado está fortemente vinculada ao princípio da celeridade processual.

[460] Via fax ou telefonicamente. Após comunicação da entidade policial, a CDT ou o membro de Serviço podem marcar o dia da audição e determinar o acompanhamento do indiciado por um técnico até ao dia da audição, conforme n.ºs 3 e 4 do art. 12.º do DL n.º 130-A/2001.

[461] O legislador precaveu o fim de semana e a existência de feriados.

174   *Consumo de Drogas*

todas as diligências convenientes e necessárias que assegurem a presença do indiciado em um prazo que não exceda os 15 dias, *ex vi* n.º 3 do art. 13.º do DL n.º 130-A/2001. Se, passados os 15 dias, a audição não se puder realizar, a CDT prescinde da audição presencial do indiciado, prosseguindo o processo e garantindo sempre oportunidade de defesa[462], *ex vi* n.º 5 do art. 13.º do DL n.º 130-A/2001.

O adiamento da audição nunca pode ter por fundamento a falta de defensor constituído ou nomeado, *ex vi* n.º 4 do art. 13.º do DL n.º 130-A/2001, uma vez que não o esteja a comissão deve nomeá-lo oficiosamente. A CDT, *se algo obstar à audição imediata*, pode marcar um novo dia e hora para a audição (n.º 2 do art. 14.º do DL n.º 130--A/2001), mas jamais a nova data pode exceder o prazo de 15 dias, *ex vi in fine* do n.º 3 do art. 13.º do DL n.º 130-A/2001, em obediência à materialização do princípio da celeridade processual.

Outro fundamento de adiamento da audição imediata do indiciado é a comissão a que foi mandado apresentar-se inicialmente ser territorialmente incompetente, devendo o indiciado ou o seu representante ser notificado do dia e hora e da comissão territorialmente competente[463], *ex vi* n.º 3 do art. 14.º do DL n.º 130-A/2001. A CDT onde se apresentou o indiciado ou o seu representante deve contactar, pelo meio mais célere (telefone), a CDT territorialmente competente para que se determine o dia e hora da audição do indiciado, sendo o processo original enviado àquela no prazo de 24 horas, podendo-se ainda enviar por telecópia os elementos processuais apurados no auto de ocorrência e na primeira audição, nos termos dos n.os 4 e 5 do art. 14.º do DL n.º 130-A/2001.

III. A CDT reúne em sessão[464] para proceder à audição do indiciado, que se inicia com a leitura do auto de ocorrência e com a identificação do indiciado, sendo este interrogado sobre o seu domicílio[465] e consulta o registo central[466] de modo que obtenha informação da

---

[462] Através de nomeação de defensor.
[463] Que se apura através do domicílio ou das regras de conflito da competência.
[464] Cfr. art. 35.º, n.º 1 do DL n.º 130-A/2001.
[465] Para que a comissão determine se é territorialmente competente.
[466] Cfr. Portaria n.º 604/2001, de 12 de Junho.

Das Comissões para a Dissuasão da Toxicodependência 175

existência ou não de qualquer registo prévio da contra-ordenação, nos termos do n.° 1 do art. 4.° do DL n.° 130-A/2001.

A comissão promove a audição do indiciado, interrogando-o sobre questões que considerem pertinentes[467]: eventuais antecedentes em matéria contra-ordenacional da mesma matéria; circunstâncias em que se encontrava aquando da interpelação pela autoridade policial, se estava ou não a consumir, se estava a consumir em local público ou num local de acesso ao público, que droga é que consumia e se consome mais que uma droga; caso a interpelação tenha resultado da *detenção* ou *aquisição* de estupefacientes e substâncias psicotrópicas, saber como é que foram adquiridas e como é que as detinha; a sua situação económica, social e familiar; os meios de subsistência; e outros condicionantes da vida.

A *audição do indiciado*, como direito deste e dever da comissão, visa reunir todos os elementos necessários para que a CDT formule um juízo sobre se o indiciado é toxicodependente ou consumidor não toxicodependente. Se for toxicodependente a CDT não poderá aplicar uma sanção pecuniária, mas antes uma das medidas alternativas, *ex vi* n.° 2 do art. 15.° da Lei n.° 30/2000.

A natureza do consumidor é fundamental para a decisão a tomar pela CDT, cujo escopo o legislador precaveu expressamente na lei uma vez que se o consumidor toxicodependente muitas das vezes não tem dinheiro para comprar a sua dose diária, nem para comer, não faria qualquer sentido que ao mesmo fosse aplicada uma sanção pecuniária[468].

O conhecimento da natureza do consumidor é de extrema importância para a decisão da suspensão provisória ou não do processo[469],

---

[467] Cfr. n.° 7 do art. 14.° do DL n.° 130-A/2001.

[468] O n.° 2 do art. 15.° da Lei n.° 30/2000 é uma manifestação do princípio humanista e do princípio do pragmatismo. *Vide supra* – Princípios que nortearam a descriminação.

[469] Se o indiciado for *consumidor não toxicodependente* e se *não tiver* qualquer *registo prévio* de processo contra-ordenacional da mesma matéria, a CDT pode decidir pela suspensão provisória do processo; se for *consumidor toxicodependente* e *aceite tratamento* e *não tenha* qualquer *registo prévio*, também a CDT pode decidir pela suspensão provisória do processo; o mesmo caminho deve ser seguido se for *consumidor toxicodependente com registo prévio* que aceite o tratamento. Cfr. art. 11.° da Lei n.° 30/3000 e art. 21.° do DL n.° 130-A/2001.

176 *Consumo de Drogas*

da suspensão da determinação da sanção em caso de tratamento voluntário[470] e da suspenção da execução da sanção[471].

IV. Da audição do indiciado, a CDT poderá decidir-se pela proposta da realização ou não de exames e perícias psicológicas, assim
como procedimentos de diagnóstico (análises de sangue, de urina ou
outras), que se apresentem necessárias e adequadas à conclusão de se
saber se o indiciado é ou não um consumidor toxicodependente[472]. O
plano de tratamento a elaborar pela CDT em conjunto com as equipas
de apoio técnico, com os serviços de saúde e de reinserção social[473] e
com a colaboração dos familiares[474], que devem colaborar no plano terapêutico[475], depende fundamentalmente do resultado e conclusões que
forem retiradas da audição do indiciado.

A CDT, para que se efectue uma melhor avaliação do indiciado,
quer pela *ocorrência* quer pelo conhecimento da sua personalidade,
pode determinar que a audição se processe com a presença de um
psicólogo ou técnico cientificamente apto à circunstância, podendo-
-lhe realizar perguntas que tiver por convenientes e relevantes[476].

---

[470] Tratando-se de *consumidor toxicodependente* que aceite, voluntariamente,
sujeitar-se a tratamento, a CDT pode decidir pela suspensão da determinação da
sanção. Cfr. n.° 2 do art. 14.° da Lei n.° 30/2000 e art. 22.° do DL n.° 130-A/2001.

[471] Caso seja *consumidor toxicodependente* cujo "diagnóstico" preveja a *ini-
ciabilidade do tratamento*, a CDT pode decidir-se pela suspensão da execução da
sanção, impondo-lhe que se apresente periodicamente perante Serviços de Saúde
visando a melhoria das suas condições de higiene, *ex vi* n.° 1 do art. 19.° da Lei
n.° 30/2000. Mas, se for um consumidor não toxicodependente, a suspensão da execução da sanção, analisadas as condições pessoais do consumidor, do tipo de consumo e do tipo de plantas, depende de se concluir ou não que é a *forma mais
adequada* de se prevenir o consumo e da aceitação ou não da proposta de acompanhamento e da sujeição às medidas previstas nas als. *a)* a *d)* do n.° 2 do art. 17.° *ex vi*
n.os 2 e 3 do art. 19.°, ambas da Lei n.° 30/2000.

[472] Cfr. n.° 2 do art. 16.° do DL n.° 130-A/2001.

[473] Cfr. n.° 3 do art. 16.° do DL n.° 130-A/2001.

[474] Os familiares ou amigos que habitem com o indiciado podem deter uma
informação mais ampla sobre a sua trajectória de vida e sobre as medidas de tratamento já adoptadas. Neste sentido, o n.° 1 do art. 15.° do DL n.° 130-A/2001.

[475] Cfr. n.° 2 do art. 15.° do DL n.° 130-A/2001.

[476] Cfr. n.° 1 do art. 20.° do DL n.° 130-A/2001.

Das Comissões para a Dissuasão da Toxicodependência   177

O legislador, que procurou evitar que qualquer decisão sobre o *indiciado* seja tomada de "ânimo leve", ao consagrar a obrigatoriedade de nomeação ou constituição de defensor[477] e da sua presença, visou promover um processo de contra-ordenação cuja decisão deve ser o fruto de uma análise profunda e bem fundamentada na busca incessante de prevenir o consumo e reinserir o indiciado através do melhor tratamento.

A audição do indiciado, cuja decisão jamais deverá ser tomada sem a sua realização[478], é a materialização da promoção dos direitos de audiência e de defesa, assim como das garantias de defesa, consagrados nos n.° 1 e 10 do art. 32.° da CRP.

β. Do dever de sigilo ou de segredo das CDT

I. Às CDT cabe uma atitude administrativa isenta, zelosa, leal, correcta, pontual e assídua, deveres inerentes a uma Administração de serviço público, que preconiza a prossecução do interesse público interligado e simultâneo à realização dos interesses e direitos dos cidadãos, cuja confiança e credibilidade imputam àquelas uma redobrada responsabilidade devido à natureza da função, que está intimamente conexa ao seu objecto de estudo e análise: consumo, aquisição e detenção para consumo de estupefacientes e substâncias psicotrópicas[479].

Os membros das CDT, como funcionários e agentes da Administração Pública[480], estão obrigados ao dever de sigilo ou de guardar segredo, quer por força da al. *e)* do n.° 4 e do n.° 9.° do art. 3.° do

---

[477] Que também pode dirigir perguntas ao indiciado quer sobre os factos da ocorrência, quer sobre a sua personalidade e condições de vida (n.° 2 do art. 20.° do DL n.° 130-A/2001).

[478] Excepto o caso previsto nos n.ᵒˢ 3 e 5 do art. 13.° do DL n.° 130-A//2001.

[479] Falamos em estudo e análise, porque a natureza da matéria contra-ordenacional em causa obriga a um esforço de pesquisa profunda para que os objectivos da descriminalização do consumo de drogas não seja uma utopia engajada à nascença e liquidada no percurso do processo de contra-ordenação, cujo escopo não é 'punir' com uma coima ou uma medida alternativa ou principal, mas sim o tratamento e a reinserção do consumidor seja ou não toxicodependente.

[480] Cfr. artigos 4.°, 5.° e 6.° da Portaria n.° 428-A/2001, de 23 de Abril.

RDFAACRL, quer pela sua materialização no n.º 4 do art. 7.º da Lei n.º 30/2000, que estipula que *os membros da comissão estão sujeitos ao dever de sigilo relativamente aos dados pessoais constantes do processo*. Desta feita, os membros das CDT devem guardar segredo dos dados pessoais de que tenham tido conhecimento em virtude das suas funções que não se destinem a ser do conhecimento geral, ou seja, do domínio público[481].

O n.º 4 do art. 7.º da Lei n.º 30/2000, de acordo com o princípio da não absolutização total do segredo[482], estipula como excepção ao dever de segredo ou sigilo:

a) as prescrições legais relativas à protecção da saúde pública e ao processo penal, isto é, em casos em que exista o *dever legal de revelação*[483], como um surto de epidemias, de calamidade pública, de doenças infecto-contagiosas;

b) o *dever de ofício*, como perícias e exames médicos em sede de processo crime;

c) por *motivos científicos*, como palestras, conferências para estudiosos da mesma matéria;

d) por *necessidade de defesa*, como nas acções judiciais em que se coloca em causa a dignidade profissional do médico ou do perito, o dever de sigilo cede em prol do interesse colectivo da saúde pública, do apuramento da verdade judicial, de avanços e novos rumos da ciência médica e de defesa da dignidade e de direitos individuais.

O mesmo dever de sigilo estende-se aos elementos das equipas de apoio técnico, *ex vi* n.º 4 do art. 6.º do DL n.º 130-A/2001. Na

---

[481] Cfr. n.º 9 do art. 3.º do RDFAACRL. O dever de sigilo ou segredo funciona como um corolário do direito de não publicidade da audição do indiciado, consagrado pelo n.º 6 do art. 13.º do DL n.º 130-A/2001. Cfr. *supra* § 36.º Direito a não publicidade de audição.

[482] MANUEL de OLIVEIRA LEAL-HENRIQUES e MANUEL JOSÉ CARRILHO de SIMAS SANTOS, *Código Penal Anotado*, 3.ª Edição, Rei dos Livros, 2000, II Vol., p. 582.

[483] Existem *doenças contagiosas de declaração obrigatória*, conforme Portaria n.º 766/86 de 26 de Dezembro.

nossa opinião e em princípio, não era necessário consagrar neste diploma o dever de sigilo, uma vez que já está previsto no RDFAACRL, que se aplica aos funcionários e agentes da Administração Pública. Mas, o legislador precaveu-se quanto aos que apoiam tecnicamente a CDT, porque podem não ser funcionários e agentes da Administração Pública, sujeitando-os desde logo ao mesmo dever que sobre aqueles recai.

II. O n.º 4 do art. 7.º da Lei n.º 30/2000 sujeita os membros da CDT ao sigilo quanto a ***dados pessoais*** do indiciado que constem do processo.

Questão que se nos afigura pertinente levantar é se o membro *A* pode divulgar que, ao processo contra-ordenacional de *B* por ter sido interpelado pelas Autoridades Policiais a consumir estupefacientes, têm sido chamados a depor várias entidades (*c*, *d*, *e*, ...), que a quantidade era de 0,95 grs. de Heroína e que se encontrava na seringa, cuja análise ao sangue deu que *B* é seropositivo. Será que a conduta de *A* preenche a violação do dever de segredo imposto pelo n.º 4 do art. 7.º da Lei n.º 30/2000? Caso seja afirmativa a resposta, que bens jurídicos *A* ofendeu?

A identidade, como direito fundamental, é um dado pessoal, cujo conhecimento foi obtido devido às suas funções de membro da CDT, logo a conduta de *A* é merecedora de reprovação criminal e disciplinar, além de também o ser no plano civil. *A* revelou factos que estão sujeitos ao sigilo ou segredo (que *B* era indiciado num processo de contra-ordenação por consumo de Heroína), violou o dever de sigilo previsto na al. *e)* do n.º 4 e no n.º 9 do art. 3.º do RDFAACRL, podendo tal conduta consignar o crime de *violação de segredo por funcionário*, p. e p. pelo art. 383.º do CP.

A caracterização do bem jurídico tutelado com a incriminação da *revelação do segredo* (p. e p. pelo art. 195.º do CP) está longe de ser alcançada, sendo que estão em causa duas teses: uma supra-individual – o «interesse comunitário da confiança na descrição e reserva de determinados grupos profissionais» –; outra pessoal ou individual – a «esfera privada do indivíduo»[484], sendo que prevalece, na opinião do

---

[484] MANUEL da COSTA ANDRADE, "Violação de segredo", *in Comentário Conimbricence do Código Penal*, Coimbra Editora, Vol. I, p. 773 e ss.

Prof. COSTA ANDRADE, a tese da preservação da esfera individual *lato sensu*. Neste caso académico, em o agente do crime é funcionável[485], pensamos que será difícil enquadrar a conduta de A no tipo de crime p. e p. pelo art. 195.° do CP, sendo para nós mais claro o seu enquadra/o na tipologia p. e p. pelo art. 383.° do CP.

Quanto à violação do segredo por funcionário (p. e p. pelo art. 383.° do CP), como no caso em análise, o bem jurídico não será, na nossa opinião, pessoal, mas sim comunitário, ou seja, a confiança depositada na descrição e reserva em certos grupos profissionais, como os funcionário e agentes da Administração Pública.

A conduta de *A* ao revelar que *B* é sujeito de um processo contra--ordenacional por consumo de heroína e as entidades ouvidas no processo, factos de que teve conhecimento por ser membro da CDT e que deveria ser mantido em segredo por interesse público, poderá consignar a incriminação prevista no art. 383.° do CP. Contudo, o preceito exige *dolo específico*[486], isto é, que *A* tenha revelado aqueles factos com a *intenção* de obter um benefício para si ou para outrem ou com a *consciência* de prejudicar *B* ou o interesse público (descredibilizando a dignidade que o processo merece e a confiança que a sociedade depositou nas CDT).

Ao revelar ainda que *B* é seropositivo, a conduta de *A* poderá preencher o estipulado pela al. *d)* do n.° 1 do art. 192.° do CP, consignando o crime de devassa da vida privada, cujo bem jurídico tutelado é a reserva da privacidade *stricto sensu*, isto é, a intimidade de cada um[487].

Toda a conduta de *A* coloca-nos em sede de concurso real de crimes heterogéneo, uma vez que foram violados, em princípio, dois bens jurídicos distintos: «confiança depositada na descrição e reserva de determinados grupos profissionais» e a reserva da privacidade *stricto sensu*.

---

[485] Sobre o conceito do funcionário, art. 386.° do CP.

[486] *Hoc sensu*, MANUEL de OLIVEIRA LEAL-HENRIQUES e MANUEL JOSÉ CARRILHO de SIMAS SANTOS, *Código Penal...*, II Vol., p. 1643.

[487] Sobre a devassa da vida privada, os nossos estudos *Da Publicação da Matéria de Facto nos Processos Disciplinares*, ISCPSI, 2000, pp. e ss.; "Videovigilância", *in Polícia Portuguesa*, Ano LXIII, II Série, n.° 123, Maio/Junho, 2000, pp. 4 e 5; "A Publicidade da Matéria de Facto", *in Direito e Justiça*, RFDUCP, pp. 207 e ss.

γ. *Mandado de condução*

I. Uma das questões pertinentes é a de se saber como se procede se o indiciado não comparecer na CDT à data para qual foi notificado pela Autoridade Policial (AP) ou por um membro da Comissão: emite-se um mandado de condução ou a AP procura encontrar o indivíduo de modo a poder conduzi-lo sem mandado de condução à Comissão?

Quer a Lei n.º 30/2000 quer o DL n.º 130-A/2001 não detém qualquer normativo que implique a condução forçada do *indiciado*, sendo que a Comissão não pode decidir sem proceder à audiência daquele, sob pena de nulidade insanável[488], *ex vi* da al. *c)* do art. 119.º e do art. 122.º do CPP *ex vi* art. 41.º do RGCO *ex vi* art. 26.º da Lei n.º 30/2000.

Apesar do n.º 2 do art. 4.º da Lei n.º 30/2000 prescrever que, na impossibilidade de identificar o consumidor no local da ocorrência, «poderão as autoridades policiais, se tal se revelar necessário, deter o consumidor para garantir a sua comparência perante a comissão, nas condições do regime legal da detenção para identificação»[489], o «regime legal da detenção para identificação» afere-se da al. *g)* n.º 3 do art. 27.º da CRP conjugado com os pressupostos do art. 250.º do CPP.

Mas, deste preceito não se afere a possibilidade da AP conduzir ou a Comissão solicitar, com base neste preceito, à AP que conduza, sob detenção, o indiciado para se proceder à audiência.

II. Uma das soluções é esperar que o indiciado seja novamente interceptado pela AP e, depois de saber se se encontra algum membro na Comissão, conduzi-lo de imediato nos termos do art. 12.º, n.º 1 em conjugação com o art. 9.º, n.º 4 do DL n.º 130-A/2001. Solução prática, mas amoral e despida de qualquer sentido jurídico face aos princípios inerentes ao Estado de Direito Democrático, colocando, desde logo, em perigo de execução e materialização o princípio da celeridade – direito do indiciado.

---

[488] Sobre este assunto *supra* §§ 29.º e 30.º.

[489] Cfr. também o n.º 4 do art. 9.º do DL n.º 130-A/2001.

Caso não se opte por esta solução prática e, presumivelmente, morosa, resta-nos saber se podemos aplicar subsidiariamente, *mutatis mutandis*, o art. 273.º, n.º 1 do CPP, na parte em que se prescreve a possibilidade da autoridade de polícia criminal (APC)[490] poder emitir mandado de notificação de comparência, devendo a Comissão solicitar à APC a emissão do mesmo. Parece-nos uma solução, também, desajustada face aos princípios da descriminalização e do regime contra-ordenacional.

Numa próxima alteração, dever-se-á contemplar a possibilidade da Comissão emitir mandado de comparência ou solicitar a outra autoridade – *p. e.* a APC – que emita um mandado de comparência.

δ. Da destruição da 'droga'

I. Uma das questões que nos tem feito pensar é o destino da droga após a conclusão do processo. Três questões se levantam *a priori*:

* por um lado e tendo em conta o preceituado no art. 17.º do DL n.º 130-A/2001, de 23 de Abril, no qual se determina que a comissão envia as substâncias para análise sempre que o indiciado negue a sua natureza – n.º 1 – e a autoridade policial realiza a análise sempre que tenha dúvidas quanto à natureza da substância[491], ficando a incerteza se a Comissão deve ou não enviar as substâncias para o Laboratório de Polícia Científica com a finalidade de comprovar se estamos na verdade na presença de uma substância proibida;
* por outro lado, apesar do regime jurídico do consumo de drogas ser especial, não faz sentido que se processe sem que haja a prova correcta e infalível de que estamos perante uma contra-ordenação por consumo de droga;

---

[490] Nos termos da al. *d)* do n.º 1 do art. 1.º do CPP, considera-se APC «os directores, oficiais, inspectores e subinspectores da polícia e todos os funcionários policiais a quem as leis respectivas reconhecem aquela qualificação».

[491] Temos defendido que a autoridade policial deve fazer sempre o teste rápido para verificar se estamos perante um produto constante da tabela I a IV do DL n.º 15/93, de 22 de Janeiro. Cfr. *supra* § 41.º.

Das Comissões para a Dissuasão da Toxicodependência

* e, ainda, podemos levantar a questão da pesagem líquida da droga, pois a que se encontra com o indiciado e é apreendida pela autoridade policial detém um peso e a que normalmente resulta do laboratório com o peso líquido é outro, sendo que interrogamo-nos de qual peso se deveria apoiar a Comissão para a decisão final.

Como se depreende da al. *d)* do n.° 4 do art. 15.° da Lei n.° 30/2000, «o tipo de plantas, substâncias ou preparados consumidos» ou que se encontram na sua posse deve ser relevante para a tomada de decisão da comissão quanto à coima ou a medida alternativa a aplicar, permitindo-lhe fundamentar a decisão final – art. 27.° do DL n.° 130-A/2001. Pois, a prova de que as substâncias não se enquadram nas tabelas I a IV anexas ao DL n.° 15/93 podem conduzir à absolvição do indiciado, conforme se retira do n.° 1 do art. 27.° do DL n.° 130-A/2001.

Caso as substâncias fossem enviadas ao laboratório, que pensamos que possa ser uma das soluções, a sua destruição seguiria os termos do art. 62.° do DL n.° 15/93. Vejamos o problema vigente.

II. O art. 42.° do DL n.° 130-A/2001, de 23 de Abril, estipula que «as substâncias apreendidas e enviadas à comissão são destruídas nos termos legais», tendo em conta que o n.° 1 do art. 4.° da Lei n.° 30/2000, prescreve que as substâncias «são perdidas a favor do estado». Hoje, as instituições policiais e as comissões[492], onde pode existir substâncias apreendidas a aguardar a resolução do processo, podem interrogar-se como destruir ou que destino dar as substâncias *supostamente* psicotrópicas[493].

---

[492] Como exemplo apontamos a Região Autónoma da Madeira em que a CDT e a Polícia não sabem como proceder quanto à destruição das substâncias apreendidas.

[493] Afirmamos *supostamente* porque não foi realizada a prova científica que certifique que aquele produto é heroína ou é cocaína ou é haxixe ou é uma droga sintética y, z (...). Preocupa-nos que a prova, segundo a lei, se possa fazer única e exclusivamente com base no teste rápido e com a confirmação pelo indiciado.

Seguindo o preceituado no art. 42.° do DL n.° 130-A/2001, podemos recorrer subsidiariamente ao RGCO ou ao DL n.° 15/93, prevendo este a destruição de drogas apreendidas.

Quanto ao RGCO, os artigos 22.° a 25.° prescrevem as normas relativamente à perda de objectos do arguido no processo de contra-ordenação, sendo de possível aplicação, neste caso, os artigos 22.° – perda de objectos perigosos –, o art. 24.° – efeitos da perda – e o art. 25.° – perda independente de coima.

Em primeiro lugar, dever-se-iam declarar perdidas as substâncias «que serviram ou estavam destinados a servir para a prática» da contra-ordenação prevista no art. 2.° da Lei n.° 30/2000, por representarem, devido à sua natureza, «grave perigo para a comunidade» ou por existir «sério risco da sua utilização para a prática de um crime ou contra--ordenação», conforme o n.° 1 do art. 22.° do RGCO e o n.° 1 do art. 4.° da Lei n.° 30/2000. A decisão definitiva ou transitada em julgado de perda de objectos – substâncias psicotrópicas – «determina a transferência da propriedade para o Estado», conforme art. 24.° do RGCO. Mas, a perda de objectos perigosos pode verificar-se mesmo que não haja «procedimento contra o agente ou a este não seja aplicada uma coima», nos termos do art. 25.° do RGCO. Posição reforçada pelo n.° 1 do art. 4.° da Lei n.° 30/2000 que preceitua que as substâncias «são perdidas a favor do Estado».

Na nossa opinião, as substâncias psicotrópicas são objectos perigosos para a comunidade em geral e não devemos considerar que a apreensão prevista no art. 4.°, n.° 1 da Lei 30/2000, no art. 9.°, n.° 3 do DL n.° 130-A/2001, e, subsidiariamente, n.° art. 48.°-A do RGCO funciona como decisão definitiva e que a perda se verifica no momento da apreensão.

Do RGCO, que se aplica subsidiariamente[494], conjugado com o art. 1.° da Lei n.° 30/2000, podemos aplicar a decisão de perda das substâncias psicotrópicas que se transferem para a esfera jurídica do Estado e que essa perda se pode verificar ainda que não tenha sido aplicada qualquer coima. Contudo, fica a dúvida quanto ao destino e destruição das substâncias – «objectos perigosos» –, cuja solução se

---

[494] *Ex vi* art. 26.° da Lei 30/2000 e art. 43.° do DL n.° 130-A/2001.

deve basear no art. 62.º do DL n.º 15/93, que tem como epígrafe *exame e destruição das substâncias*.

III. A entidade competente para ordenar a destruição das substâncias apreendidas, no âmbito do tráfico e cultivo, é a «autoridade judiciária competente», conforme estipula o n.º 1 e 4 do art. 62.º do DL n.º 15/93[495]. Pergunta-se: a que autoridade judiciária se refere o legislador? Pois, qualificadas como tal existe o MP e o JIC e o Juiz, nos termos da al. *b)* do n.º 1 do art. 1.º do CPP.

Defendemos que o legislador pretendia determinar autoridade judiciária competente da fase processual em curso, ou seja, MP no inquérito, JIC na instrução e Juiz no julgamento. Levantar-se-á a questão de saber como é possível existir a intervenção destas autoridades judiciárias em um só processo quanto à decisão de destruição das substâncias.

Quanto à mesma apreensão existem duas destruições por incineração:

* o perito do laboratório, após o exame, deve proceder à «recolha, identificação, pesagem, bruta e líquida, acondicionamento e selagem de uma amostra, que deve ser guardada até que seja «proferida decisão definitiva» por tribunal competente. Tribunal este que deve ordenar a destruição da amostra guardada em cofre dos serviço que procede à investigação – conforme n.os 2, 3, 5 e 6 do art. 62.º do DL n.º 15/93.

* o remanescente, caso haja e que terá de ser recolhido, identificado, pesado, acondicionado, selado, será destruído por ordem da autoridade judiciária competente na fase processual em curso. A ordem de destruição será emitida no prazo de cinco dias depois da junção do relatório do exame laboratorial. O despacho que ordena a destruição da droga deverá ser cumprido no prazo de trinta dias, devendo a droga ficar arrecadada num cofre-forte até ao momento da destruição. – conforme n.os 2, 4 e 5 do art. 62.º do DL n.º 15/93.

---

[495] Não pretendemos abordar o normativo do n.º 7, quanto à cedência de droga para fins didácticos, de formação ou investigação criminal, cujo pedido deve passar pelo Gabinete de Combate à Droga do MJ e solicitado ao magistrado nomeado para a análise dos pedidos de cedência.

Quer num caso quer no outro a destruição faz-se por incineração, devendo estar presente: um magistrado, um funcionário do OPC respectivo, um técnico de laboratório. Do acto lavra-se auto de destruição, devendo ser assinado pelos presentes.

IV. Face ao exposto, somos da opinião de que a Comissão só pode destruir as substâncias apreendidas e a si enviadas, depois de decisão definitiva do processo – de absolvição ou de condenação –, onde se declara as substâncias perdidas a favor do Estado, do despacho que ordene a destruição, que, como fiscalização e controlo da legalidade da decisão, deveria ser solicitado e proferido pelo MP.

A CDT é um órgão administrativo e a destruição de provas deve seguir os preceitos do art. 62.º do DL n.º 15/93, por a Lei n.º 30/2000 e o DL n.º 130-A/2001 não especificarem os termos concretos da destruição e se remeter para legislação geral. Contudo, mesmo que seja a CDT a destruir as substâncias, deve elaborar auto de destruição.

Caso seguíssemos o estipulado nos artigos 22.º a 25.º do RGCO e do n.º 1 do art. 4.º da Lei n.º 30/2000 e tendo em conta que nada estipula quanto ao fim último a dar aos objectos perdidos a favor do Estado, dever-se-ía aplicar subsidiariamente as normas do CP – *ex vi* art. 32.º do RGCO –, no qual se estipula que o juiz pode «ordenar que sejam total ou, parcialmente, destruídos ou postos fora do comércio» esses objectos – conforme n.º 3 do art. 109.º do CP.

CAPÍTULO XIV
Das sanções e do Tratamento

§ 64.º Da natureza das sanções

I. A Lei n.º 30/2000, como consequência da contra-ordenação por consumo, aquisição ou detenção para consumo, determina a aplicação de uma coima desde que o agente da infracção seja *consumidor não toxicodependente* e não lhe tenha sido suspenso provisoriamente o processo ou não lhe tenha sido suspensa a determinação da sanção[496] ou não lhe tenha sido suspensa a execução da sanção[497], *ex vi* 1.ª parte do n.º 1 do art. 15.º. Mas, a CDT não está vinculada a aplicar única e somente uma coima, pode, em alternativa, aplicar uma sanção não pecuniária, *ex vi* 2.ª parte do n.º 1 do art. 15.º, feita a ponderação dos pressupostos consignados no n.º 4.º e em função da necessidade de prevenção do consumo de drogas, nos termos do n.º 3, ambos do mesmo preceito.

Do regime jurídico do consumo de drogas nasceram novas sanções, diferentes da coima, para a aplicação aquando da verificação da contra-ordenação, afastando-se, desta feita, do Regime Geral das Contra-Ordenações, cuja aplicação obedece ao regime subsidiário (art. 26.º da Lei n.º 30/2000), ou seja, como afirma CRISTINA LÍBANO MONTEIRO, «ao lado da tradicional coima, de natureza pecuniária, *surge* um leque de outras medidas sancionatórias que em nada equivalem ao "castigo

---

[496] Se realizarmos uma interpretação restritiva do art. 14.º da Lei n.º 30/2000 de 29 de Novembro, poderíamos afirmar que a suspensão da determinação da sanção em caso de tratamento voluntário apenas se aplicaria aos *consumidores toxicodependentes*, mas entendemos que, respeitando o princípio da igualdade, a mesma política de oportunidade deve ser extensiva aos *consumidores não toxicodependentes*.

[497] Cfr. artigo 2.º, n.º 1, e artigos 11.º, 14.º, 16.º, 19.º da Lei n.º 30/2000.

188 *Consumo de Drogas*

metal" e que são – ponto importante – as únicas imponíveis a consumidores toxicodependentes»[498].

II. O n.º 1 do art. 17.º da Lei n.º 30/2000 estipula como alternativa à coima uma sanção de admoestação[499], que, consistindo *numa censura oral*, em que *consumidor é expressamente alertado para as consequências do seu comportamento e instado a abster-se de consumir*, nos termos do n.º 2 do art. 18.º, deve ser aplicada se as *condições pessoais do agente*, o *tipo de consumo* e o *tipo de plantas, substâncias ou preparações consumidas* forem um indicador de que o agente se absterá no futuro de consumir, nos termos do n.º 1 do art. 18.º da Lei n.º 30/2000.

O n.º 2 do art. 17.º consagra um leque de sanções que podem ser aplicadas em alternativa ou a título principal. Essas coimas serão alternativas quanto aos consumidores não toxicodependentes, mas já serão principais no que se refere aos consumidores toxicodependentes[500]. A novidade, como afirma CRISTINA LÍBANO MONTEIRO[501], é a aprovação de sanções não monetárias como sanções principais, uma vez que o art. 21.º do RGCO já previa sanções acessórias não pecuniárias.

O legislador, partindo da tradicional coima, promoveu a flexibilização do sistema de forma que as sanções a aplicar se adaptem às situações de cada agente, a mais que não faria qualquer sentido que um

---

[498] Continuando afirma que "a Lei n.º 30/2000 inventa sanções não pecuniárias (...) para ilícitos que classifica de mera ordenação social", [CRISTINA LÍBANO MONTEIRO, "O consumo de drogas...", *in RPCC*, Ano 11, Fasc. 1.º, p. 70]. Quanto à questão da constitucionalidade das sanções alternativas, sufragamos a opinião de CRISTINA L. MONTEIRO, pois o legislador não está impedido de alargar o leque de sanções estabelecido pelo RGCO [al. *c)* do n.º 1 do art. 165.º da CRP], sendo que não estamos no âmbito da *ultima ratio* do poder punitivo, ou seja, não se pune uma contra-ordenação com uma pena privativa da liberdade, nem o RGCO se pode considerar uma lei com valor reforçado, "cujo desrespeito consubstancia uma inconstitucionalidade indirecta [CRP, art. 112.º, n.º 3, e art. 280.º, n.º 2, al. *a)*]". *Idem*, pp. 70 e 71.

[499] Que deve ser aplicada quando a decisão for definitiva e proferida imediatamente se o indiciado renunciar à interposição de recurso (n.ºs 3 e 4 do art. 18.º da Lei n.º 30/2000), manifestação plena do princípio da celeridade processual. Quanto à admoestação, art. 51.º do RCGO.

[500] Cfr. n.º 1 e 2 do art. 15.º da Lei n.º 30/2000.

[501] CRISTINA LÍBANO MONTEIRO, "O consumo de drogas...", *in RPCC*, Ano 11, Fasc. 1.º, p. 71.

Das sanções e do Tratamento 189

toxicodependente que vive, em regra, numa «penúria económico--financeira» e que, muitas das vezes para angariar fundos monetários para consumir, pratica factos que a lei qualifica como crimes contra a propriedade (furtos, roubos), tivesse de pagar uma quantia monetária. Caso fosse a política criminal seguida, quase que arriscaríamos a avançar com um cenário de aumento da criminalidade.

§ 65.º Da determinação, da aplicação e da execução das sanções

α. *O princípio da legalidade e da oportunidade*

O art. 43.º do RGCO consagra o princípio da legalidade, impondo à polícia ou às entidades fiscalizadoras o dever de investigação "sempre que tenham notícia da prática de uma contra-ordenação (...) e acusar sempre que obtiverem indícios suficientes desse facto e de quem foi o seu autor"[502].

Analisado este ditame, a ideia de que a descriminalização do consumo de drogas permitiria uma maior aplicabilidade do princípio da oportunidade[503] na promoção processual cai, numa primeira análise, por terra[504]. Contudo e estudado o novo regime jurídico, defendemos que o princípio da legalidade vincula a actuação da polícia e da CDT, mas, como já afirmamos, não é absoluto, pois nenhum princípio é absoluto e como afirma a Prof.ª ANABELA M. RODRIGUES "não se deve conferir validade absoluta a qualquer dos princípios opostos"[505].

---

[502] *Idem*, pp. 81 e 82.

[503] Sobre o princípio da oportunidade como materialização de uma nova política criminal, os nossos *Processo Penal* – Tomo I, pp. 200-213 e *Lei e Crime: O Agente Infiltrado Versus o Agente Provocador* – *Os Princípios do Processo Penal*, (co-autoria com F. GONÇALVES e M. J. ALVES), Almedina, 200, pp. 164 e ss..

[504] CRISTINA LÍBANO MONTEIRO, "O consumo de droga...", *in RPCC,* ano 11, Fasc. 1.º, p. 81. No sentido de que há uma desvalorização do princípio da oportunidade, A. G. LOURENÇO MARTINS, "Droga – Nova Política...", in RPCC, Ano 11, Fasc. 3.º, pp. 428 e ss,,

[505] ANABELA RODRIGUES, *"O Inquérito no Novo Código..."*, *in Jornadas de Processo Penal*, CEJ, p. 74.

190   *Consumo de Drogas*

A Lei n.° 30/2000, ao consagrar a suspensão provisória do processo (art. 11.°), a suspensão da determinação da sanção em caso de tratamento voluntário (art. 14.°) e a suspensão da execução da sanção (art. 19.°), promove, inevitável e obrigatoriamente, o recurso ao princípio da oportunidade, o que não significa que a polícia e/ou a autoridade administrativa não procedam de acordo com a lei, mas que entre a condenação numa coima pecuniária ou numa sanção não pecuniária e o tratamento e a reinserção e a reintegração do consumidor ou do toxicómano, se opte pela segunda via e não pela primeira. O legislador procurou estipular o mesmo caminho processual que consagrou para o processo penal[506].

β. Das entidades competentes

A autoridade administrativa competente para o processamento e aplicação das sanções é a Comissão para a Dissuasão da Toxicodependência, *ex vi* n.° 1 do art. 5.° da Lei n.° 30/2000, que está sediada no Governo Civil do distrito. A novidade não se prende com a entidade competente para julgar contra-ordenações e aplicar coimas, que fora criada «*ad hoc*»[507], mas sim a sua criação «do nada»[508].

A execução das coimas, como se estipula no n.° 2 do art. 5.°, é da competência do Governo Civil, que deve *oficiar os serviços e as autoridades aos quais deva ser pedida colaboração para a execução* das sanções ou medidas decretadas, conforme art. 25.° da Lei n.° 30/2000.

γ. Da determinação e do cumprimento das sanções

I. Quanto aos critérios a seguir na determinação e na aplicação das sanções, o legislador, prevalecendo a prevenção especial[509] e colo-

---

[506] Cfr. artigos 280.°, 281.°, 392.° e 16.°, n.° 3 do CPP, e os nossos *Processo Penal* – Tomo I, pp. 200-213 e *Lei e Crime:*..., pp. 170 e ss..

[507] CRISTINA LÍBANO MONTEIRO, "O consumo de droga...,", *in RPCC* Ano 11, Fasc. 1.°, p. 80.

[508] *Ibidem.*

[509] *Hoc sensu*, CRISTINA LÍBANO MONTEIRO, "O consumo de droga...,", *in RPCC* Ano 11, Fasc. 1.°, p. 79. Apesar de estar vincado o teor teleológico da prevenção geral.

cando a culpa como um elemento de ponderação, procurou estipular vectores de orientação à CDT.

Relativamente à determinação da sanção, a CDT terá de considerar a *necessidade de prevenir o consumo de estupefacientes e substâncias psicotrópicas*, conforme n.º 3 do art. 15.º, sabendo desde logo que tem como limite o factor temporal, cuja duração da sanção pode variar de um mês a três anos, conforme art. 24.º.

No que respeita à aplicação das sanções, nos termos do n.º 4 do art. 15.º, a CDT terá "em conta a situação do consumidor e a natureza e as circunstâncias do consumo, ponderando, designadamente:

a) A gravidade do acto;

b) A culpa do agente;

c) O tipo de plantas, substâncias ou preparados consumidos;

d) A natureza pública ou privada do consumo;

e) Tratando-se de consumo público, o local do consumo;

f) Em caso de consumidor não toxicodependente, o carácter ocasional ou habitual do consumo;

g) A situação pessoal, nomeadamente económica e financeira, do consumidor".

No âmbito do CP, prevê-se que se apliquem penas não detentivas desde que as finalidades da reacção criminal seja alcançada por outro meio, o que não acontece neste regime "especial" de contra-ordenações, pois a CDT terá de escolher uma (quando se aplicar coima – art. 16.º – ao consumidor não toxicodependente) ou mais sanções (se forem as previstas no n.º 2 do art. 17.º)[510] de entre várias iguais, que permitam a recuperação, a reinserção e a reintegração do *indiciado* na sociedade e previnam o consumo de drogas.

II. Outra questão que levanta dúvidas e interrogações é a solução que deverá ser encontrada caso o ***indiciado* não cumpra a sanção que lhe foi imposta.**

Se o *indiciado* se encontrar na situação prevista pelo art. 19.º – suspensão da execução da sanção – seria normal que, em caso de inter-

---

[510] *Hoc sensu*, CRISTINA LÍBANO MONTEIRO, "O consumo de droga...,", *in RPCC* Ano 11, Fasc. 1.º, p. 80.

rupção do cumprimento das condições impostas pela CDT, executasse a sanção, até por imperativo dos n.ºs 2 e 3 do art. 23.º da Lei n.º 30/ /2000. Contudo, interrogamo-nos se, sendo o fundamento do art. 19.º a melhoria das condições sanitárias do consumidor toxicodependente e prevenir o consumo do consumidor não toxicodependente, a interrupção do cumprimento das condições impostas de acordo com o n.º 3 deste preceito, legitimará logicamente o regresso à sanção aplicada. Dúvidas que persistirão, pois não há regimes ou sistemas perfeitos.

Mas, dúvida maior e pertinente é a de se saber se o indiciado não cumprir a sanção originária aplicada, se ao mesmo é imputada a prática do crime de desobediência, por aplicação subsidiária do art. 32.º do RCGO *ex vi* art. 26.º da Lei n.º 30/2000. Acompanhamos CRISTINA LÍBANO MONTEIRO quando afirma que "esperamos sinceramente que a ninguém ocorra a ideia de o incriminar por desobediência"[511], pois toda a teleologia do novo regime 'cairia por terra': a substituição da experiência estigmatizante do tribunal por consumo teria nova revivescência por incriminação por desobediência.

Ilógico seria indubitavelmente punir com o crime de desobediência o incumprimento de uma coima, sanção de um ilícito de mera ordenação social, ou seja, não faz sentido que se pretenda que "o não cumprimento de sanções impostas por autoridade administrativa seja considerado crime, *o que* seria admitir que afinal a contra-ordenação justifica a prisão, ou só funciona perante a ameaça última da pena privativa da liberdade"[512].

Quanto à suspensão provisória do processo (art. 11.º) e à suspensão da determinação da sanção em caso de tratamento voluntário (art. 14.º), a interrupção daquele levará necessariamente ao prosseguimento do processo e à determinação da sanção respectivamente, *ex vi* n.º 3 do art. 13.º e n.º 2 do art. 14.º. O problema surge, novamente, caso o indiciado, após a aplicação da sanção originária, não cumpra a sanção imposta pela autoridade administrativa.

---

[511] CRISTINA LÍBANO MONTEIRO, "O consumo de droga...", *in RPCC* Ano 11, Fasc. 1.º, p. 75 e nota 9.

[512] *Ibidem*. Itálico nosso.

§ 66.° Do tratamento dos consumidores

I. O tratamento espontâneo está previsto no art. 3.° da Lei n.° 30/2000, que, no n.° 1, prescreve que ao consumidor não será aplicado o disposto no presente diploma se solicitar o tratamento junto dos serviços de saúde públicos ou privados.

A interpretação deste preceito pode levantar algumas dúvidas quando confrontado com o estipulado no art. 11.° – suspensão provisória do processo – quando o consumidor toxicodependente, que tenha ou não registo prévio de processo contra-ordenacional anterior no âmbito do novo regime jurídico, aceite submeter-se a tratamento (n.os 2 e 3) –, com o art. 14.° – suspensão da determinação da sanção – no caso do «consumidor toxicodependente aceitar sujeitar-se, voluntariamente, a tratamento em serviço público ou privado devidamente habilitado» (n.° 1).

O artigo 3.° fala-nos do *tratamento espontâneo*, aquele que emerge da vontade própria do consumidor sem que tenha sido interceptado por qualquer autoridade policial ou não esteja com um processo contra-ordenacional por consumo, posse ou aquisição para consumo suspenso provisoriamente ou não tenha suspensa a determinação da sanção. No art. 3.° enquadram-se, além dos menores, interditos e inabilitados, os consumidores que se dirigem à CDT, afirmando serem consumidores e que desejam ser inscritos num programa de tratamento promovido por serviços de saúde públicos e privados.

Equiparado ao n.° 1 do art. 3.°, o legislador prescreveu que qualquer médico que, no exercício da sua actividade profissional, constatar que o consumidor necessita de medidas de tratamento ou assistência, de que não disponha, pode assinalá-los aos serviços de saúde públicos, ou seja, como já se encontra em tratamento espontâneo no seu médico, o consumidor beneficia do mesmo regime determinado no n.° 1 *ex vi* do n.° 2 do art. 3.°.

II. Diferente será o caso do consumidor toxicodependente que é interceptado pela autoridade policial (AP) e, no decurso do processo, p. e. na audiência, afirma aceitar «submeter-se a tratamento», devendo o processo ser suspenso provisoriamente até ao máximo de três anos ou até ao fim do tratamento, sem que tenha existido qualquer interrupção

194   *Consumo de Drogas*

indevida por parte do consumidor toxicodependente – conforme art. 11.°, n.° 2 e 3 e art. 13.°, n.ᵒˢ 1 e 2, al. *b)* da Lei n.° 30/2000.

A decisão pelo tratamento não é espontânea, mas é indirectamente forçada ou voluntariamente "imposta" pela situação em que o consumidor toxicodependente se encontra.

III. Diverso é, também, o tratamento prescrito no art. 14.° da Lei n.° 30/2000. Apesar da lei falar em tratamento «voluntário», entendemos que o advérbio de modo «voluntariamente» tem de ser interpretado de forma a enquadrá-lo no momento processual em que se encontra o processo. Duas situações podem ocorrer no plano do n.° 1 do art. 14.°:

- após a análise do processo, decorrida a audiência e as alegações da defesa, e da CDT ter verificado que o *indiciado* terá afirmado que desejava efectuar um programa de tratamento público ou privado e optar por fazer um despacho de suspensão da determinação da sanção, podendo a mesma decorrer ao longo de três anos;
- outra situação enquadrável neste preceito poderá ser aquela em que o *indiciado*, após notificação da sanção que lhe será aplicável, decidir «aceitar sujeitar-se voluntariamente, a tratamento», podendo-o fazer por escrito ou oralmente.

O regime prescrito no art. 14.° aplica-se em uma fase mais avançada do processo do que o regime prescrito no art. 11.°, que, por sua vez, se aplica em uma fase posterior, quando o consumidor já é *indiciado* em um processo contra-ordenacional, do que o regime do art. 3.° da Lei n.° 30/2000.

CAPÍTULO XV
Conclusão

I. A descriminalização em sentido estrito ou técnico do consumo, aquisição e detenção para consumo de estupefacientes e substâncias psicotrópicas não deve ser encarada como uma descriminalização de facto, ou seja, uma despenalização pela grande dificuldade na exequibilidade do novo regime legal do consumo de drogas.

A aceitabilidade e a eficácia e/ou eficiência do novo quadro legal dependerá fundamentalmente da dinâmica e do empenhamento que as autoridades policiais promoverem e da capacidade que as CDT tiverem de prosseguirem com as suas atribuições e competências e da resposta da sociedade face às solicitações da CDT, como mo âmbito do trabalho a favor da comunidade.

A luta contra o consumo de droga não passa unicamente por aqueles actores sociais, pois são apenas o início de um processo longo e complexo. As suas actividades inserem-se numa sociedade onde se encaixam vários actores sociais, responsáveis solidários da mesma luta, ou seja, onde todos nós nascemos, crescemos e morremos.

II. A descriminalização em sentido técnico do consumo de drogas, cuja proibição se materializa através do ilícito de mera ordenação social, veio criar um regime especial desde: a competência para o processamento das contra-ordenações; a alteração do estatuto de consumidor arguido para *indiciado* ; a separação da qualidade do indiciado – consumidor não toxicodependente e consumidor toxicodependente – que implica a impossibilidade de aplicar uma coima ao toxicodependente, ao qual deve ser aplicada uma medida alternativa, criadas como "sanções" não pecuniárias.

O regime reforça o seu cariz especial ao afastar, *ex vi* do art. 41.º do DL n.º 130-A/2001, de 23 de Abril, a regra do art. 38.º do RGCO, em que o Tribunal Criminal – face ao concurso de crime e contra-

-ordenação – era competente para conhecer da matéria criminal e contra-ordenacional, deixando de poder conhecer da matéria contra--ordenacional no âmbito do consumo de droga, impondo-se-lhe que mande "extrair certidão, remetendo-a, (...), à comissão territorialmente competente".

A sua especialidade aumenta quando o consumo vive «a parede meias» com o tráfico de droga, crime p. e p. pelos arts. 21.º e ss. do DL n.º 15/93, de 22 de Janeiro, cuja qualificação como crime ou como contra-ordenação depende fortemente da quantidade com que o *indiciado* é interceptado. No âmbito do tráfico de droga existem outras figuras, cujas condutas são tipificadas como crime – tráfico de menor gravidade, p. e p. pelo art. 25.º e traficante-consumidor, p. e p. pelo art. 26.º – e tocam os vértices do consumo.

A especificidade do regime jurídico do consumo de drogas face ao RGCO pode, ainda, ser detectada quanto à extinção da inimputabilidade a todas as causas de interdição, assim como da inabilitação, afastando-se do art. 11.º do RGCO.

O regime contra-ordenacional do consumo de drogas é, também, especial por impor um rigor muito mais vincado às autoridades policiais quer quanto ao tratamento a dar ao expediente, profundamente célere e descritivo de todos os pormenores que possam qualificar o indiciado quanto aos pontos previstos no n.º 4 do art. 5.º da Lei n.º 30/2000.

Como regime específico, levantou e levanta vários problemas jurídicos de relevância prática, descortinados ao longo do texto – a inconstitucionalidade do art. 29.º da Lei n.º 30/2000 por violação dos arts. 29.º n.º 1 e 18.º, n.º 2 da CRP; a inconstitucionalidade do art. 17.º da Lei n.º 30/2000 por violação do n.º 4 do art. 32.º da CRP; a interpretação restritiva ou extensiva da norma revogadora do art. 28.º da Lei n.º 30/2000, que influencia a integração do n.º 2 do art. 40.º do DL n.º 15/93; a conjugação do novo ordenamento jurídico com determinados preceitos do DL n.º 15/93.

Todavia e como temos defendido, a exequibilidade de uma norma não passa por vigorar, mas pela vontade que cada um de nós – sociedade, em geral, polícia, comissões, advogados, juizes, procuradores, técnicos, em especial – tem de se transformar em um "instrumento de justiça".

III. A busca incessante dos melhores instrumentos legais que permitam um regime capaz de produzir um efeito mais ressocializador e reintegrador do consumidor na sociedade faz parte da nosso pensamento dialéctico, cujo escopo não se centra na pura e simples resolução da questão, mas se estende à chamada de atenção para as vicissitudes de qualquer alternativa de intervenção do Estado.

Mas, consagrar-se um regime que se funda na possível eficácia da sua exequibilidade, que possa pôr em causa não só bens jurídicos fundamentais da sociedade e dos cidadãos, mas também a credibilização das instituições, que, muitas vezes sem meios, têm lutado de forma activa num modelo de prevenção activo e deitar todo esse trabalho para o lado como se a droga tivesse vencido tudo e todos, preocupa-nos intensamente.

IV. Esperamos que **a descriminalização em sentido estrito ou técnico** do consumo, aquisição e detenção para consumo de estupefacientes e substâncias psicotrópicas **não seja uma descriminalização de facto**, ou seja, **uma despenalização pela grande dificuldade na exequibilidade do novo regime legal do consumo de drogas.**

Contudo, defendemos que a **aceitabilidade e a eficácia e/ou eficiência** do novo quadro legal dependerá fundamentalmente da dinâmica e do empenhamento que as autoridades policiais promoverem e da capacidade que as CDT tiverem de prosseguirem com as suas atribuições e competências.

Summo rigore, a luta contra o consumo de drogas não passa unicamente por aqueles actores sociais, pois são apenas o início de um processo longo e complexo. As suas actividades inserem-se em uma sociedade onde se encaixam vários actores sociais, responsáveis solidários da mesma luta.

BIBLIOGRAFIA

AA, *Estratégia Nacional de Luta Contra a Droga* (ENLCD) (aprovada pela Resolução do Conselho de Ministros (RCM) n.º 46/99 de 26 de Maio), INCM, 1999.

ALMEIDA, Carlota Pizarro de, *Modelos de Inimputabilidade – Da Teoria à Prática*, Almedina, Coimbra, 2000.

ALVES, Manuel João e GONÇALVES, Fernando e VALENTE, Manuel M. Guedes, *Lei e Crime, o agente infiltrado versus o agente provocador, os princípios do processo penal*, Almedina, 2001.

—, *O Novo Regime do Agente Infiltrado Comentado e Anotado – Legislação Complementar*, Almedina, 2001.

AMARAL, Diogo Freitas do *et alia, Código de Procedimento Administrativo Anotado*, 3.ª Edição, Almedina, Coimbra, 1999.

ANDRADE, Manuel da Costa, "Consenso e Oportunidade", *in Jornadas de Direito Processual Penal – O Novo Código de Processo Penal*, CEJ, Almedina, Coimbra, 1995.

—, "A 'dignidade penal' e a carência de tutela penal' como referência de uma doutrina teleológico-racional do crime", *in Revista Portuguesa de Ciência Criminal*, fase. 2.º, Abril – Junho, 1992.

—, *"Violação de segredo", in Comentário Conimbricence do Código Penal*, Coimbra Editora, Vol. I.

—, *Actas do Código de Processo Penal,* Assembleia da República – Divisão de Edições, Lisboa, 1999, Vol. II – Tomo II.

ANDRADE, José Carlos Vieira de, *Os Direitos Fundamentais na Constituição Portuguesa de 1976*, 2.ª Edição, Almedina, Coimbra, 2001.

ANDRADE, José Robin de, "Reflexões sumárias sobre o fundamento da descriminalização do consumo de droga", *in Forum Iustitiae – Sociedade & Direito*, Ano II, n.º 17, Dezembro de 2000.

BELEZA, Teresa Pizarro, *Actas do Código de Processo Penal,* Assembleia da República – Divisão de Edições, Lisboa, 1999, Vol. II – Tomo II.

BOLLE, PIERRE-HENRI, "A polícia de proximidade: noção, instituição, acção", *in Revista Portuguesa de Ciência Criminal*, Ano 8, Fase. 3.º, Julho – Setembro, 1998.

BORGES, J. Marques, *Dos Crimes de Perigo Comum e dos Crimes Contra a Segurança das Comunicações*, Rei dos Livros, 1985.

200   *Consumo de Drogas*

CABALLERO, Francis e BISION, Jann, *Droit de la Drogue*, 2.ª Edition, Dalloz, 2000.

CAETANO, Marcello, *Manual de Ciência Política e Direito Constitucional*, 6.ª edição Almedina, Coimbra, 1996, Tomo I.

CAMPOS, Manuel Fontaine, *O Direito e a Moral no pensamento de Friedrich Hayek*, UCP, Porto, 2000.

CANOTILHO, J. J. Gomes e MOREIRA, Vital, *Constituição da República Portuguesa Anotada*, 3.ª Ed., Coimbra Editora, 1993.

CANOTILHO, J. J. Gomes, *Direito Constitucional e Teoria da Constituição*, 3.ª Edição, Almedina Coimbra, 1999.

— *Estudos sobre Direitos Fundamentais*, Coimbra Editora, 2003.

CORREIA, Eduardo, "Direito Penal e Direito de Mera Ordenação Social", *in Direito Penal Económico e Europeu: Textos Doutrinários*, Coimbra Editora, 1998, Vol. I.

COSTA, José de Faria, "Ler Beccaria Hoje", *apud* Cesare Beccaria, *Dos Delitos e das Penas,* (Tradução de José de Faria Costa), Fundação Calouste Gulbenkian, Lisboa, 1998.

CUNHA, J. M. Damião, "Propagação de doença, alteração de análises ou de receituário" *in Comentário Conimbricence do Código Penal-Parte Especial,* Coimbra Editora, 1999, Tomo II.

DIAS, Jorge de Figueiredo, "O Movimento de Descriminalização e o Ilícito de Mera Ordenação Social", *in Direito Penal Económico e Europeu: Textos Doutrinários,* Coimbra Editora, 1998, Vol. I.

—, *Código Penal – Actas e Projectos da Comissão de Revisão*, Ministério da Justiça, Rei dos Livros, 1993.

—, *Código Penal – Actas e Projectos da Comissão de Revisão*, Ministério da Justiça, Rei dos Livros, 1993.

—, *Direito Processual Penal*, (lições coligidas por Maria João Antunes), Coimbra, 1988-9.

DUARTE-FONSECA, António C. e RODRIGUES, ANABELA Miranda, *Comentário da Lei Tutelar Educativa*, Coimbra Editora, 2000.

ENGISH, Karl, *Pensamento Jurídico*, Fundação Calouste Gulbenkian.

FARIA, Miguel, *Direitos Fundamentais e Direitos do Homem,* 3.ª Edição, ISCPSI, Lisboa, 2001, Vol. I.

FARIA, Paula Ribeiro de, "Ofensa à Integridade Física Grave", *in Comentário Conimbricence do Código Penal – Parte especial,* Coimbra Editora, Tomo I, p. 234, art. 144.º.

FERNANDES, Luís A. Carvalho, *Teoria Geral do Direito Civil*, Lex, 2.ª Edição, Lisboa, 1995, Vol. I.

FERNANDES, Mário João e PINTO, Alexandre Sousa, *Comentário* à IV Revisão Constitucional, AA FDL, Lisboa, 1999.

GONÇALVES, Fernando, ALVES, Manuel João e VALENTE, Manuel M. Guedes, *Lei e Crime, o agente infiltrado versus o agente provocador, os princípios do processo penal*, Almedina, 2001.

Bibliografia

—, *O Novo Regime do Agente Infiltrado Comentado e Anotado – Legislação Complementar*, Almedina, 2001.

GONÇALVES, Manuel Lopes Maia, *Código Penal Português Anotado e Comentado – Legislação Complementar*, 14.ª edição, Almedina 2001.

— *Código Penal Português Anotado e Comentado*, 12.ª edição, Almedina 2001.

KELSEN, Hans, *A Justiça e o Direito Natural,* (Tradução João Baptista Machado), Almedina, Coimbra, 2001.

LARENZ, Karl, *Metodologia da Ciência do Direito,* (tradução de José Lamego), Fundação Calouste Gulbenkian, 1989, Lisboa.

LEAL-HENRIQUES Manuel, SANTOS, Manuel Simas e PINHO, David Borges de, *Código de Processo Penal Anotado,* Rei dos Livros, Lisboa, 1996, Vol. I.

—, *Código Penal Anotado*, Rei dos Livros, Lisboa, 1996, Vol. I.

—, *Procedimento Disciplinar*, 3.ª edição, Rei dos Livros, 1997.

—, *Código Penal Anotado,* 3.ª Edição, Rei dos Livros, 2000, Vol. II.

—, *O Código de Processo Penal Anotado*, Rei dos Livros, Lisboa, 2000, Vol. II.

LIMA, Pires de e VARELA, Antunes, *Código Civil anotado*, 4.ª Edição, Coimbra Editora, 1987, Vol. I.

MARTINS, A. G. Lourenço, "Droga – Nova Política Legislativa", in *RPCC,* Ano 11, Fasc. 3.°, Julho-Setembro, 2001.

MONTEIRO, Cristina Líbano, "O consumo de droga na política e na técnica legislativa: Comentário à Lei n.° 30 /2000", *in RPCC*, Ano 11, Fasc. 1.°, Janeiro-Março 2001.

MOREIRA, Vital e CANOTILHO, J. J. Gomes Canotilho, *Constituição da República Portuguesa Anotada*, 3.ª Ed., Coimbra Editora, 1993.

MOUTINHO, José Lobo, *O Arguido e Imputado no Processo Penal*, UCE, 2000.

NOVO, Alzira Conde Ribeiro, *A Toxicodependência na Escola*, Paulinas, 2001.

PEREIRA, Rui, "A descriminalização do consumo de droga", *in Lider Discipulorum para Figueiredo Dias,* Coimbra Editora 2003.

PINHO, David Borges de, SANTOS, Manuel Simas e LEAL-HENRIQUES Manuel, *Código de Processo Penal Anotado,* Rei dos Livros, Lisboa, 1996, 2.° Vol..

—, *Código Penal Anotado*, Rei dos Livros, Lisboa, 1996, Vol. I.

PINTO, Alexandre Sousa e FERNANDES, Mário João de Brito, *Comentário à IV Revisão Constitucional*, AAFDL, 1999.

PINTO, Carlos Alberto da Mota, *Teoria Geral do Direito Civil*, 3.ª Edição, Coimbra Editora, 1996.

PINTO, Frederico de Lacerda da Costa, "O Ilícito de Mera Ordenação Social e a Erosão do Princípio da Subsidiariedade de Intervenção Penal", *in Direito Penal Económico e Europeu*, Coimbra Editora, 1995, Vol. I.

POIARES, Carlos Alberto, *Análise Psicocriminal das Drogas – O Discurso do Legislador*, Almeida & Leitão, Ld.ª, Porto, 1998.

RAWLS, John, *Uma Teoria para a Justiça,* (Tradução de Carlos Pinto Correia), Editorial Presença, Lisboa, 1995.

ROBLES, Diego Torrente, *La sociedad Policial,* CIS, Universitat Barcelona, 1997.

RODRIGUES, Narciso da Cunha, *Em Nome do Povo*, Coimbra Editora, 1999.

202   *Consumo de Drogas*

RODRIGUES, Anabela Miranda e DUARTE-FONSECA, António C., *Comentário da Lei Tutelar Educativa*, Coimbra Editora, 2000.

RODRIGUES, Anabela Miranda, *A Determinação da Medida da Pena Privativa da Liberdade,* Coimbra Editora, 1995.

—, "A Celeridade do Processo Penal – Uma visão de Direito Consagrado" *in Actas de revisão do Código de Processo Penal,* Assembleia da República – Divisão de Edições, 1999, Vol. II – Tomo II.

—, "O inquérito no novo Código de Processo Penal", *in Jornadas de Processual Penal,* Almedina, CEJ, 1995.

—, "Os processos Sumário e Sumaríssimo ou a Celeridade e o Consenso no Código de Processo Penal", *in RPCC*, Ano 6, 1996, pp. 525 e ss..

—, *Código de Processo Penal – Processo Legislativo – Actas,* Assembleia da República, Lisboa, Vol. II – Tomo II.

—, *Novo Olhar Sobre a Questão Penitenciária – Estatuto Jurídico do recluso e Ressocialização, Jurisdicionalização, Consensualismo e Prisão,* Coimbra Editora, 2000.

ROTMAM, Edgard, "O Conceito de prevenção do crime", *in Revista Portuguesa de Ciência Criminal,* Ano 8.º, Fase. 3.º, Julho – Setembro, 1998.

SANTOS, Almeida Santos, *Avisos à Navegação,* Notícias Editorial, Lisboa, 2000.

SANTOS, Manuel José Carrilho de Simas e LEAL-HENRIQUES, Manuel de Oliveira, *Código Penal Anotado,* 3.ª Edição, Rei dos Livros, 2000, Vol. II.

—, *O Código de Processo Penal Anotado,* Rei dos Livros, Lisboa, 2000, Vol. II.

—, *Código Penal Anotado,* Rei dos Livros, Lisboa, 1996, Vol. I.

—, *Código de Processo Penal Anotado,* (com DAVID BORGES DE PINHO) Rei dos Livros, Lisboa, 1996, Vol. II.

SILVA, Germano Marques da, *Curso de Processo Penal,* 4.ª Edição, Verbo, Lisboa/S.Paulo, 2000, Vol. I.

—, *Curso de Processo Penal,* Verbo, Lisboa/S. Paulo, 1.ª Edição (1994), 2.ª Edição (2000) vol. III.

—, *Direito Penal Português,* Verbo, Lisboa/S. Paulo, 1997, Vol. I.

SOARES, J. A. da Silva Soares, "Droga", *in Enciclopédia Polis,* Verbo, Lisboa/ /S. Paulo, Vol. 2, 1984.

TEIXEIRA, António Braz, *Sentido e Valor do Direito,* INCM, 2.ª Edição. Lisboa.

TEIXEIRA, Carlos Adérito, *Princípio da Oportunidade, Manifestações em Sede Processual Penal e sua Conformação Jurídico-Constitucional,* Almedina, Coimbra, 2000.

TORRÃO, Fernando José dos Santos Pinto, *A Relevância Politico-Criminal da Suspensão Provisória do Processo*, Almedina, Coimbra, 2000.

VALENTE, Manuel M. Guedes, "A descriminalização do consumo da droga: a nova via", *in Polícia Portuguesa,* Ano LXIIV, n.º 127, Jan/Fev., 2001.

—, "Investigação Criminal como Motor de Arranque do Processo Penal", *in Polícia Portuguesa*, Ano LXIII, II Série, n.º 123, Março/Abril 2000.

—, "Videovigilância", *in Polícia Portuguesa,* Ano LXIII, II Série, n.º 123, Maio/Junho, 2000.

Bibliografia

—, *A Publicação da Matéria de Facto nas Condenações nos Processos Disciplinares*, ISCPSI, 2000.

—, "Novo Regime Legal do Consumo de Drogas: Uma Nova atitude", in *Polícia Portuguesa*, Ano LXIV, II Série, n.º 128, Março/Abril, 2001.

—, *Lei e Crime, o agente infiltrado versus o agente provocador, os princípios do processo penal*, (Co-autoria com Fernando Gonçalves e Manuel João Alves), Almedina, Coimbra, 2001.

—, *O Novo Regime do Agente Infiltrado Comentado e Anotado – Legislação Complementar*, (Co-autoria com Fernando Gonçalves e M. João Alves) Almedina, Coimbra, 2001.

—, *Toxicodependência – Consumo ilícito da droga (adenda ao texto de apoio)*, – MAI, 2001.

—, "Condução de veículos em estado de embriaguez ou sob influência de estupe-facientes ou substâncias psicotrópicas", in *Polícia Portuguesa*, Ano LXIV, II Série, n.º 131, Setembro/Outubro, 2001.

—, "A Publicidade da Matéria de Facto", in *Direito e Justiça*, Revista da Faculdade de Direito da Universidade Católica Portuguesa, vol. XV, 2001, Tomo 1.

—, *Revista e Buscas,* Almedina, Coimbra, 2003 (1.ª Edição), 2005 (2.ª Edição).

—, *Direito de Menores – Estudo Luso-Hispânico sobre Menores em Perigo e Delinquência Juvenil,* (Co-autoria com NIEVES SANZ MULAS), Âncora Editoria, Lisboa, 2003.

—, *Regime Jurídico da Investigação Criminal – Comentado e Anotado,* Almedina, Coimbra, 2003 (1.ª Edição), 2004 (2.ª Edição) e 2006 (3.ª Edição).

—, *Processo Penal* – Tomo I, Almedina, Coimbra, 2004.

—, *Teoria Geral de Direito Policial* – Tomo I, Almedina, Coimbra, 2005.

VENTURA, João Paulo, "Toxicodependência, Motivação, Comportamento Delituoso e Responsabilidade Criminal: Alguns Nexos de Comprovada Causalidade", in *RPCC*, Ano 7, 1997, pp. 461 e ss..

LEGISLAÇÃO

Constituição da República Portuguesa.
Código Civil.
Código Penal.
Código Processo Penal.
Código de Procedimento Administrativo.
Lei da Revisão Constitucional n.º 1/97, de 20 de Setembro.
Lei n.º 30/2000, de 29 de Novembro.
Decreto-Lei n.º 130-A/2001de 23 de Abril.
Decreto-Lei n.º 15/93 de 22 de Janeiro, *in DR,* I Série – A.
Decreto-Lei n.º 433/82 de 27 de Outubro – Regime Geral das Contra-Ordenações.
Decreto-Lei n.º 49/99.
Portaria n.º 428-A/2001 de 23 de Abril.
Portaria n.º 604/2001 de 12 de Junho.
Portaria n.º 94/96 de 26 de Março.
Regime Disciplinar dos Funcionários da Administração Central Regional e Local.
Resolução do Conselho de Ministros n.º 46/99 – *in INCM,* 2.ª Edição, 1999.
Resolução do Conselho de Ministros n.º 30/2001 de 13 Março, *in DR,* I Série-B.
Resolução do Conselho de Ministros n.º 39/2001 de 9 de Abril, *in DR,* I Série-B – *Plano de Acção Nacional de Luta Contra a Droga e a Toxicodependência – Horizonte 2004,*

JURISPRUDÊNCIA

Ac. STC n.º 7/87
Ac. do STA de 03/02/99, *in* www.dgsi.pt/jsta.nsf/.
Ac. do STA de 2 de Dezembro de 1993, proc. n.º 31 441.
Ac. do STA de 28 de Setembro de 1993, *in* AD n.º 389, p. 516 e ss..
Ac. do STA de 7 de Fevereiro de 1995, proc. n.º 34 878.
AC. do STA de 9 de Março de 1999, v*ide* www.dgsi.pt/jsta.nsf/.
Ac. do STA de 90-12-06, Ap. DR. 95-03-22, p. 7362.
Ac. do STJ de 2 de Dezembro de 1998, proc. n.º 34 904, *in* www.dgsi.pt/jstj.nsf/.
Ac. do STA de 90-11-08, *in* AJ n.º 13. P. 14.
Ac. do STA de 97-05-15, *in* www.dgsi.pt/jsta.nsf.
Ac. do STA dc 99-02 03, *in* www.dgsi.pt/jsta.nsf.
Ac. do STJ de 27 de Janeiro de 1998, proc. n.º 32 918, *in* www.dgsi.pt/jstj.nsf/.
Acs. do STA de 89-10-10, *in* BJM. n.º 390, p. 443, de 90-02-20. Ap. DR. de 12 de Janeiro de 1995, p. 1265; 92-05-05, Ap. DR. de 29 de Novembro de 1994, p. 408.

ÍNDICE

INTRODUÇÃO 11

CAPÍTULO I
A Nova Política Criminal

§ 1.º Flagelo e fenómeno 19
§ 2.º Mudança de política criminal 20
§ 3.º A terceira via 21

CAPÍTULO II
A Legitimidade do Direito Penal

§ 4.º Considerações gerais 23
§ 5.º A tutela de bens jurídicos 24
§ 6.º Os princípios legitimadores da intervenção do direito penal 27

CAPÍTULO III
O Movimento da Descriminalização

§ 7.º Os ventos de mudança 37
§ 8.º Outra alternativa 39
§ 9.º Fundamentos de Descriminalização 40

CAPÍTULO IV
A Intervenção Legislativa no Séc. XX

§ 10.º Sumula evolutiva da legislação 45
§ 11.º O Decreto Lei n.º 15/93, de 22 de Janeiro, e a Lei n.º 30/2000, de
29 de Novembro 46

208 *Consumo de Drogas*

CAPÍTULO V
Das Inconstitucionalidades

§ 12.º Da inconstitucionalidade de *vocatio legis* da Lei n.º 30/2000, de 29 de
Novembro 51
§ 13.º Da inconstitucionalidade do art. 12.º da Lei n.º 30/2000, de 29 de Novembro 54
§ 14.º Da inconstitucionalidade do art. 71.º, n.º 1, al. *c*) do DL. n.º 15/93, de
22 de Janeiro, conjugado com o art. 9.º da Portaria n.º 94/96, de 26 de
Março 56

CAPÍTULO VI
O Novo Regime Legal

§ 15.º Considerações gerais 59
§ 16.º Dos Princípios que nortearam a descriminalização – breve consideração 60
§ 17.º Princípio da Cooperação Internacional 62
§ 18.º O princípio da prevenção 64
§ 19.º O princípio humanista 72
§ 20.º O princípio do pragmatismo 78
§ 21.º O princípio da segurança 83
§ 22.º Princípio da coordenação e da racionalização de meios 88
§ 23.º O princípio da subsidiariedade 91
§ 24.º Princípio da participação 94
§ 25.º Descriminalização e não despenalização 96
§ 26.º A prevenção 97
§ 27.º A actuação policial 99

CAPÍTULO VII
Dos Direitos do Indiciado

§ 28.º Direitos pessoais 103
§ 29.º Direito a defensor 105
§ 30.º Direito a audição e defesa 105
§ 31.º Direito à celeridade processual 106
§ 32.º Direito a decisão fundamentada 107
§ 33.º Direito de recurso 109
§ 34.º Direito a tratamento 109
§ 35.º Direito a contactar pessoa de sua confiança 110
§ 36.º Direito a não publicidade da audição 110
§ 37.º Direito de informação e de acesso aos dados do registo central 111
§ 38.º Direito ao sigilo 112

CAPÍTULO VIII
DOS PROCEDIMENTOS

§ 39.° Do auto de ocorrência ou auto de notícia 113
§ 40.° Da identificação e do domicílio 116
§ 41.° Da apreensão, da análise e da pesagem do produto 120
§ 42.° Da revista 121
§ 43.° Hipótese 122
§ 44.° Das medidas preliminares 126
§ 45.° Das comunicações e das notificações 126
§ 46.° Funções de fiscalização e de colaboração 127

CAPÍTULO IX
DO PROCEDIMENTO QUANTO AOS MENORES, INTERDITOS E INABILITADOS

§ 47.° Procedimento quanto aos menores 129
§ 48.° Procedimento quanto aos interditos 132
§ 49.° Procedimento quanto aos inabilitados 134
§ 50.° Conclusão 136

CAPÍTULO X
DO TRAFICANTE-CONSUMIDOR E DO TRÁFICO DE MENOR GRAVIDADE

§ 51.° Do traficante – Consumidor 137
§ 52.° Do tráfico de menor gravidade ou consumo agravado – artigos 25.° e
40.°, n.° do DL n.° 15/93, de 22 de Janeiro 138

CAPÍTULO XI
ABANDONO DE SERINGAS

§ 53.° Sentido e alcance do art. 32.° do DL n.° 15/93, de 22 de Janeiro 143
§ 54.° Concurso aparente de crimes 145
§ 55.° Procedimento dos órgãos de polícia criminal 149

CAPÍTULO XII
CONSUMO EM LUGARES PÚBLICOS OU DE REUNIÃO

§ 56.° Sentido da epígrafe do art. 30.° do DL n.° 15/93, de 22 de Janeiro . . . 153
§ 57.° Procedimento quanto ao consumidor ou toxicodependente 154

210 *Consumo de Drogas*

§ 58.º Procedimentos quanto aos disponentes dos lugares 155
§ 59.º O art. 30.º do DL n.º 15/93, de 22 de Janeiro e a Lei n.º 30/2000, de
29 de Novembro 157

CAPÍTULO XIII
Das Comissões para a Dissuasão da Toxicodependência

§ 60.º Natureza, atribuições e competência 159
   α. Natureza 159
   β. Atribuições 159
   γ. Competências 161
§ 61.º Composição e funcionamento das CDT 162
§ 62.º Princípios e deveres que norteiam a actividade da CDT 166
   α. Princípios gerais 166
   β. Deveres gerais 169
§ 63.º Da actividade específica 172
   α. Da audiência do indiciado 172
   β. Do dever de sigilo ou de segredo das CDT 177
   γ. Dos mandados de condução 181
   δ. Da destruição de droga 182

CAPÍTULO XIV
Das sanções e do tratamento

§ 64.º Da natureza das sanções 187
§ 65.º Da determinação, da aplicação e da execução das sanções 189
   α. O princípio da legalidade e da oportunidade 189
   β. Das entidades competentes 190
   γ. Da determinação e do cumprimento das sanções 190
§ 66.º Do tratamento dos consumidores 193

CAPÍTULO XV

Conclusão 195

Bibliografia 199

Legislação 205

Jurisprudência 205

OBRAS PUBLICADAS

OBRAS DO AUTOR

* **Da Publicação da Matéria de Facto nas Condenações nos Processos Disciplinares**, Edição do ISCPSI, Lisboa, 2000.

* **Consumo de Drogas – Reflexões sobre o novo quadro legal**, Almedina, Coimbra, 2002 (1.ª Edição), 2003 (2.ª Edição), 2006 (3.ª Edição).

* **Revistas e Buscas**, Almedina, Coimbra, 2003 (1.ª Edição), 2005 (2.ª Edição).

* **Regime Jurídico da Investigação Criminal – Comentado e Anotado**, Almedina, Coimbra, 2003 (1.ª Edição), 2004 (2.ª Edição), 2006 (3.ª Edição).

* **Prisão – A Metamorfose da Benevolência**, Lisboa, 2004.

* **Dos Órgãos de Polícia Criminal: Natureza – Intervenção – Cooperação**, Almedina, Coimbra, 2004.

* **Escutas Telefónicas – Da Excepcionalidade à Vulgaridade**, Almedina, Coimbra, 2004.

* **Processo Penal – Tomo I**, Almedina, Coimbra, 2004.

* **Teoria Geral do Direito Policial – Tomo I**, Almedina, Coimbra, 2005.

OBRAS EM CO-AUTORIA

* **Lei e Crime: O Agente Infiltrado Versus o Agente Provocador – Os Princípios do Processo Penal**, (em co-autoria com FERNANDO GONÇALVES e MANUEL JOÃO ALVES), Livraria Almedina, Coimbra, 2001.

* **O Novo Regime do Agente Infiltrado Anotado e Comentado – Legislação Complementar**, (em co-autoria com FERNANDO GONÇALVES e MANUEL JOÃO ALVES), Livraria Almedina, Coimbra, 2001.

* **Direito de Menores – Estudo Luso-Hispânico sobre Menores Vítimas e Delinquência Juvenil**, (em co-autoria com NIEVES SANZ MULAS), Âncora Editora, Lisboa, 2003.

* **Segurança Interna – Reflexões e Legislação**, (em co-autoria com LUÍS FIÃES FERNANDES), Almedina, Coimbra, 2005.

ARTIGOS DO AUTOR

1. **"A Crítica"** – *in Polícia Portuguesa*, ano LXII, n.º 115, Janeiro/Fevereiro de 1999, pág. 24.

2. **"Será a Polícia uma Minoria?"** – *in Polícia Portuguesa*, ano LXII, n.º 116, Maio/ /Junho de 1999, pág. 18 e ss.

3. **"Da Publicação da Matéria de Facto nas Condenações nos Processos Disciplinares na Polícia de Segurança Pública"** – *in Polícia Portuguesa*, ano LXII, 2ª Série, n.º 120, Novembro/Dezembro de 1999, pp.7 e ss. e ano LXIII, n.º 121, Janeiro/ /Fevereiro de 2000, pp. 14 e ss..

4. **"A Investigação Criminal como Motor de Arranque do Processo Penal"** – *in Polícia Portuguesa*, ano LXIII, n.º 122, Março/Abril de 2000, pp. 1 e ss..

5. **"Videovigilância – Um meio técnico–jurídico eficiente na prevenção e na repressão da criminalidade nos locais de domínio público de utilização comum?"**, *in Polícia Portuguesa*, ano LXIII, n.º 123, Março/Abril de 2000, pp. 2 e ss..

6. **"Os Princípios democrático e da lealdade: Vectores de Orientação da Actuação dos Órgãos de Polícia Criminal"**, *in Polícia Portuguesa*, ano LXIII, n.º 124, Junho/ /Julho de 2000, pp. 9 e ss..

7. **"A Segurança como Tarefa Fundamental do Estado"**, *in Polícia Portuguesa*, ano LXIII, n.º 125, Setembro/Outubro de 2000, pp. 27 e ss..

8. **"A Descriminalização do Consumo de Drogas: A Nova Via"**, *in Polícia Portuguesa*, ano LXIV, n.º 127, Janeiro/Fevereiro de 2001, pp. 12 e ss..

9. **"O Novo Regime Legal do Consumo de Drogas: uma nova atitude"**, *in Polícia Portuguesa*, ano LXIV, n.º 128, Março/Abril de 2001, pp. 2 e ss..

10. **"Toxicodependência"** – Adenda – Ministério da Administração Interna – Maio de 2001.

11. **"Delinquência Juvenil: um novo modelo de intervenção – uma atitude diferente dos Órgãos de Polícia Criminal"**, *in Polícia Portuguesa*, ano LXIV, n.º 129, Maio/Junho de 2001, pp. 2 e ss..

12. **"A Publicidade da Matéria de Facto"**, *in Direito e Justiça* (RFDUCP), Vol. XV, Tomo 1, 2001, pp. 207 e ss..

13. **"Delinquência Juvenil – Dos actos praticados pelos Órgãos de Polícia Criminal no processo tutelar educativo"**, *in Infância e Juventude* (Revista do I.R.S.), Outubro-Dezembro, 01.4, pp. 53 e ss..

14. **"Abandono de seringas e consumo em lugares públicos e de reunião"**, *in Polícia Portuguesa*, ano LXIV, n.º 130, Julho/Agosto de 2001, pp. 2 e ss..

Obras Publicadas 213

15. **"Condução de veículo em estado de embriaguez ou sob a influência de estupefacientes ou substância psicotrópica"**, in *Polícia Portuguesa*, ano LXIV, n.° 131, Setembro/Outubro de 2001, pp. 6 e ss..

16. **"Os princípios estruturantes da intervenção face aos menores e jovens em perigo: Uma viagem pela Lei n.° 147/99, de 1 de Setembro"**, in *Revista Infância e Juventude*, 02.4, Setembro/Dezembro, 2002.

17. **"Das buscas no âmbito do art. 5.° da Lei n.° 8/97, de 12 de Abril"**, in *Vida Judiciária*, n.° 63, Novembro de 2002, pp. 26 e ss..

18. **"O agente infiltrado na prevenção e luta contra os crimes de corrupção e de branqueamento de capitais"**, in *Grotius II Penal*, Aquilafuente – Ediciones Universsidad Salamanca, n.° 32, (texto ampliado da comunicação de Lisboa na Universidade Lusófona, no dia 22 de Abril de 2002), 389-435.

19. **"A cooperação policial: viagem inacabada"**, in *Grotius II Penal*, Aquilafuente – Ediciones Universidad Salamanca, (texto ampliado da comunicação de Varsóvia na Academia de Ciências, no dia 13 de Setembro de 2002), pp. 275-304.

20. **"A venda de bebidas alcoólicas a menores"**, in *Polícia Portuguesa*, ano LXV, n.° 133, JAN/FEV, 2002, pp. 2 e ss..

21. **"Natureza da Actuação policial"**, in *Polícia Portuguesa*, ano LXV, n.° 134, Março/ /Abril, 2002, pp. 23 e ss..

22. **"Dos delitos contra a economia e contra a saúde pública"**, in *Polícia Portuguesa*, ano LXV, n.° 135, MaioJunho, 2002, pp. 15 e ss..

23. **"Arguição da tese de Licenciatura da Dr.a Lúcia"**, in *Polícia Portuguesa*, ano LXV, n.° 136, Julho/Agosto, de 2002, pp. 27 e ss..

24. **"Perspectiva Técnico-Jurídica da Importância da Segurança para a Economia"**, in *Meridionália*, n.° 3, 2003, pp. 317-330.

25. **"Terrorismo: Fundamento de restrição de direitos?"**, in *Terrorismo*, (Coordenação do Prof. ADRIANO MOREIRA), Almedina, pp. 375-414. (1.ª Edição), pp. 419 a 457 (2.ª Edição).

26. **"O regime jurídico do consumo de drogas"**, in *Actas do II Curso do Problemas Jurídicos do Consumo de Drogas*, Suplemento da Revista da Faculdade de Direito da Universidade de Lisboa, 2003, pp. 75-144.

27. **"Viagem à lei e às memórias!"**, in *Descriminalização do consumo de drogas- um Balanço*, Fundação Oriente, 2003, (em fase de estruturação).

28. **"Evolução sócio-jurídica da criminalidade"**, in *Revista Arquipélago-História*, Revista da Universidade dos Açores – Departamento de História e Ciências Humanas, 2.ª Série, Vol. VIII, Ano 2004, pp. 281-308.

214 *Consumo de Drogas*

29. "Revistas e Buscas: Que viagem queremos fazer?", *in Memórias do I Congresso de Processo Penal*, Almedina, Coimbra, 2004, 285-312..

30. "O Papel da Polícia e a sua Intervenção em Rede no Âmbito dos Menores", *in POLITEIA – Revista do Instituto Superior de Ciências Policiais e Segurança Interna*, Ano I, Fasc. 1.º, Jan/Jul, 2004, pp. 41-52.

31. "Os caminhos tortuosos da investigação criminal", *in Direito e Justiça"*, Vol. XVIII, Tomo I, pp. 145-170.

32. "Enquadramento Jurídico das Policias Municipais: Do Quadro Constitucional ao Quadro Ordinário", *in Estudos de Homenagem ao Professor Doutor GERMANO MARQUES DA SILVA*, Almedina, 2004, pp. 249-278.

33. "Viagem de KAFKA a LISZT: ancorada na ética e na metamorfose da excepção", *in POLITEIA – Revista do Instituto Superior de Ciências Policiais e Segurança Interna*, Ano I, n.º 2, Jul./Dez, 2004, pp. 23-52.

34. "Contributos para uma tipologia de segurança interna", *in I Colóquio de Segurança Interna*, Almedina, Coimbra, 2005, pp. 69-95.

35. "Branqueamento (de Capitais): Da metáfora à legitimidade da incriminação (que tutela jurídico-criminal?)!", *in Volume Comemorativo dos Vinte Anos do ISCPSI*, Almedina, Coimbra, pp. 711-754.

36. "TERRORISMO E PROCESSO PENAL: Uma relação amarga(?)!", *in II Congresso de Processo Penal – Memórias*, Almedina, Coimbra, 2006, pp. 157-191.

37. "Videovigilância: instrumento de «segurança»?", *in II Colóquio de Segurança Interna*, Almedina, Coimbra, (em estruturação).

38. "La política criminal y la criminologia en nuestros dias", *in Estudios de homenaje a el Prof. Catedrático Alfonso Serrano Gomes*, UNED, Madrid, (em estruturação).

39. "O Déficet Interpretativo", *in Politeia*, Ano II, n.º 2, Jul./Dez., 2005, (no prelo).

40. "Seminário Internacional sobre Crime Organizado e Criminalidade de Massa – Discurso de Abertura", *in Crime Organizado e Criminalidade de Massa: Interferências ou Ingerências Mútuas*, (em fase de estruturação).

41. "Conclusões do Seminário Internacional", *in Crime Organizado e Criminalidade de Massa: Interferências ou Ingerências Mútuas*, (em estruturação).

42. "Lei de Segurança Interna: o princípio geral de colaboração e as interacções", *in Politeia*, Ano III – n.º 1, Jan./Jul., 2006, (em estruturação)

43. "Tráfico de Droga e Branqueamento (de Capitais): Duas Grandes Faces da Criminalidade Organizada", *in El Desafio de la Criminalidade Organizada – XVIII Congreso de Alumnos de Derecho Penal de la Universidad de Salamanca*, (Coord. Nieves Sanz Mulas), Comares Editorial, Granada, 2006, pp. 69-93.

Obras Publicadas

ARTIGOS EM CO-AUTORIA

1. **"Corrupção nas autoridades policiais"**, *in Grotius II Penal*, Aquilafuente – Ediciones Universidad Salamanca, (em co-autoria com ROGÉRIO MATEUS SOARES), (texto ampliado da comunicação de Roma na Universidade Torvergata, no dia 29 de Junho de 2002), pp. 337-361.

COORDENAÇÃO DE OBRAS CIENTÍFICAS

1. **Estudos de Homenagem ao Professor Doutor** GERMANO MARQUES DA SILVA, Almedina, Coimbra, 2004.

2. **I Congresso de Processo Penal – Memórias**, Almedina, Coimbra, 2004.

3. **I Colóquio de Segurança Interna**, Almedina, Coimbra, 2005.

4. **Volume Comemorativo dos 20 Anos do ISCPSI**, (em co-coordenação com o Prof. DOUTOR GERMANO MARQUES DA SILVA), Almedina, Coimbra, 2005.

5. **II Congresso de Processo Penal**, Almedina, Coimbra, 2006.

6. **II Colóquio de Segurança Interna**, Almedina, Coimbra, (em estruturação).

7. **Seminário Internacional – Crime Organizado de Criminalidade de Massa: Interferências ou Ingerências Mútuas**, (em co-coordenação com Fiães Fernandes), (em fase de estruturação).